마음챙김

KB124366

마음챙김
—
2021년 1월 6일 초판 1쇄 발행
2024년 1월 30일 초판 27쇄 발행
—
지은이 샤우나 샤피로
옮긴이 박미경
펴낸이 김관영
—
책임편집 유형일
마케팅지원 배진경, 임혜솔, 송지유, 이원선
—
펴낸곳 (주)로크미디어
출판등록 2003년 3월 24일
주소 서울시 마포구 마포대로 45 일진빌딩 6층
전화 번호 02-3273-5135
팩스 번호 02-3273-5134
편집 02-6356-5188
홈페이지 http://rokmedia.com
이메일 rokmedia@empas.com
—
ISBN 979-11-354-9321-8 (03180)
책 값은 표지 뒷면에 있습니다.

• 안드로메디안(Andromedian)은 로크미디어의 실용 도서 브랜드입니다.
• 잘못 만들어진 책은 구입하신 서점에서 교환해 드립니다.

뇌를 재설계하는
자기연민 수행

샤우나 샤피로 지음 · 박미경 옮김

마음챙김

Good Morning, I Love You

Andromedian

부모님께 이 책을 바칩니다.

어디에 있든 그곳이 출발점이다.

- 카비르Kabir, 인도의 시인

샤우나 샤피로Shauna L. Shapiro

산타클라라 대학교의 상담심리학 교수이자 작가이자, 명상과 자비 수행에서 세계적으로 인정받는 전문가이다. 이전에는 애리조나 대학교의 앤드루 웨일 통합의학센터의 겸임교수로 근무했다. 샤피로 박사의 연구는 마음챙김 명상과 그것을 심리치료 및 건강 돌봄에 적용하는 데 초점을 맞춘다. 듀크 대학교에서 심리학과 명상 연구를 시작했으며, 가장 우수한 성적으로 졸업한 후 애리조나 대학교에서 임상심리학으로 박사학위를 받았다. MBSR과 MBCT 훈련을 받은 그녀는 서구뿐 아니라 태국과 네팔에서도 지속적으로 명상을 연구했다. 마음챙김에 근거한 치료법이 다양한 환자 집단에 미치는 영향을 조사하는 심층 임상 연구를 수행했으며, 지금까지 150건 이상의 학술 논문을 발표했고, 마음챙김과 심리치료 영역의 대학원 교육에 공헌한 바를 인정받아 미국학회협의회로부터 교수상teaching award을 수상하기도 했다.

샤피로 박사가 공동 집필한 《The Art and Science of Mindfulness》과 《Mindful Discipline》은 비평가들에게 호평받았으며 14개 언어로 번

역, 출간되었다.《The Art and Science of Mindfulness》는《예술과 과학이 융합된 마음챙김》(안희영, 이재석 옮김, 학지사, 2014년 1월)이라는 제목으로 한국에서도 출간되었다. 구글, 시스코시스템스, 프록터&갬블P&G, 제넨텍Genentech 등 〈포춘〉지 선정 100대 기업뿐만 아니라 태국 국왕, 덴마크 정부, 부탄의 국민총행복 회담, 캐나다 정부, 세계 심리치료 협의회WCP 등 여러 기업과 정부의 초청 연사로 초대받았다. 〈뉴욕 타임스〉, BBC, 디지털 미디어 채널인 매셔블Mashable, 〈허핑턴 포스트〉, 월간지인 〈와이어드Wired〉, 〈USA 투데이〉, 〈월 스트리트 저널〉 등에서 박사의 작품을 특집으로 다루었으며, 2017년 테드 강연 '마음챙김의 힘'은 100만 명이 넘는 사람들이 시청했다.

샤피로 박사는 미국 국내외에서 건강 전문가를 위한 마음챙김 훈련 프로그램을 실시하고 있으며, 심리학과 건강관리에서 마음챙김의 적용 가능성을 확대하는 데 앞장서고 있다.

더 자세한 내용을 알고 싶으면 drshaunashapiro.com을 방문해보라.

옮긴이 **박미경**

고려대학교 영문학과를 거쳐 건국대학교에서 교육학 석사학위를 받
았다. 외국 항공사 승무원, 법률회사 비서, 영어 강사 등을 거쳐 현재 바
른번역에서 전문 출판번역가이자 글밥아카데미 강사로 활동하고 있다.
《움직임의 힘》,《인생의 마지막 순간에서》,《탁월한 인생을 만드는 법》,
《나를 바꾸는 인생의 마법》,《혼자인 내가 좋다》,《언틸유아마인》,《프
랑스 여자는 늙지 않는다》외 다수의 책을 번역했다.

지금까지 읽은 마음챙김 관련 책 중 단연 으뜸이다. 사람은 누구나 더 행복해지고 싶어 하고, 자신을 더 사랑하고 싶어 하는데, 그 방법을 정확하게 알려주는 책이 별로 없었다. 샤우나가 드디어 로드맵을 완성했다. 과학과 각종 일화, 수행 지침과 지혜를 총망라한 이 책은 아무리 힘든 상황에서도 자신을 아끼고 충만한 인생을 살아가도록 안내한다. 당장 이 책을 집어서 읽어보라! 온 마음을 다해 읽고 수행하면 인생이 바뀔 것이다.

- 저스틴 마이클 윌리엄스Justin Michael Williams, 《Stay Woke》의 저자

마음챙김과 자기 자비를 어떻게 기를지 알려주는 대단히 멋진 지침서이다. 지혜와 과학과 개인적인 이야기가 어우러진 이 책을 읽으면 누구나 인생의 전환점을 맞이할 것이다.

- 크리스틴 네프 박사Kristin Neff, PHD, 《The Mindful Self Compassion Workbook》의 공동 저자

샤우나 샤피로는 이 책에서 마음의 평안과 기쁨을 찾는 검증된 길을 제시한다.

- 대니얼 골먼Daniel Goleman, 《EQ 감성 지능Emotional Intelligence》의 저자

샤피로 박사는 마음챙김과 자비 분야에서 대단히 사려 깊고 헌신적인 과학자이다. 수십 년 동안의 개인적인 수련과 연구를 바탕으로, 샤피로 박사는 더 명확하고 차분하고 즐겁게 살아가도록 도와줄 실천 매뉴얼을 완성했다.

- 앤드루 웨일Andrew Weil,
《Spontaneous Happiness and Eight Weeks to Optimum Health》의 저자

마음챙김과 자비를 실천하도록 이끄는 멋진 초대장. 샤피로 박사는 실제 훈련과 신경 과학 연구와 열정을 한데 모아 지혜롭고 다정하고 자애로운 존재가 되는 길을 보여준다.

- 잭 콘필드Jack Kornfield, 《마음의 숲을 거닐다A Path with Heart》의 저자

일상생활에서 마음챙김을 깨달아 서로 사랑하고 이해하며 사는 길을 안내하는 멋진 지침서.

샤우나 샤피로는 자기 자비가 치유와 자유의 필수 요소임을 상기하게 하고, 그곳에 도달하는 길을 명쾌하고 다정하게 안내한다.

영감, 과학, 열정, 실행 도구가 완벽하게 어우러졌다. 마음챙김과 자비 분야의 세계적 권위자가 선사하는 그야말로 최고의 책이다. 이 책은 제목처럼 다정한 친구가 반갑게 인사하듯 다가오는 것 같다!

임상 경험과 과학, 이야기와 실천 지침까지 고루 갖춘 이 책에서, 샤우나 샤피로는 당신을 수용과 즐거움의 길로 안내한다. 그 길을 따라가다 보면, 당신은 마음챙김 분야에 대한 새로운 통찰을 얻을 것이다. 아울러 세상을 바라보는 방식과 인생을 대하는 태도가 달라질 것이다.

– 대커 켈트너Dacher Keltner, UC 버클리의 'The Greater Good Science Center'의 설립자이자 소장. 《선의 탄생Born to Be Good》과 《선한 권력의 탄생The Power Paradox》의 저자

샤피로 박사는 마음챙김과 자비 분야에서 대단히 사려 깊고 웅변적이며 헌신적인 과학자이다. 수십 년간 이어온 수행에 과학적 연구를 결합한 이 책은 진정한 보석이다.

– 칩 콘리Chip Conley, 《일터의 현자Wisdom at Work》의 저자

오랫동안 명상을 실천하고 홍보해온 샤우나 샤피로 박사는 자신과 타인을 향한 호기심과 호의, 자비라는 관문을 통해 마음챙김을 실천할 길잡이를 제시한다. 참으로 멋진 책이다.

- 가보 마테Gabor Mate,
《In the Realm of Hungry Ghosts: Close Encounters with Addiction》의 저자

샤우나 샤피로의 단순하지만 심오한 수행 지침 덕분에 우리는 자신을 온전히 아끼고 사랑할 수 있게 되었다. 그녀의 노력을 진심으로 높이 산다.

- 아일린 피셔Eileen Fisher, EILEEN FISHER, Inc.의 설립자이자 공동 CEO

샤우나는 수십 년간 해온 명상 수행에 수년간 애써온 과학적 연구를 결합하여 이 책을 완성했다. 마음챙김의 기적을 당신에게 일으킬 단순하지만 강력한 책이다.

- 신젠 영Shinzen Young, 《The Science of Enlightenment》의 저자

참으로 대단한 작품이다! 인생을 멋지게 사는 법에 관해서 내가 읽었던 가장 흥미롭고 강력한 책들 중 하나이다. 감동적이고 중요하고 심오하다.

- 제임스 도티James R. Doty, 스탠퍼드 의과대학

자비와 이타주의 연구 교육센터Center for Compassion and Altruism Research and Education의

설립자 겸 소장, 〈뉴욕 타임스〉 베스트셀러인

《닥터 도티의 삶을 바꾸는 마술 가게Into the Magic Shop》의 저자

어둠을 밝혀주는 강력한 빛처럼 당신 인생을 환히 비춰줄 것이다. 강력 추천!

- 딘 오니시Dean Ornish와 앤 오니시Anne Ornish, 〈뉴욕 타임스〉 베스트셀러 《Undo It!》의 저자

마음챙김: 뇌를 재설계하는 자기연민 수행

마음챙김 전문가이자 교수인 샤우나 샤피로는 이 책에 우리가 개인적으로 번성하고 전문적으로 성공할 방법을 설득력 있게 제시한다. 그녀는 우리 자신을 닦달하거나 자책하지 말고 자비를 베풀라고 조언한다. 깊은 통찰과 풍부한 실행 지침에 더해 첨단 과학으로 뒷받침된 이 책이 당신 인생을 확실히 바꿔줄 것이다.

- 미란다 맥퍼슨Miranda Macpherson, 영성 지도자이자 《The Way of Grace》의 저자

샤우나 샤피로가 참으로 멋진 책을 내놨다! 개인적인 이야기에서 흥미로운 신경과학적 연구까지 두루 망라된 이 책은 마음챙김과 자기 자비가 어떻게 작용하는지, 그것들이 당신에게 왜 좋은지 찬찬히 설명한다. 적극 추천한다!

- 제임스 바라즈James Baraz,
《Awakening Joy: 10 Steps That Will Put You on the Road to Real Happiness》의
공동 저자이자 스피릿 락 명상 센터Spirit Rock Meditation Center의 공동 설립자

샤피로는 우리에게 명확하고 쉬우면서도 심오한 수행 지침을 제시한다. 그녀가 이 책에서 제시한 변화의 로드맵을 믿고 따르지 않을 수 없다.

- 아미쉬 지하Amishi Jha, 신경 과학자이자 연구원

마음챙김에 관해 반드시 읽어야 할 책이다. 마음챙김과 자기 자비가 우리 자신과 세상을 어떻게 치유하는지 알려주는 현명하고 참신한 안내서이다.

- 크리스틴 칼슨Kristine Carlson, 《Don't Sweat the Small Stuff》의 공동 저자

불안한 시대를 살다 보니, 우리는 정신적 골절을 해결할 새로운 매뉴얼이 필요하다. 샤피로 박사는 우리의 정신과 마음을 채워주고자 수십 년간 이뤄진 과학적 연구와 개인적 이야기와 강력한 수행을 적절히 버무려 실천 가능한 통찰력을 제공한다.

- 제이슨 실바Jason Silva, 영화 제작자, 미래학자

사람들은 흔히 자신이 완벽하지 않다고 자책거나, 자기비판이 더 나은 사람으로 되는 데 유용할 거라고 오해한다. 샤피로 박사는 이러한 사고 방식을 확 깨뜨린다. 과학적 연구와 수행을 통한 박사의 선구적 업적 덕분에 자기 호의self-kindness가 성취와 변화와 즐거움의 비밀 소스라는 사실이 입증되었다.

- 로린 로슈Lorin Roche, 《The Radiance Sutras》의 저자

마음챙김과 자기 자비가 우리와 세상을 어떻게 돕는지 보여주는 대단히 슬기롭고 실용적인 매뉴얼이다. 샤피로 박사는 독자에게 자기비판이 왜 고통을 악화시키는지 과학적 근거를 제시하고, 이러한 고통을 덜어주고자 자기 자비 역량을 개발할 수행 지침을 제공한다. 박사의 명확성과 지혜가 이 멋진 작품에서 찬란하게 빛나며 우리를 안내한다.

- 마크 콜먼Mark Coleman, 《From Suffering to Peace》의 저자

20년 동안 명상을 연구하고 수행하는 데 헌신한 사람이 그동안 쌓은 지혜의 정수를 뽑아 세상에 내놓는다면, 당신은 무엇을 얻겠는가? 흠, 더 만족하고 자비롭고 즐겁게 살아갈 방법을 안내하는 이 멋지고 지혜로운 책을 얻을 것이다.

－ 로저 월시Roger Walsh, 캘리포니아 의과대학 교수이자 《7가지 행복
명상법Essential Spirituality: The Seven Central Practices to Awaken Heart and Mind》의 저자

이 책은 마음챙김이 호기심과 호의로 다가갈 때 번창한다는 통찰을 바탕으로 쉽게 따라할 만하면서도 과학적 근거까지 갖춘 수행을 두루 소개한다. 마음의 평안을 찾는 사람에게 정말 멋진 선물이다.

－ 진델 시걸Zindel Segal, 《Mindfulness-Based Cognitive Therapy for Depression》의 저자

마음챙김과 자기 자비가 어떻게 행복을 증진시키고 인생을 변화시키는 지 보여주는 쉽고 유용한 책이다.

- 소냐 류보머스키|Sonja Lyubomirsky, 캘리포니아 대학교 리버사이드 캠퍼스
심리학과 교수이자 《행복도 연습이 필요하다The How of Happiness》의 저자

마음챙김 여정에 뛰어들거나 그 여정을 다시 시작할 완벽한 방법이다. 이 책을 들고 다니면서 필요한 사람들에게 선물하라.

- 윌러스 니콜스Wallace J. Nichols, 해양 생물학자이자 《블루마인드Blue Mind》의 저자

샤우나 샤피로는 이 유익하고 고무적인 책에서 과학의 엄격함과 예술의 아름다움과 수행의 지혜를 총망라했다.

- 스콧 슈트Scott Schutte, 링크드인LinkedIn의 수석 부사장

이 책은 명확하고 따뜻한 필체로 쓰인 멋진 책이다. 각종 연구와 임상 시험으로 마음챙김 분야에 지대한 공헌을 한 샤우나 샤피로는 몇 안 되는 임상 연구자이자 과학자 중 한 명으로, 우리의 당면 과제와 잠재력을 파악하기 위해 정신을 새로운 방법으로 파헤쳤을 뿐만 아니라 더 깊이 이해하는 데 기여했다.

- 마크 윌리엄스Mark Williams, 옥스퍼드 대학교 임상 심리학과 명예교수

과학에 기반을 둔 이 멋진 러브레터는 당신의 침대 옆 탁자에 놓이게 될 책일 뿐만 아니라 마음챙김 분야의 고전으로 자리 잡게 될 책이다.

- 카산드라 비텐Cassandra Vieten, 노에틱 사이언스 연구소Institute of Noetic Sciences 소장, 캘리포니아대학교 샌디에이고 캠퍼스 객원 연구원

마음챙김: 뇌를 재설계하는 자기연민 수행

나는 이 책을 무지 좋아한다! 샤피로 교수가 제시한 수행 지침은 내가 외상 후 스트레스 장애[PTSD]와 전반적인 스트레스를 극복하는 데 크나큰 도움을 주었다.

- 제이슨 가드너[Jason Gardner], 미 해군 특수부대[Navy Seal]의 퇴역 주임상사

포괄적이면서도 인간미 넘치는 이 가이드 덕분에 당신은 과학에 기반을 둔 마음챙김과 자비를 일상생활에 접목할 수 있을 것이다.

- 리처드 페르난데스[Richard Fernandez],
내면 검색 리더십 연구소[Search Inside Yourself Leadership Institute]의 CEO

인생을 더 명확하고 차분하게 바라보는, 단순하지만 심오한 단계를 배우고 싶은가? 이 가이드북은 행복을 안겨준다고 입증된 과학적 아이디어와 실천 지침을 제공한다. 내면을 가꾸고 긍정적인 인간관계를 맺으면서 세상을 더 어질고 자애롭게 살아가는 방법도 배우고 싶은가? 그렇다면 이 책을 읽어보라. 일상생활에 바로 적용할 유익한 접근 방식이 총망라되어 있다. 아울러 전문 가이드인 샤우나 샤피로 박사가 주의 집중, 열린 마음, 친절하고 자비로운 태도를 갖추도록 안내해줄 것이다. 샤피로 박사는 이러한 자질이 건강한 삶을 가꾸는 데 필수 요소라는 점을 과학적으로 입증했다.

지난 20년 동안 샤피로 박사를 비롯한 헌신적인 연구진 덕분에, 이 책에 나오는 손쉬운 정신 훈련 단계가 당신의 몸과 뇌에 광범위한 변화를 가져올 수 있음이 확인되었다. 과학적으로 입증된 예를 몇 가지 살펴보면, 스트레스 호르몬인 코르티솔 수치가 감소되고 면역 기능과 심혈관 기능이 강화되며 염증이 줄어든다. 또한 염색체 양끝을 보호하고 손상을 복구하는 효소인 텔로머레이스 telomerase(말단소체복원효소)가 최적화되어 세포 건강이 유지되고, 심지어 노화도 늦춰진다!

손쉬운 정신 훈련으로 주의력과 열린 마음을 키우고 친절하고 자비로운 태도와 의도를 키워서 결국 뇌 구조의 변화를 이끌 수 있다는 사실이 뇌 연구로 드러났다. 샤피로의 메시지가 보여주듯이, "뭐든 실천할수록 강화된다"라는 말은 뇌가 경험에 반응하면서 변한다는 신경가소성neuroplacity 원리에 대한 금언이다. 신경가소성이 일어나는 과정을 간단히 요약하면, 주의를 기울이는 곳에서 신경 점화가 일어나고 신경 연결이 생겨나는 것이다. 이 책은 뇌 구조를 바꾸는 방식으로 신경망을 활성화하기 위해 주의를 기울이는 방법을 알려줄 것이다. 농담이 아니다. 정신을 집중하면 뇌의 물리적 구조를 바꿀 수 있다!

이 수행에서 비롯된 뇌 기능과 구조상의 변화는 무엇인가? '통합'이라는 한 단어로 요약할 수 있다. 여기서 통합이란, 분화된 여러 부분을 연결한다는 뜻이다. 뇌를 예로 들면, 좌우 대뇌 반구를 연결하는 신경 섬유 다발인 뇌량corpus callosum의 성장을 의미한다. 아울러 통합은 전두엽 피질과 해마로 알려진 연결망linking networks의 성장에서도 드러난다. 그런데 이렇게 중요한 뇌 통합 부위들만으론 부족했는지, 뇌에 광범위하게 분포하는 신경 세포들 간의 연결망 지도인 '커넥톰connectome'도 더 촘촘하게 완성될 거라는 사실이 연구 결과로 드러났다. 정말로 그렇다고 한다. 이 책에 나오는 간단하지만 강력한 수행을 실천한다면 당신은 더 많은 통합을, 즉 '서로 더 연결된 커넥톰'을 구축할 수 있다.

간단히 말해서, 더 통합된 뇌로 발전시킬 수 있는 것이다. 그게 왜 중요하냐고? 뭐가 됐든 어떤 일의 과정과 규제를 한 가지 떠올려보라. 연구 문헌을 찾아보면, 특정한 결과를 달성하기 위한 과정과 그에 따른 규제는 모두 통합에 달려 있다는 사실을 발견할 것이다. 여기에는 가령 감정과 기분, 생각과 추리, 도덕성과 상관적 행동, 공감과 자비, 심지어 주의와 의식 자체도 포함할 수 있다. 이러한 '자율 규제self-regulation'의 다양한 측면은 더 균형 잡힌 삶을 살도록 도울 뿐만 아니라 심신의 안녕을 위한 초석이 된다. 그저 꾸준히 수행하기만 하면 우리는 더 집중하고 친절하며 열린 마음가짐으로 살아갈 수 있다. 그런 상태가 오래 지속되면 개인적 특성으로 자리 잡는다. 주의를 기울이는 곳에 신경 연결이 생겨나고, 수행하면 할수록 더 강화된다.

샤우나 샤피로는 의대생들의 공감 능력을 키우는 방법, 마음챙김을 일상생활에 구체적으로 투영하는 방법, 자기 자비가 마음가짐에 미치는 영향 등에 대한 연구에서 중요한 역할을 담당했다. 샤피로는 특히 문화와 교육, 임상 실습과 과학적 연구 등에서 마음챙김에 대한 우리의 흥분이 단순히 주의력과 사고력을 키우는 것으로 그치지 않는다는 사실에 주목했다. 마음을 치유하고 인간관계에 온기를 불어넣으며 난관에도 굴하지 않는 회복력을 기르는 자질인 호의의 태도가 마음챙김에 포함된다는 사실에도 주목했다. 과학적 연

마음챙김: 뇌를 재설계하는 자기연민 수행

구에서 차지한 중요한 역할을 넘어, 샤피로는 의학적 도전에 직면하여 광범위하고 심층적인 훈련을 통해 호의의 태도로 의식을 여는 법을 익혀 마음챙김을 자기 발전의 중요한 계기로 삼았다.

나는 샤피로 교수와 10여 년 동안 알고 지내면서 국내외 여러 워크숍과 학회에 함께 참석했다. 샤피로 교수의 가르침이 다양한 부류의 참가자들과 전문가들에게 크나큰 감동을 선사하는 모습을 직접 목격했다. 이 책은 인생을 더 행복하게 살아가도록 이끌기 위한 그녀의 과학적, 교육적, 개인적 여정의 정수를 뽑아낸 것이다. 이 책을 읽는 동안 참으로 즐거웠다. 그녀의 지혜로운 가르침을 배우면서 울고 웃고 더 충만하고 더 자유로워졌다. 이 책을 펼쳐든 당신도 그렇게 되길 바란다. 당신 인생을 호의와 사랑으로 채워줄 멋진 여정이 기다리고 있다. 그 여정을 얼른 떠나보라!

- 대니얼 J. 시겔Daniel J. Siegel, 마인드사이트 연구소Mindsight Institute 소장, UCLA 정신의학과 임상 교수, 《알아차림: 현존의 과학과 현존의 수행Aware: The Science and Practice of Presence》의 저자

목차

part 1

뭐든
실천할수록
강화된다

What You Practice

Grows Stronger

마음챙김: 뇌를 재설계하는 자기연민 수행

part **2**

상황이 힘들어지면 강인한 사람은 더 자비로워진다

When the Going
Gets Tough, the Tough
Get Compassionate

part 3

우리 자신과
우리가 사는 세상에
좋은 면 강화하기

마음챙김: 뇌를 재설계하는 자기연민 수행

뭐든
실천할수록
강화된다

+

+

+

한 승려의 속삭임

+ + +

뭐든 실전할수록 강화된다.

- 태국에서 만난 영국 승려

뇌를 재설계해서 인생을 바꾸기에 너무 늦은 때란 없다. 내가 직접 경험해봐서 자신 있게 말할 수 있다. 이 책에 담긴 수행은 뇌 회로를 더 침착하고 명확하고 만족스럽게 하는 로드맵을 제공한다. 게다가 장소에 구애받지 않고 어디서나 시작할 수 있다. 15세기 인도의 시인인 카비르Kabir가 말했듯이, '어디에 있든 바로 그곳이 시작점이다.'

내 시작점은 그야말로 최악의 상황에 찾아왔다. 열일곱 살 때 나는 척추에 쇠막대를 박은 채 병원 침대에 누워 꿈꾸던 인생이 연기처럼 사라지는 모습을 지켜봐야 했다. 불과 얼마 전까지만 해도 캘리포니아의 아름다운 라구나 해변에서 꿈같은 나날이 펼쳐질 줄 알았다. 나는 학교 배구팀 주장으로 주 선수권 대회에서 우승을 차지했고, 듀크 대학교의 NCAA 배구팀에서 뛸 수 있도록 조기 입학 통보까지 받은 상태였다.

졸업을 몇 달 앞둔 어느 날, 나는 정형외과 진료실의 진찰대에 앉아 주치의가 들어오길 기다렸다. 척추측만증을 추적 관찰하려고 꾸준히 정기 검진을 받아온 터였다. 태어날 때부터 등뼈가 조금 휘어져 있었지만, 사는 데 전혀 지장은 없었다. 그날도 별 걱정 없이 주치의에게 우리 팀의 우승 소식과 듀크대 합격 사실을 자랑하고픈 마음뿐이었다.

문이 열리자 나는 진찰대에서 훌쩍 뛰어내렸다. 그런데 주치의의 표정이 심상치 않아 보였다.

"샤우나, 엑스레이 사진을 보니 네 척추측만증이 악화되었구나. 조치를 취하지 않으면 뼈가 폐에 구멍을 낼 판이야. 아무래도 수술하는 게 좋겠다."

갑작스러운 그의 말에 뒤통수를 한 대 얻어맞은 것만 같았다. 정신이 멍해지더니 이내 공포심이 확 밀려들었다.

수술 날짜를 잡고 몇 주 동안 나는 시간이 멈춰버린 연옥에 갇혀 지냈다. 척추에 기다란 쇠막대가 꽂혀 있는 이미지가 눈앞에 계속 어른거렸다. 앞날에 대한 두려움과 불안으로 미치기 일보 직전이었다.

수술이 끝나고 눈을 떴을 땐, 연옥에서 지옥으로 떨어졌다. 극

심한 통증으로 숨도 쉬기 어려웠다. 내가 알던 인생이, 내가 꿈꾸던 미래가 다 사라져버린 것이다.

재활치료를 받는 몇 달 동안, 낯선 사람의 육체에, 더 나아가 낯선 사람의 정신에 들어가 어떻게든 살아보겠다고 버둥거리는 기분이었다. 당차고 발랄한 십 대는 사라지고, 소심하고 겁먹은 계집애만 남아 있었다. 사소한 움직임마저 어색하고 고통스러웠다.

몸보다 마음이 더 나를 괴롭혔다. 나는 병상에 누워 절망과 공포의 소용돌이 속으로 자꾸만 빠져들었다.

'평생 고통 속에서 지내야 하는 걸까? 배구를 영영 못 하게 될까? 대학에 들어가면 아무도 나를 좋아하지 않겠지. 그래, 나 같은 사람을 누가 사랑하겠어? 시뻘건 흉터가 있는 이 망가진 몸에 누가 끌리기나 하겠어?'

나쁜 생각을 밀어내고 어떻게든 좋은 쪽으로 생각하려 애썼지만, 내 안에서 비롯된 두려움과 고통을 잠재울 수는 없었다. 친구들을 불러 수다를 떨거나 영화를 보면서 정신을 딴 데로 돌려도 봤지만, 치솟는 불안감을 달래기에는 역부족이었다.

그러던 어느 날 예기치 않은 순간에 희망이 찾아왔다. 아버지와 나는 깊은 애정을 공유하긴 했지만, 걸핏하면 사소한 일로 다투곤 했다. 그런데 내 수술을 계기로 부녀 관계가 확 달라졌다. 나는 아버지가 병실로 들어오던 그날을 평생 잊을 수가 없다. 아버지는 사랑과 걱정이 가득한 눈으로 나를 쳐다보며 책을 한 권 내밀었다. 마음챙김 분야의 선구자, 존 카밧진John Kabat-Zinn이 쓴《어디에 가든, 당

마음챙김: 뇌를 재설계하는 자기연민 수행

신은 그대로 당신이다 Wherever You Go, There You Are》라는 책이었다.*

첫 단락을 읽는데 숨이 턱 막혔다.

"당신에게 무슨 일이 일어났든 그건 이미 벌어진 일이다. 그 일에 어떻게 대처할 것인가? 그 점이 중요하다."[1]

흐르는 눈물을 닦아가면서 책을 읽어 내려갔다. 지난 몇 달 동안 자취를 감췄던 가능성이, '내가 다시 행복해질 수 있다'는 가능성이 조금씩 보이기 시작했다. 두려움과 통증에 가려 있던 회복력이 깨어나기 시작했다. 치유될 수 있다는 희망의 불씨가 되살아났다.

나는 마음챙김에 관한 책과 기사와 에세이를 닥치는 대로 찾아 읽었다. 읽고 수행할수록 작은 변화가 감지되었다. 과거를 돌아보며 우울해하거나 미래를 내다보며 불안해하는 대신, 현재의 자잘하고 평온한 순간에 눈길을 주기 시작했다.

열린 창문으로 훅 끼쳐든 바다 냄새가 나를 감쌀 때, 따사로운 석양이 밤을 위해 서서히 물러날 때와 같은, 순간과 순간 사이에 끼어 있는 자잘한 순간들이 중요해지기 시작했다. 심지어 아버지가 부는 플루트 소리마저 감미롭게 들렸다. 몇 달 전까지만 해도 아버지가 친구들 앞에서 플루트를 불면 기겁하며 말렸는데 말이다.

마음이 안정되자 몸의 통증을 대하는 내 자세가 달라졌다. '내 통증'이 아니라 '그 통증'으로 바뀐 것이다. 두려움으로 상황을 더 나쁘게 보던 성향이 줄어들면서 평온한 순간에 주목하게 되었다. 통

---

* 국내에서는 《왜 마음챙김 명상인가?》라는 제목으로 2019년 3월 불광출판사에서 출간되었다. -역자주

중은 여전했지만, 전보다 덜 괴로웠다.

진전은 더뎠고 때로는 거의 감지하기도 어려울 정도였지만, 나는 작은 진전도 아주 예리하게 포착했다. 미미한 개선 하나하나가 나를 계속 나아가도록 부추겼다.

수술 받고 4개월쯤 지나서 마침내 집으로 돌아왔다. 여전히 환자용 침대에 누워 지냈지만, 상처가 잘 아물어갔고, 이젠 혼자서도 걸을 수 있었다. 엄마는 내가 괜찮아질 거라는 사실을 알게 된 그때를 회상하며 요즘도 눈물을 훔치곤 한다.

하루는 내가 뜬금없이 수영하러 해변에 가겠다고 선언했다. 엄마의 만류를 뿌리치고 나는 배구팀의 칙칙한 회색 수영복 대신, 내가 제일 좋아하는 파란색 수영복을 입었다. 그리고 수척한 몸으로 모래밭을 조심조심 걸어가 물속으로 첨벙 뛰어들었다. 엄마는 하얀 물보라가 시뻘건 내 흉터를 싹 씻겨내듯 감싸던 모습을 숨죽이며 지켜봤다.

물결이 내 머리 위로 확 밀려왔다. 물속에 잠겼다가 다시 떠오르기 직전, 나는 속에서 생명의 불꽃이 확 타오르는 걸 느꼈다. 다시 태어났다는 느낌이 들면서 새로운 힘이 용솟음쳤다. 그 순간, 엄마와 나는 내가 괜찮아질 거라는 사실을 알았다.

그날의 수영은 대변환의 시작이었다. 감지하기 힘들 만큼 몸은 더디게 회복됐지만, 내 믿음과 즐거움과 희망은 순식간에 회복되었다. 어떤 일이 벌어졌든, 앞으로 또 어떤 일이 벌어지든 내 안에는 파괴할 수 없는 뭔가가 있음을 알았다. 내 여정은 이미 시작되었다.

4년이 훌쩍 지난 어느 날, 나는 금방이라도 부서질 듯한 오토바이 뒷자리에 앉아 끈적끈적한 열대의 무더위를 뚫고 질주했다. 시계視界가 제로에 가까울 정도로 구불구불한 자갈길을 위태롭게 질주하면서 혹시라도 떨어질세라 로빈의 허리를 두 팔로 꽉 감싸 안았다. 태국에서 맞이하는 세 번째 날이었다. 우리는 폭포 아래에 숨겨진 사원을 찾아가고 있었다.

로빈은 듀크 대학에서 만난 친구다. 오전 8시에 시작하는 것으로 악명 높았던, 크레이크헤드 박사의 이상심리학 과목을 수강하다 만났다. 나는 부지런한 신입생이었고, 로빈은 '거침없는' 2학년생이었지만, 우리는 죽이 척척 맞았다. 심리학, 남자 친구, 삶의 의미 등에 대한 이야기를 털어놓으며 끈끈한 우정을 쌓았다.

듀크대에서 마지막 학기를 보내고 있는데, 런던에서 근무하던 로빈이 전화를 걸어 네팔과 태국으로 트레킹을 계획하고 있는데 나도 합류하지 않겠냐고 물었다. 수 세기 동안 마음챙김 수련이 이뤄진 곳으로 절친과 모험을 떠날 기회를 마다할 이유가 없었다. 나는 단박에 "오케이!"라고 대답했다.

흐르는 땀 때문에 눈이 따가웠지만, 로빈은 폭포 사원으로 가는 길을 표시한 작은 표지판을 용케 발견했다. 허리부터 휘감은 사롱과 슬리퍼 차림으로 벌레를 쫓아가며 우거진 숲길을 뚫고 나가는 게 쉽지 않았는데도 우리는 기어이 찾아갔다. 햇빛에 반사된 무지갯빛 폭포수가 굉음을 내며 쏟아졌다. 폭포 너머에 사원이 있었다.

우리는 이끼로 덮인 미끄러운 돌계단을 기듯이 내려갔다. 밑에

도착하자 황색 승복을 걸친 승려 한 분이 서 있었다. 그는 놀란 기색도 없이 우리를 반기더니 함께 명상을 하자고 청했다. 발끝으로 살금살금 걸어 초라한 석조 건물로 다가가자 진한 향내가 풍겼다. 덩굴로 뒤덮인 돌벽 안쪽에 작은 불상과 촛불 하나로 꾸며진 수수한 제단이 보였다. 제단 주변엔 명상용 방석이 흩어져 있었다.

나는 심장이 두근거렸다.

'세상에, 이게 꿈이야 생시야? 진짜 승려에 진짜 사원에 진짜 명상용 방석이라니!'

감격할 새도 없이 명상이 시작되었다. 눈을 감자 순식간에 몸과 호흡이 확장되었다. 어떤 느낌인지 지금도 또렷이 기억한다. 누비 이불에 감싸이듯 마음이 편안하고 명료하고 차분해지면서 시간이 사라져버렸다. 다음 순간 놀라운 일이 벌어졌다. 수술받은 지 거의 4년 만에 처음으로 내 몸이 편하게 느껴졌다. 통증이 사라지고 두려움도 싹 가셨다. 내 몸의 경계가 스르르 녹아내리며 세상 만물과 하나로 연결된 것 같았다.

명상 시간이 끝났음을 알리는 종이 울렸다. 고개를 돌리자 로빈이 손목시계를 들어 보이며 입 모양으로 말했다.

"한 시간이나 지났어!"

나한테는 그 시간이 한순간처럼 느껴졌다. 행복감에 들떠 사원을 나서려는데 승려가 내 눈을 유심히 쳐다보며 속삭였다. 단 두 마디 말이었지만, 울림은 그 어떤 조언보다 강력했다.

"계속 수행하세요."

일주일 뒤, 승려의 속삭임에 힘입어 나는 태국의 한 사원에 가서 처음으로 명상 수련회에 참여했다. 승려들은 영어를 유창하게 구사하지 못했고, 나는 태국어를 한마디도 못했지만, 폭포 사원에서의 경험도 있고 마음챙김이 현재에 머무는 것임을 알기에 전혀 두렵지 않았다. 아니, 얼른 시작하고 싶은 마음뿐이었다.

첫날 아침, 우리는 널찍한 명상실에 모였다. 연꽃으로 가득한 연못이 내려다보이는 곳이었는데, 첫 명상 수련회를 시작하기에 이보다 멋진 곳은 없을 듯싶었다.

어눌한 영어로 주어진 지침은 쉽고 간단했다. 코로 들이쉬고 내쉬는 호흡을 느끼라는 것이었다. 나는 바로 시작했다. 들이쉬고 내쉬고. 들이쉬고 내쉬고. 그런데 시작하자마자 정신이 흐트러졌다. 얼른 가다듬고 다시 호흡했다. 들이쉬고 내쉬고. 젠장! 정신이 또 흐트러졌다.

그때까지 마음챙김에 대한 내 연구는 대부분 이론에 지나지 않았다. 실전은 내가 상상했던 것과 너무나 달랐다. 폭포 사원에서 맛봤던 평온하면서 힐링된 경험과 유사할 거라 기대했지만, 정신을 현재에 붙잡아두기가 어려웠다. '내가 그때 _____했더라면 어땠을까? 아, 그때 _____했더라면 좋았을 텐데.'라면서 과거로 흘러가거나, '_____하면 어떨까? 어떻게 하면 _____할 수 있을까? _____때 난 뭘 어떻게 할까?'라고 미래로 훌쩍 내달았다.

억지로 마음을 붙잡으려 하면 할수록 생각이 꼬리를 물고 이어졌다. 마음챙김과 관련된 글을 읽다가 자주 접했던 '몽키 마인드

monkey mind'의 뜻을 제대로 이해할 수 있었다. 원숭이가 이 나무 저 나무로 옮겨 다니듯 이 생각 저 생각으로 마음이 어수선했다. '완벽한' 장소에서 '완벽한' 명상 수련회를 맛보려던 희망은 무너졌다. 언어 장벽에다 묵언 명상회여서 승려들에게 내 어려움을 호소할 수도 없었다. 결국 내 멋대로 자기 판단self-judgment의 나락으로 빠져들었다.

'도대체 뭐가 잘못된 거지? 넌 이거 하나 제대로 못 하니? 이럴 거면 여기 왜 있어? 정신적으로 성숙한 줄 알았는데 순 엉터리였구나.'

설상가상으로 나는 주변 사람들, 심지어 승려들까지 판단하기 시작했다.

'저들은 여기 왜 앉아 있는 거야? 뭐라도 해 줘야 하는 거 아냐?'

다행히 다음 날 영어를 구사하는 승려가 런던에서 날아왔다. 나는 그 승려에게 면담을 신청했다. 내가 얼마나 애썼는지, 그리고 내 마음챙김 수행이 얼마나 엉터리였는지 얘기하자 그가 껄껄 웃으며 대답했다.

"맙소사, 당신은 마음챙김을 수행한 게 아니라 판단력과 조바심과 좌절감을 수행했군요."

그 승려가 뒤이어 한 말은 내 평생 잊지 못할 것이다.

"뭐든 실천할수록 강화됩니다."

승려는 당시 신경과학자들이 막 발견하기 시작한 뇌의 근본 원리를 제대로 파악하고 있었다. 우리가 순간순간 실천하는 것은 뭐가 됐든 우리 뇌를 물리적으로 변화시킨다는 것이다.

마음챙김: 뇌를 재설계하는 자기연민 수행

뭐든 실천할수록 강화된다.

승려는 판단력으로 마음챙김을 수행하면 판단력이 강화되고, 좌절감으로 수행하면 좌절감이 강화된다고 설명했다. 마음챙김은 단지 주의를 기울이는 것으로 그치지 않으며, 주의를 기울이는 **방법**에도 신경 써야 한다는 점을 알려줬다.

> » 마음챙김은 단지 주의를 기울이는 것으로 그치지 않는다.
> 주의를 기울이는 **방법**에도 신경 쓴다.

진정한 마음챙김은 호의와 호기심의 태도를 포함한다. 친한 친구를 다정하게 포용하듯 골치 아프고 불완전한 부분을 포함한 모든 경험을 기꺼이 포용하는 거라고 그 지혜로운 승려는 설명했다.

호의와 자비의 태도를 키우는 것이야말로 마음챙김의 '비법'이다. 당시엔 어렴풋하게 이해하고 넘어갔지만, 이러한 태도는 결국 내 연구와 평생 작업의 중심이 되었다.

이러한 호의적 태도는 곤경에서 벗어나거나 어려운 일을 미봉책으로 가리는 수단이 아니다. 오히려 우리의 모든 감정과 생각과 행동을 진심으로 책임지는 방법이다. 비난하고 부끄러워하기보다 이해하고 치유하고자 노력하는 것이다.

요컨대 나는 우리가 주의를 기울이는 **방법**, 즉 우리의 **태도**attitude가 **주의**attention 자체만큼 중요하다는 사실을 그 순간 확실히 깨달았다.

그런데 마음챙김 명상에서 배워야 할 요소가 한 가지 더 있다. 명상 수련회가 끝나갈 무렵, 승려는 우리가 명상할 때뿐만 아니라 평소에도 늘 뭔가를 수행한다고 강조했다. 이 말은 곧 우리가 뭔가를 계속해서 강화한다는 뜻이다.

그렇다면 당신은 무엇을 강화하고 싶은가? 이 질문이 가장 중요하다. 개인적 가치와 목표와 열망 등 당신이 가장 관심을 두는 것, 이게 바로 당신의 **의도**^{intention}이다.

> » 우리는 명상할 때뿐만 아니라 평소에도 늘 뭔가를 수행한다.
> 이 말은 곧 우리가 뭔가를 계속해서 강화한다는 뜻이다.
> 그렇다면 당신은 무엇을 강화하고 싶은가?
> 이 질문이 가장 중요하다.

승려의 도움을 받은 뒤로 내 수행이 조금씩 달라졌다. 일단 판단하는 목소리를 그대로 믿지 않고 관찰하기 시작했다. 경험을 통제하려 하지 않고, 호기심과 관심과 호의를 품고서 천천히 다가갔다. '똑바로 하려고' 애쓰지 않고 그냥 흘러가는 대로 놔두었다. 그 과정에서 마음챙김 수행이 정확히 뭔지 깨달았다. 마음챙김은 **완벽해지는 게 아니라 그냥 묵묵히 수행하는 것이었다.**

사원에 작별을 고하고 집으로 돌아오는 길에 나는 무척 행복했다. 외부의 특별한 사건에서 비롯된 덧없는 행복이 아니라 내적 풍경의 변화에서 생겨난 깊은 만족감이었다. 당시에 내가 사원에서 터득했던 것을 연구진이 실험실에서 입증하려 애쓴다는 사실을 나중에야 알았다. 그게 뭐냐고? **외적** 변화는 우리를 장기적으로 더 행복하게 해주지 못하지만, **내적** 변화는 그럴 수 있다는 것이다.

새로운 마음챙김 모델을 찾고자 과학을 뒤지다

나는 미국으로 돌아오면서 그간의 경험을 제대로 이해하고 사람들에게 널리 알리기로 마음먹었다. 듀크 대학을 졸업한 뒤, 마음챙김 이면에 숨겨진 과학을 연구하며 꼬박 6년을 보냈다. 특히 수행에 **의도**와 **태도**를 결합하는 것의 중요성을 집중적으로 파헤쳤다.

20년 넘게 임상 실무와 과학적 연구를 진행하는 동안, 나는 마음챙김과 연민 수행이 수많은 사람에게 미친 긍정적 효과를 목격했다. 열정적인 CEO부터 스트레스에 지친 대학생까지, 갓난아기를 키우느라 쩔쩔매는 엄마부터 유방암에 걸린 여성까지, 불안에 떠는 어린아이부터 외상 후 스트레스 장애에 시달리는 참전 용사, 심지어 완화의료 환자까지 그 대상은 다양하고 헤아릴 수 없이 많았다.

새로운 연구와 통찰로 이 분야가 발전을 거듭하고 있는데, 다음의 두 가지 중요한 발견은 때와 장소를 가리지 않고 반복해서 이뤄진다.

1. 마음챙김 수행은 확실히 효과가 있다

당신에게도 마찬가지다. 마음챙김 수행은 면역 기능을 강화하고 스트레스를 줄이며 수면을 개선한다. 아울러 당신은 물론이요, 당신의 가정과 직장, 지역사회에 무수히 많은 혜택을 제공한다.

2. 반드시 올바른 태도와 의도를 품어야 한다

호의와 호기심은 의미 있고 지속적인 변화를 위한 기본 원칙이다.

두 번째 발견은 흔히 간과되지만, 마음챙김 수행을 제대로 맛보려면 반드시 갖춰야 할 사항이다. 각계각층의 사람을 대상으로 실시한 임상 연구에서 늘 발견되는 놀라운 점이 하나 있다. 바로 경제 여건이나 교육 수준, 사회적 환경이나 개인적 상황과 무관하게 우리 모두 자기 판단과 자기비판에 시달린다는 점이다. "나는 너무 부족한 사람이야"라는 자기 비하가 기본적으로 깔려 있다.

대체로 사람들은 단점이 보이거나 실수라도 저지르면 자신을 한없이 탓한다. 그러면 단점을 고치거나 실수를 만회할 수 있을 거라 생각하지만, 자책은 오히려 역효과만 낳는다. 수치심은 새로운 행동과 변화를 유도하는 데 아무 도움도 되지 않는다는 연구 결과도 있다. 수치심이 학습과 성장을 담당하는 뇌 센터를 폐쇄하기 때문에 효과가 있으려야 있을 수가 없다.

» 수치심은 학습과 성장을 담당하는 뇌 센터를 폐쇄한다.

반면 호의와 호기심은 뇌의 학습 센터를 가동하는 화학물질을 폭포처럼 분출하게 한다. 즉, 지속적으로 변화하는 데 필요한 자원을 제공하는 것이다.

2000년, 내 박사학위 논문을 지도해준 게리 슈워츠Gary Schwartz 교수와 나는 마음챙김을 위한 새로운 패러다임을 발표했다.[2] 과학에 기반을 둔 최초의 마음챙김 모델로, 내가 태국에서 터득했던 핵심 요소인 의도, 주의, 태도가 모두 담겨 있다.

1. **의도**는 우리의 가장 간절한 희망과 가치를 반영하는 쪽으로 마음의 나침반을 향하게 한다.
2. **주의**는 우리 정신을 현재 순간에 머물도록 훈련시킨다.
3. **태도**는 호의와 호기심의 태도로 우리가 주의를 기울이는 방법을 나타낸다.

마음챙김에 관한 연구를 진행하는 동안, 그 승려의 말이 귓전에서 계속 맴돌았다. **"뭐든 실천할수록 강화된다."** 다음 장에서 더 살펴보겠지만, 신경과학 분야는 고대의 지혜를 따라잡으려 애쓰고 있다. 뇌가 평생토록 변하고 성장한다는 사실이 드러났다. 우리는 수행을 통해 정말로 뇌를 강화하고 재설계할 수 있다. 심지어 뇌를 재설계하여 더 행복해질 수도 있다.

최근까지 여러 심리학자와 연구진은 우리의 행복 수준이 일생 동안 크게 바뀌지 않는다고 생각했다. 우리에게 무슨 일이 벌어지든 결국 기준선baseline 수준으로 되돌아간다고 추정한 것이다. 예를 들어 복권에 당첨되면 처음엔 행복감이 급증하지만, 1년도 안 돼 원래 수준으로 돌아간다는 연구 결과가 있다. 더 놀랍게도, 끔찍한 사고로 장애를 입은 경우에도 처음엔 행복감이 곤두박질치지만, 1년도 안 돼 원래 수준으로 돌아왔다.[3]

이러한 **행복 기준점 이론**happiness setpoint theory에 따르면, 행복 기준선happiness baseline은 주로 타고난 성향과 유전에 따라 결정되며, 사는 동안 바뀌지도 않는다.

하지만 뇌는 우리가 생각하는 것보다 훨씬 더 유연하다. 다들 똑같이 행복하게 태어나진 않지만, 누구나 더 행복해질 수 있다. 신경과학의 혁명적 발견에 따르면, 외적 생활이 아닌 내적 풍경을 바꾸어 행복 기준점을 얼마든지 바꿀 수 있다.

나는 태국의 사원에서 실제로 그걸 경험했다. 그 뒤에 숨겨진 과학적 원리를 전혀 모르던 시절이었다. 내가 맛본 행복감과 평온함은 어떤 외적 변화 때문이 아니었다. 인식하고 경험하는 방식과 삶을 대하는 태도에 변화가 일어났기 때문이었다.

명심할 점은 (복권 당첨 같은) **외적** 변화는 행복 기준선을 바꾸지 못하지만, **내적** 변화는 바꿀 수 있다는 것이다. 신경과학자 리처드 데이비슨Richard Davidson은 이렇게 말한다. "뇌 구조를 바꿀 수 있기 때문에 뇌를 단련해서 행복감을 높일 수 있다."[4]

마음챙김: 뇌를 재설계하는 자기연민 수행

| 행복을 높이기 위한 뇌 훈련 |

행복감을 높이기 위한 뇌 훈련이 바로 이 책의 목표이다.

앞으로 이어지는 장章에서, 고대 지혜와 과학 연구를 결합하여 행복하고 의미 있는 삶을 사는 데 필요한, 대단히 강력한 수행을 제시할 것이다. 당신은 힘든 시기에 마음의 평안을 얻고 일상생활에 더 깊은 의미와 즐거움을 더할 수 있는, 자비가 결합된 마음챙김을 활용하는 법을 배우게 될 것이다.

이 책은 당신이 전혀 생각지도 못한 방식으로 배우고 성장하는 비법을 알려줄 것이다. 나 역시 이러한 수행 덕분에 인생을 새로운 관점에서 바라보게 되었다. 내 꿈을 산산조각 냈다고 생각했던 척추측만증과 수술이 내가 미처 몰랐던 지속적 행복으로 이끌어주었음을 이해하게 되었다.

각 장에 제시된 수행은 가정과 직장, 인간관계, 건강, 행복 추구 등 삶의 모든 측면에서 당신을 도와줄 것이다. 개별적으로는 명확성과 호의 같은 신경 경로를 내도록 도와줄 것이고, 집합적으로는 우리가 좀 더 연결되고 더 자비로운 세상에서 살아가도록 도와줄 것이다.

무엇보다도 기다릴 필요가 전혀 없다. 내가 가장 힘들었을 때 존 카밧진이 상기해주었듯, 우리는 **지금 바로 여기**에서 수행을 시작할 수 있다.

수행: 의도 수행

일단 이 책을 왜 읽는지 제대로 파악해야 한다.

무엇을 바라는가? 바로 이 지점에서 의도의 힘이 발휘된다. 의도는 앞으로 펼쳐질 미래를 위한 토대를 마련한다. 아울러 우리가 인생에서 가장 소중히 여기는 것에 대한 청사진과 계속 연결되도록 도와준다.

당신은 무엇을 바라는가? 곰곰 생각해보면 이 질문에 대한 답은 쉽게 알 수 있다. 다음에 제시하는 수행은 당신의 속내를 파악하는 데 도움이 될 것이다. 아울러 이어지는 장들을 읽으며 각 수행을 실생활에 적용하도록 이끌어줄 것이다.

조용히 앉아서 오르락내리락하는 호흡의 자연스러운 흐름에 주의를 기울여라. 마음을 차분히 가라앉히고 현재에 집중하라. 이 여정을 떠나는 의도를 떠올려보라.

당신 자신에게 이렇게 물어보라. 이 시점에서 내게 진정으로 동기를 부여하는 것은 무엇인가? 나는 무엇에 마음을 쓰는가? 나는 어떤 방향으로 내 마음의 나침판을 맞추고 싶은가?

예를 몇 가지 들어보자: "나는 더 큰 행복을 찾길 바란다.", "나는 더 자비롭고 현명한 부모가 되길 바란다.", "나는 마음의 평안을 찾길 바란다."

팁: '올바른' 혹은 '완벽한' 의도를 선택하려 애쓰지 마라. 어떤 의도가 떠오르든 가만히 귀를 기울이고 마음을 열면 된다. 호기심과 호의를 유지하라.

준비가 됐으면 눈을 뜨고 당신의 의도를 기록하라. 의도가 명확하게 떠오르지 않으면, 호의와 호기심을 유지하면서 계속 귀를 기울여라. 내면 탐구를 위해, 앞으로 여러 장에서 진행할 수행을 위해 일지를 적어보길 권한다.

마음챙김: 뇌를 재설계하는 자기연민 수행

| 금언 |

재미없고 딱딱한 요약 대신 **금언**으로 각 장을 끝맺으려 한다. 금언은 당신이 꼭 기억했으면 하는 핵심 가르침이다. 노벨상 수상자이자 심리학자인 대니얼 카너먼Daniel Kahneman은 우리가 절정일 때 느낀 감정과 끝날 때 느낀 감정의 평균으로 어떤 경험을 평가한다는 '절정-대미의 법칙peak-end rule'을 주장했다. 이 말은 결국 우리가 경험의 절정과 마지막을 가장 잘 기억한다는 뜻이다. 그런 이유로 각 장의 '절정들peaks'을 곰곰 생각해본 다음 가장 기억할 만한 절정을 하나만 골라 각 장의 '마지막end'에 쓰길 권한다. 그래야 중요한 부분을 강화하고 장기 기억 속에 부호화할 수 있다.

잠시 시간을 내어 이 장의 핵심 가르침을 생각해보라. 금언으로 삼을 만한 가르침을 몇 가지 살피면 다음과 같다.

· 뭐든 실천할수록 강화된다.

· 완벽해지려 하지 말고 그냥 묵묵히 수행하라.

· 호의가 중요하다.

· 행복은 외적 요인이 아니라 내적 요인에 달려 있다.

이 장의 핵심 가르침을 숙고한 다음, 당신에게 가장 인상 깊은 금언을 하나 골라 일지에 기록하라. 이 책을 다 읽을 무렵, 당신이 평생 마음에 새길 만한 금언 열한 개가 생길 것이다.

02

신경가소성의 기적

+ + +

습관은 인간의 본성이다.
그러니 황금을 주조할 습관을 길러보는 게 어떤가?

- 하피즈Hafiz, 14세기 페르시아의 서정시인.
'오늘밤 주제는 사랑The Subject Tonight Is Love' 중에서

당신이 이 책을 읽는 동안, 당신의 뇌는 엄청나게 많은 일을 조용히 관장한다. 가령 당신이 페이지를 읽어 내려갈 때 눈의 움직임을 통제한다. 어린 시절 시작된 교훈을 바탕으로 까만 글자를 단어로 해독한 다음 별다른 노력 없이 의미를 파악한다. 신경계의 한 부분을 다른 부분과 연결해주는 신경 경로를 활발하게 작동하여 당신이 파악한 의미를 기억 속에 보관한다. 그 덕에 이 책을 다 읽고 나서 며칠, 몇 주, 몇 달, 심지어 몇 년 후까지 이 내용을 간직할 수 있다.

그와 동시에 뇌는 당신을 여전히 살아 있게 해준다. 가령 폐가

호흡을 통해 몸에 산소를 공급하게 하고, 심장이 피를 분출해서 수조 개의 세포에 영양분을 나르게 하며, 소화기관이 음식물을 처리하게 한다. 이런 일을 실행하기 위해 당신은 특별히 뭘 하지 않아도 된다. 생각하거나 통제하거나 기억할 필요도 없다. 모든 일이 그야말로 기적처럼 저절로 굴러간다.

이는 뇌가 단 몇 초 동안 수행하는 수많은 과업 중 일부에 불과하다.

그런데 이게 다가 아니다. 앞에서 간단히 언급했듯이, 신경과학의 혁명적 발견 덕분에 뇌 발달이 특정 시기에 멈추지 않는다는 사실이 드러났다. 우리 뇌는 잠재력이 고정되지 않고 살아가는 내내 변할 수 있다.

우리는 이제 뇌가 어떻게 작동하고 어떻게 성장하는지 알게 되었다. 아울러 수행을 통해 어떻게 원하는 방향으로 빚어낼 수 있는지도 알게 되었다. 우리는 날마다 정신을 단련하고 뇌를 변화시켜 개별적으로나 집단적으로 더 번성할 수 있다.

뇌를 바꾸기에 너무 늦은 때는 없다

20세기 뇌 과학에서 가장 중요한 발견인 **신경가소성**은 우리 뇌가 일생 동안 끊임없이 변한다는 사실을 가리킨다. 나이가 아무리 많아도 당신은 뇌에 건강한 경로를 새로 생성하고 낡고 허술한 경로를 쳐낼 수 있다.

이러한 신경가소성의 발견으로 모든 게 바뀌었다. 왜냐고? 신경
가소성이 우리의 무한한 잠재력을 확인해주기 때문이다. 어렸을 때
뿐만 아니라 **언제든지** 적응하고 성장할 우리의 놀라운 역량이 드
러난 것이다. 살아가는 내내 당신은 뇌의 물리적 구조를 바꿀 수 있
다. 새로운 신경 연결을 생성하고 기존 연결을 강화하며, 불필요한
연결을 제거할 수 있다. 당신의 정신을 진짜로 바꿀 수 있다.

바꿀 수 있는데도 왜 많은 사람이 계속 제자리에 머물러 있을
까? 심리학자 타라 브랙^{Tara Brach}이 말하듯, '우리 시대의 가장 큰 비
극은 우리가 낡은 패턴에서 벗어날 수 있는데도 계속해서 그 패턴
에 갇혀 세월을 보내는 것이다.'[1] 우리는 즐거움과 안락함을 느끼고
위험을 감수하며 진심으로 마음을 열기를 갈망한다. 하지만 걸핏하
면 두려움과 의심이 우리를 제지한다. 우리는 습관을 바꿀 수 없을
까 봐 두려워한다. 우리는 습관을 바꿔서 뭐가 달라지겠냐고 의심
한다. 우리는 '너무 늦었다'고 계속 생각한다.

신경가소성의 과학은 획기적으로 다른 관점을 제공한다. 변화
하고 성장하고 배우고 발전하기에 너무 늦지 않았다는 사실을 확실
히 보여준다. 선택권과 힘이 당신에게 있다.

그렇다고 전등 스위치처럼 나쁜 것을 꺼버리고 좋은 것을 켜는
식으로 작동하진 않는다. 변화에는 헌신적인 노력이 필요하다. 반
복해서 수행해야 한다. 그렇게 매일 수행하다 보면 무한한 가능성
이 펼쳐진다. 누구나 더 나은 사람으로 거듭날 수 있다.

그렇다면 기적을 일궈내는 우리 뇌를 먼저 자세히 살펴보도록 하자.

생성하기, 연결하기, 가지치기: 신비로운 정신 단련의 세계

정밀하게 측정할 수는 없지만, 과학자들은 우리 뇌가 엑사플롭exaFlop급 속도로 작동한다고 추정한다. 즉, 초당 100경(10의 18승) 회의 연산이 가능하다고 본다. 일반 컴퓨터보다 10억 배 빠른 속도로 작동한다는 뜻이다. 뇌는 1조 1천억 개의 세포로 구성되는데, 여기엔 먹고 자는 일에서 웃거나 사랑에 빠지는 일 등 일상생활의 온갖 부분을 관장하기 위해 함께 작동하는 1천억 개의 뉴런이 포함된다. 상상이 안 된다고? 하지만 우리는 이 엄청난 장기를 어깨에 이고 산다.

우리 뇌는 완벽한 개인 비서라고 말할 수 있다. 우리가 요구하지 않아도 뭘 해야 하는지 알아서 척척 해낸다. 게다가 오류도 거의 없다. 그렇긴 하지만 일부 핵심 활동들, 특히 행복감과 만족감을 관장하는 활동의 경우, 비서가 최적의 결과를 얻기 위해 뭘 할지 알아차리도록 우리가 훈련을 제공해야 한다. 우리는 생성해서 발전시키고 싶은 신경 경로에 초점을 맞추어 의식적으로 뇌를 지휘, 감독할 수 있다.

신경과학자들 사이에 잘 알려진 말이 있다. **"함께 불꽃을 틔운**

뉴런들끼리 서로 연결된다." 뉴런이 활성화되어 함께 '불꽃이 튈' 때마다 그들의 신경 연결은 더 강화된다. 피질 비후cortical thickening*라 불리는 이런 신경생리학적 과정은 반복된 수행에서 비롯된 새로운 뉴런의 생성과 시냅스 연결을 가리킨다. 몸을 움직이든 생각에 잠기든, 그 활동과 관련된 뉴런들이 더 연결되면서 뇌는 점점 더 강화되고 실제로 변하게 된다.

가령 신경가소성 분야의 선구적 연구에서, 런던의 택시 기사들이 시공간적 매핑mapping과 기억을 담당하는 뇌 부위가 더 크고 강하다는 것이 드러났다. 왜 그럴까? 2만 5천 개나 되는 미로 같은 거리에서 런던의 명물인 블랙캡을 운행하려면 '지식Knowledge'으로 알려진, 세계에서 가장 엄격한 시험 중 하나를 통과해야 하는데, 이를 위해 보통 4년 동안 공부해야 한다. 미국에서 의과대학을 마치는 데 걸리는 시간이다.

유니버시티 칼리지 런던의 연구진은 지식 시험에 통과한 기사들의 뇌에서 상당한 변화가 일어났음을 입증했다.[2] 수년 동안 매일 런던의 2만 5천 개 거리를 반복해서 운행한 기사들은 시공간 매핑과 관련된 뇌 부위, 즉 해마가 커지거나 두꺼워졌다.

이와 유사한 실험이 또 있다. 하버드 대학의 사라 라자르Sara Lazar 교수와 동료들은 fMRI를 이용해 마음챙김을 수행하는 사람들의 뇌를 연구했다. 그 결과, 그들의 주의, 학습, 정서적 처리와 관련된 뇌

---

* 피질 비후: 피질 벽이 두꺼워지는 현상. -역자주

부위가 더 커지고 강화되었다는 사실을 발견했다.[3] 더 나아가 마음 챙김 수행이 뇌의 노화 과정을 늦출 수 있다는 사실도 알아냈다. 연구진은 "명상 수행으로 노화와 관련된 전두엽 피질의 얇아짐을 늦출 수 있다."라고 결론 내렸다.

이러한 결과는 모두 20여 년 전 태국의 한 승려가 들려준 말을 뒷받침한다. **뭐든 실천할수록 강화된다.**

나아가 우리는 긍정적 시냅스 연결을 생성하고 강화하면서, 다시 말해 뇌 구조를 건강한 방식으로 빚어내면서 허술한 경로를 쳐낸다. 과학자들은 이것을 '신경 가지치기neuronal pruning'라고 부른다. 우리가 어떤 생각이나 기분이나 행동을 수행하지 않으면 뇌는 그와 연관된 뉴런들을 '발화시키지' 않는다. 그 결과, 그러한 생각과 기분과 행동은 점점 약해지다가 결국 시들어버린다. 그렇기 때문에 당신은 고등학교 시절처럼 클라리넷을 연주할 수 없는 것이다. 아마도 곡면 적분을 구하는 방법도 더 이상 기억하지 못할 것이다.

진화론적 관점에서 신경 가지치기는 반드시 필요하다. 그래야 특정 연결을 의도적으로 강화하면서 동시에 불필요한 경로를 쳐낼 수 있다. 가지치기 덕분에 뇌는 새로운 뉴런을 위한 공간을 확보할 수 있다. 그 공간에서 더 행복하고 더 건강하며 더 효과적인 사람으로 거듭나도록 도와줄 뉴런이 생성될 것이다.

일례로, 나는 인내심이 부족한 편이다. 그래서 반응하기 전에 잠시 멈추고 숨을 깊이 들이마신다. 인내심의 신경 경로를 생성하면서 동시에 충동성과 조급함의 경로를 쳐내는 것이다. 진정한 일거

양득이라 할 수 있다.

습관의 초고속도로
대 자비의 시골길

나는 신경 경로를 길에 비유하는 걸 좋아한다. 길을 따라 어느 방향으로든 갈 수 있기 때문이다. 잘 다져진 초고속도로처럼 우리는 수십 년 동안 길러온 습관이 있다. 가령 벌컥 화를 내듯 저절로 나오는 감정 반응일 수도 있고, 자신이 한참 부족하다고 믿는 식의 뿌리 깊은 믿음 체계일 수도 있다. 또는 반복해서 알람 신호를 끄고 아침 운동을 놓치듯 의지력을 잠재우는 행동일 수도 있다.

우리가 이러한 습관의 초고속도로를 인식하는 순간, 뭔가 중요한 일이 생긴다. 그게 뭐냐고? **우리에게 선택할 기회가 생긴다.** 우리는 이러한 고속도로에 들어서려 한다고 인식할 때마다 선택 지점choice point에 서 있게 된다. 별생각 없이 똑같은 길에 들어서지 않고 새로운 신경 경로를 의식적으로 생성할 기회를 갖게 되는 것이다.

이 새로운 경로를 시골길이라고 하자. 시골길은 잘 다져지지 않아서, 처음엔 빠르지 않다. 하지만 진화의 경로로서 우리를 새로운 장소와 경험으로 이끌어준다. 습관의 초고속도로는 이미 가본 곳들로만 우리를 이끈다. 그런데 새로운 곳에 가고 싶을 땐 어떻게 해야 하나?

우리가 똑같은 초고속도로만 계속 이용한다면 늘 같은 곳만 가게 될 뿐, 정작 가보고 싶은 새로운 장소를 찾을 수 없다. 이유는 너무나 간단하다. 초고속도로가 새로운 곳으로 가지 않기 때문이다. 속담에도 있듯이, 똑같은 행동을 반복하면서 다른 결과를 기대한다면 정신이 나간 것이다.

새로운 곳으로 가려면, 시골길을 새로 개척해야 한다. 다시 말해 새로운 신경 경로를 깔아야 한다. 그리고 이 시골길로 자주 다니면 점점 길이 다져져 낡아빠진 초고속도로를 대체하게 된다. 이 시점에서 신경 가지치기를 담당하는 철거반원이 출동한다.

예를 들어 아기가 핫휠Hot Wheels 미니카처럼 놀라운 속도로 방바닥을 기어 다니던 모습을 떠올려보자. 그런 다음 이 아기가 걸음마를 떼던 시절을 기억해보자. 위태롭게 첫발을 떼다가 넘어지면 아기는 깔깔거리며 다시 일어나 또 비틀비틀 걸음을 뗐다. 몇 년 후엔 걷고 뛰고 깡충거리고 춤까지 추었다.

변화에는 이만큼 헌신적 수행이 필요하다. 무엇보다 자기 판단self-judgment을 안 해야 한다. 아기가 기는 단계를 지나 걷고 뛸 수 있게 된 것도, 넘어졌을 때 자기 판단을 안 했기 때문이다.

다행히 우리 뇌는 기회를 주면 알아서 나아가도록 만들어졌다. 게다가 어떤 행동을 **상상하기**만 해도 정신을 단련할 수 있다. 국립보건원National Institutes of Health의 연구진은 피험자 중 절반에게 다섯 손가락 피아노 연습을 실제로 시행하게 하고, 나머지 절반에겐 같은 연습을 상상으로만 하게 했다.[4] 실제로 연습한 그룹은 손가락 운동

기술을 조절하는 뇌 영역이 더 커졌다. 그런데 상상으로만 연습한 그룹도 뇌가 똑같이 커졌다!

이렇게 놀라운 능력이 있는데도 우리 중 대다수는 왜 시골길이 우리를 목적지까지 데려다줄 수 없을 거라 생각해서 금세 포기하고 습관의 초고속도로로 자꾸 돌아가는 것일까? 문제는 바로 우리가 바라던 일을 마침내 '이뤄낸' 정적인 상태, 즉 목적지에 집중한다는 데 있다. 완벽한 결말에 집중하는 것은 삶이 의도하는 바가 아니다. 삶이 끝나는 유일한 시간은…, 음… 말 안 해도 다 알 것이다.

삶 자체는 과정이라 끊임없이 진화한다. 완벽함은 정적인 상태라 진화의 대척점에 있다.

훌륭한 정신의 소유자들 중엔 이 점을 간파한 사람이 많다. 화가 살바도르 달리 Salvador Dali는 "완벽해지려고 너무 애쓰지 마라. 어차피 도달하지 못할 테니."라고 조언했다. 철학자 임마누엘 칸트 Immanuel Kant는 "일찍이 인간성이라는 뒤틀린 재목에서 올곧은 일이 이룩된 적은 결코 없었다."라고 말했다.

이러한 위인들이 완벽함은 애초에 불가능하다고 설파하는데도 우린 왜 자꾸 완벽하지 않다고 자책할까? 우리 삶을 바꾸려면, 먼저 완벽함이라는 신화에서 벗어나야 한다.

> » 우리 삶을 바꾸려면, 먼저 완벽함이라는 신화에서 벗어나야 한다.

미식 축구계의 전설 빈스 롬바디 Vince Lombardi는 "완벽함은 달성할 수 없지만, 우리가 완벽을 추구한다면 탁월함은 이룰 수 있다."라고 말했다. 이 유명한 코치는 노력하는 과정이 중요하다는 사실을 알았던 것이다. 우리 삶을 바꾸려면, 목적지가 아닌 방향에 초점을 맞춰야 한다.

>> 우리 삶을 바꾸려면, 목적지가 아닌 방향에 초점을 맞춰야 한다.

완벽해지려 하지 말고
그냥 묵묵히 수행하라

다음 질문을 곰곰 생각해보라.

· 러시아워의 교통체증 속에서 당신은 끝까지 침착함을 유지할 수 있는가?
· 이웃이 멋진 곳으로 여행을 떠나도 질투심을 느끼지 않을 수 있는가?
· 주변 사람에게 아무 조건 없이 베풀 수 있는가?
· 지금 있는 곳에서 늘 만족감을 찾을 수 있는가?

이 네 가지 질문에 모두 그렇다고 대답할 수 있다면, 아마도 당신은 사람이 아니라… 개일 것이다.

당신이 방금 껄껄 웃거나 미소라도 지었기를 바란다. 아울러 약간의 안도감도 느꼈기를 바란다. 물론 이런 이상주의적 기준을 모두 충족시킬 수는 없다. 인간이라면 누구나 그렇다. 그런데도 당신은 이 질문을 읽으면서 그에 미치지 못한다고 스스로 판단했을 것이다. 실은 나도 그랬다.

우리는 완벽함이라는 불가능한 기준을 세워놓고서 그 기준에 부응하지 못한다고 자신을 나무란다. 아무리 노력해도, 아무리 성공해도, 늘 충분하지 못한 것 같다.

그래서 어떻게 하는가? 더 열심히 노력하고 더 열심히 판단한다. 인생이라는 쳇바퀴를 더 빨리 돌리려고 미친 듯이 노력한다. 완벽함을 향한 노력은 결국 우리를 부족하고 지치고 외롭다고 느끼게 하며, 늘 결핍감에 시달리게 한다.

역설적으로, 우리가 이상적 완벽함에 부응하면서 행복을 찾으려고 노력할수록 진정한 평안과 행복과 유대는 점점 더 멀리 달아난다. 우리에게 중요하고 의미 있는 것들, 즉 진정한 평안과 변화를 안겨줄 원천에서 점점 더 멀어진다. 결국 우리는 기대에 부응하지 못했다고 판단하면서 낙담하고 포기해버린다.

문득 몹시 추웠던 어느 겨울날이 떠오른다. 그날은 비까지 주룩주룩 내린 탓에 기분도 덩달아 음울했던 것 같다. 나는 숄을 두른 채 치료사의 소파에 앉아서, 내가 되고 싶던 침착하고 다정한 명상 지도자답지 않게 조급하고 예민하게 굴었던 사건을 회상하고 있었다.

"나는 왜 전혀 나아지지 못하는 걸까요?" 내가 물었다.

치료사가 나를 물끄러미 쳐다보며 말했다.

"샤우나, 인생은 자기계발 프로젝트가 아닙니다."

그 말에 하마터면 소파에서 떨어질 뻔했다. 그 순간 내 인생이

마음챙김: 뇌를 재설계하는 자기연민 수행

온통 자기계발에 집중되어 있었다는 사실을 깨달았다. 누구에게나 사랑받는 사람이 되고자, 어떤 상황이 닥쳐도 차분하게 대응할 수 있는 완벽한 상태에 도달하고자, 끊임없이 나를 닦달했던 것이다. 설상가상으로 내가 부족한 사람임을 보여주는 하나의 잣대로 마음챙김 수행을 활용했음도 깨달았다.

우리는 **자기계발**self-improvement에서 **자기해방**self-liberation으로 마음가짐을 바꿔야 한다. 자기해방은 제한적 믿음limiting beliefs, 즉 우리에게 '고쳐야 할 게 있다'는 잘못된 생각에서 벗어난다는 뜻이다. '똑바로 하겠다'고, '완벽해지겠다'고 끊임없이 시도하면 탈진할 수밖에 없다. 현재 상태에서 쉴 수도, 현재 모습에 결코 만족할 수도 없다.

이 여정을 함께 떠나는 동안, 다음 사항을 명심해야 한다. 수행의 목표는 뭔가를 기어이 해내는 데 있지 않다. 완벽해지려 하지 말고 그냥 묵묵히 수행하는 게 중요하다. 완벽함은 가능하지 않지만, 변화는 가능하다. 내가 무척 좋아하는 선불교 속담은 이러한 역설을 잘 드러낸다.

"당신은 현재 모습 그대로 완벽하지만, 개선할 여지가 있다."

》 완벽함은 가능하지 않지만, 변화는 가능하다.

변화는 방향이지 목적지가 아니다. 세상은 끊임없이 변하고 있으며, 그에 맞춰 우리도 함께 변하도록 갖가지 도전을 제기한다. 그런 이유로 우리 뇌는 수행을 통해 끊임없이 배우고 발전하도록 설계되었다.

실제로, 베스트셀러 《그릿Grit》의 저자인 앤젤라 더크워스Angela Duckworth는 타고난 재능이 아니라 수행과 끈기가 성공을 예견한다는 점을 발견했다.[5] 올림픽 출전 선수에서 웨스트포인트 육군 사관학교 졸업생, CEO, 바이올린의 거장에 이르기까지 성공과 실패의 일관된 차별점은 재능 수준이 아니라 헌신적 수행이었다. 수행은 누구나 충분히 할 수 있다.

힘을 실어주는 이러한 마음가짐이 뿌리를 내리려면, "고통 없이는 얻는 게 없다."거나 "원하는 바를 이루려면 죽도록 노력해야 한다."는 등 이 사회가 개인적 변화를 위해 우리에게 무조건 믿고 따르라고 규정한 '통념' 중 상당수를 다시 평가해야 한다. 5장에서, 당신은 이러한 통념 뒤에 숨겨진 과학을 배울 것이다. 아울러 이를 대체하고자 과학적으로 입증된 대안도 배울 것이다.

완벽함이라는 관념에서 벗어나 우리가 원하는 방향에 초점을 맞출 때, 우리는 매 순간 무한한 가능성이 있다는 중요한 사실에 눈뜨게 된다.

최고의 상태에 도달하겠다고 덤비는 식으로는 우리 자신을 크게 바꾸지 못한다. 이 길은 자꾸만 높아지는 목표인 완벽함을 달성하기 위한 자기계발 프로젝트가 아니다. 오히려 변화와 성장과 진화의 가능성을 열어줄 것이다. 탁월한 정신과 의사인 대니얼 시겔이 일깨워주듯, '우리는 끊임없이 창조되고 또 창조하는 상태에 놓여 있다.'[6]

5퍼센트
원칙

자, 시겔의 말이 너무 거창하게 들리거나 부담스럽게 느껴지더라도 걱정하지 마라. 변화는 조금씩 꾸준히 일어난다. 다들 겪어봐서 알겠지만, 비생산적 습관을 당장 떨쳐내고 우리가 원하는 행동을 바로 얻을 수는 없다. 그런데도 우리는 이를 정상적인 변화 과정으로 보지 못하고 걸핏하면 '실패했다'고 자책한다.

우리가 이뤄나갈 변화는 직선 모양으로 쭉 뻗어나가지 않는다. 멈추거나 우회하기도 하고 역행하거나 뜻밖의 성과를 거두기도 한다. 변화는 장기간에 걸친 경험에 바탕을 둔다. 경험이 쌓이고 쌓여 새로운 생각과 느낌과 행동 방식으로 통합된다. 뇌에 새로 깔린 이러한 경로들이 우리의 사고와 말과 행동으로 표출된다.

하지만 무슨 일이 일어나려면 우리가 뭐든 시작해야 한다. 때로는 그게 가장 힘들다.

핵심은 크나큰 변화를 이끌어줄 자잘한 행동 변화, 즉 '아주 작은 습관micro habits'을 개발하는 것이다. 나는 가끔 고객들에게 '터무니없이 사소한 목표'를 설정하라고 권한다. 내 동료이자 《The Sweet Spot》의 저자인 크리스틴 카터Christine Carter에게 배운 표현이다. 아기가 걸음마를 떼듯이 조금씩 천천히 나아가면, 긴장이 풀리고 중압감이 줄어든다. 그러면 오히려 성취 기회가 더 빨리, 더 자주 찾아온다. 뭔가를 이뤄낼 때마다 우리는 다음 이정표를 달성할 의욕이 생긴다. 이런 자잘한 순간과 성취가 결국 중대한 변화로 이어진다.

아무리 사소한 경험도 중요하다. 그런 경험이 몇 번이고 반복되면 더욱 좋다. 양동이에 떨어지는 물방울을 떠올려보라. 처음 몇 방울은 하찮아 보이지만, 결국엔 양동이를 가득 채우고 넘칠 것이다. 반면 모 아니면 도라는 식의 이분법적 사고는 결과에 지나치게 집중해 효율성이 떨어진다. 연구 결과도 이를 증명한다. 복잡한 과제를 자잘한 이정표로 쪼개서 하나씩 완성해 나가는 사람이 최종 결과에만 집중하는 사람보다 더 빨리 더 멋지게 해낸다.[7]

최종 목적지에 대한 걱정을 멈추고 방향성에 초점을 맞추도록 "5퍼센트만 더 할 수 있을까?"라고 자문해보라.

"5퍼센트만 더 운동할 수 있을까?"

"5퍼센트만 더 휴식을 취할 수 있을까?"

"5퍼센트만 더 신뢰할 수 있을까?"

5퍼센트가 너무 많다고 느껴지면 수치를 낮춰도 된다.

"1퍼센트만 더 할 수 있을까?"

온도가 조금 바뀐다고 해서 무슨 차이가 있을까라고 생각하겠지만, 실제로 큰 차이가 있다. 어렸을 때 열이 펄펄 끓었던 적이 있었다. 얼굴이 벌게지고 머리가 아프고 온몸이 쑤셨다. 아버지는 내 체온을 38.3℃에서 0.5℃만 낮출 수 있어도 한결 나아질 거라고 말했다. 아버지 말이 실제로 맞았다. 결국 작은 변화가 큰 차이를 가져온다.

모든 순간이
중요하다

불교 스승이자 작가인 잭 콘필드 Jack Kornfield에게 어떤 이야기를 들었는데, 그도 훌륭한 영성 지도자인 람 다스Ram Dass에게서 들은 것이라 했다. 출처는 확실하지 않지만, 이 이야기는 모든 순간이 중요하다는 사실을 제대로 보여준다. 아무리 하잘것없어 보여도 각각의 순간은 우리 뇌가 자라는 방식에, 나아가 우리 삶이 돌아가는 방식에, 심지어 우리가 다른 사람들의 삶에 영향을 미치는 방식에까지 영향을 미친다.

한 육군 중위가 심각한 분노 조절 문제를 다스리도록 마음챙김 코스를 들어보라는 지시를 받았다. 중위는 별로 내키지 않았지만, 군대식 사명감에 따라 열심히 수행해보기로 마음먹었다. 물론 걸핏하면 분노를 터트리는 문제를 해소하고픈 마음도 있었다. 6주 동안 수행한 뒤에 그가 다음과 같은 이야기를 들려주었다.

어느 토요일, 그는 북적거리는 동네 마트에서 물건값을 계산하려고 기다리고 있었다. 에어컨 바람만으론 열기를 식힐 수 없을 만큼 푹푹 찌는 날씨라, 몸은 이미 땀에 젖은 상태였다. 게다가 앞의 여자가 엉뚱한 줄에 서 있는 걸 보자 중위는 속에서 화가 부글부글 끓었다. 여자는 한 가지 물건만 구입했으니 옆쪽 소량 전용 계산대로 가야 했다. 더구나 그곳은 텅 비어 있었다. 여자의 품엔 사내 아기가 들려 있었다. 드디어 여자의 차례가 왔다. 그런데 계산대 직원이 단품을 금전 등록기에 찍을 생각도 않고 아기에게 까꿍, 까꿍 하면서 놀아주기 시작했다. 중위는 씩씩거리며 혼잣말을 했다.

"아니, 여기가 무슨 놀이방이야!?"

그런데 더 놀랍게도, 앞에 선 여자가 아기를 계산대 직원에게 건네는 게 아닌가! 중위는 속으로 탄식했다.

'아니, 이 여자가 도대체 뭐 하는 거지? 뒤에 사람이 셋이나 기다리는데. 게다가 애초에 이 줄에 서면 안 되는 거였잖아!'

하지만 그동안 마음챙김 수행을 해왔기 때문에 분노 폭발이라는 습관적 고속도로에 들어서지는 않았다. 그는 심호흡을 몇 번 하면서 마음을 차분히 가라앉혔다. 분노의 연기가 걷히자 귀여운 사내 아기의 얼굴이 눈에 들어왔다.

중위는 자기 차례가 왔을 때 계산원에게, "아기가 아주 귀엽더군요."라고 말했다. 그러자 계산원은 기쁨에 겨운 눈으로 그를 쳐다보며 말했다.

"아, 그래요? 실은 제 아들이에요." 계산원은 이내 침울한 목소리로 말을 이었다. "작년에 남편이 전투를 수행하다 죽었거든요. 제가 이렇게 돈벌이를 해야 해서 아기와 놀아줄 시간이 별로 없어요. 그나마 친정 엄마가 와서 아기를 봐주니까 얼마나 다행인지 몰라요. 제가 일이 늦게 끝나기 때문에 엄마가 매일 아기를 마트에 데리고 와서 한 번씩 만나게 해줘요."[8]

그 순간 상황이 얼마나 바뀌었는지 느낄 수 있는가? 중위가 마음챙김 수행으로 자신의 분노를 주목하고 다스릴 수 있었던 사실에 얼마나 감사했을지 상상이 될 것이다. 그 짧은 순간에 크나큰 승리를 거둔 것이다.

긍정적
신경가소성

누구나 자신이 강화하고 싶은 것을 선택할 힘이 있다. 그런 이유로, 심리학자이자 작가인 릭 핸슨Rick hanson은 **긍정적 신경가소성**positive neuroplasticity이라는 용어를 고안했다. 이 말은 건전한 심리적 자원을 생성하는 수행에 우리가 의도적으로 관여한다는 말이다.[9]

인생의 어느 지점에 있든, 어떤 고통을 겪었든, 어떤 실수를 저질렀든, 당신의 미래는 아무 흠결이 없다. 당신은 언제든 다시 시작할 수 있다.

당신이 다시 시작할 수 있는 이유를 한마디로 요약할 수 있다. **뭐든 수행할수록 강화된다.** 그렇다면 당신은 무엇을 강화하고 싶은가?

수행: 당신은 무엇을 강화하고 싶은가?

어떤 수행에서든 첫 단계는 당신의 목표와 연결 짓는 것이다. 당신에게 중요한 것은 무엇인가? 무엇을 기르고 강화하고 싶은가?

일단 조용히 앉아 오르내리는 호흡의 자연스러운 흐름에 수의를 기울이도록 하라. 앞서 언급한 "당신은 현재 모습 그대로 완벽하지만 개선할 여지가 있다"라는 말을 곰곰 되새겨보라.

누구나 더 잘하고 싶은 것, 더 강화하고 싶은 것이 있다. 당신 안의 뭔가가 이젠 시작할 때가 됐음을 알아차렸다. 그러니까 당신이 이 책을 읽고 있는 것이다. 당신 안의 그 뭔가를 믿고 나아가라.

당신 자신에게 이렇게 물어보라: **나는 무엇을 강화하고 싶은가?**

팁: 어떤 반응이 나오든 잘 들어보라. 마음을 열고 호의와 호기심을 유지하라.

구체적인 예를 몇 가지 들어보자: "나는 살면서 스트레스를, 특히 사소한 문제에 대한 스트레스를 더 잘 관리하고 싶다.", "나는 나 자신에게 더 너그럽고 싶다.", "나는 부모/배우자/친구와 더 잘 지내고 싶다."

분명한 생각이 떠올랐을 때 기분이 괜찮으면, 가령 '그래, 맞아!'라고 느껴지면, 당신이 강화하고 싶은 의도를 찾았다고 볼 수 있다. 문장이나 구절이나 단어일 수도 있고 어떤 이미지일 수도 있다. 뭐가 됐든 머릿속에 떠올랐을 때 구미가 확 당길 것이다.

마음의 결정을 내렸다면 그 의도를 일지에 기록하라.

| 금언 |

잠시 멈추고 이 장의 핵심 사항을 곰곰 생각한 다음, 평생 마음에 새기고 싶은 금언을 한 가지 골라보라. 골랐으면 일지에 기록하라.

몇 가지 예를 살펴보면 다음과 같다.

· 완벽함은 가능하지 않지만 변화는 가능하다.

· 조금씩 나아가라, 5퍼센트씩 바꿔 나가라.

· 모든 순간이 중요하다.

· 뇌를 바꾸기에 너무 늦은 때는 없다.

03

마음챙김

명확하게 보기

+++

> 진정한 여행의 발견은 새로운 풍경을 찾는 게 아니라
> 새로운 눈을 뜨는 것이다.
>
> – 마르셀 프루스트Marcel Proust,
> 《잃어버린 시간을 찾아서 제5권Remembrance of Things Past, vol. 5》 중에서

내가 투손 재향군인병원에서 처음 진료한 환자는 스물아홉 살의 갱단 조직원 호세였다. 호세는 라이벌 갱단에게 살해당할 뻔한 직후부터 줄곧 공황 발작에 시달리다 나를 찾아왔다.

진료실 문을 열고 들어오자마자 호세는 '치료사' 의자에 앉아 있는 스물여섯 살 난 백인 여자를 보고 눈을 굴렸다.

"이봐." 호세가 불쑥 말했다.

"내 몸에서 이런 기분을 없애줄 약이 좀 필요한데."

"미안하지만 나는 철학박사PhD이지 의학박사MD가 아니에요. 약을 처방해줄 순 없어요."

호세는 얼굴을 찡그리며 어깨를 으쓱했다.

"좋아. 그럼 내가 이런 기분을 느끼지 않도록 주의를 분산시킬 방법이나 좀 알려줘."

"난 마음챙김 치료사예요. 그래서 주의를 분산시키는 대신, 당신과 함께 당신 몸 안의 불안감에 주의를 기울일 거예요. 그래야 치료를 시작할 수 있거든요."

"불안감에서 벗어나고 싶다는데 오히려 주의를 더 기울일 거라고?" 호세는 버럭 소리친 다음 혼잣말을 중얼거렸다.

"제기랄! 치료사를 다시 알아봐야겠군."

나는 숨을 고른 뒤 차분하게 말을 이었다.

"호세, 한 가지만 물어볼게요. 당신을 죽이려 했던 갱단이 뒤쪽에서 걸어오는 소리가 들린다면, 당신은 몸을 돌려서 그들을 똑바로 보길 원하나요, 아니면 무시하고 걷다가 급습을 당하길 원하나요? 몸을 돌리면 당신은 그들이 몇 명인지, 무슨 무기를 지녔는지 확인해서 어떻게 대응할지 결정할 수 있겠죠? 그러니까 내 말은 이참에 당신의 불안감을 명확하게 보는 방법을 배우라는 거예요. 그래야 그게 계속 매복해 있다가 당신을 공격하지 못하죠."

호세가 내 눈을 똑바로 바라본 순간, 나는 우리가 이미 치료를 시작했음을 직감했다. 실제로 그 뒤에 벌어진 일은 놀라웠다. 그 내용은 아래에서 확인해보라.

마음챙김

내가 마음챙김을 중심으로 연구하겠다고 결정하자, 학자로서 경력이 훼손될 거라며 만류하는 사람이 많았다. 교수들은 내게 좀 덜 '특이한' 걸로 골라보라고 권했다. 그 뒤로 20년이 흐른 지금, 시사 주간지 〈타임〉은 '마음챙김 혁명 Mindful Revolution'이라는 기사를 커버스토리로 실었다. 그만큼 마음챙김 연구와 수행이 꽃을 피우면서 우리 사회 곳곳에 스며들었음을 알 수 있다.

현재 700개가 넘는 병원과 클리닉, 메디컬 센터에서 마음챙김을 진료에 통합시켰다. 이러한 마음챙김 기반 치료는 대부분 보험으로 보상된다. 구글, 페이스북, 제너럴밀스, 프록터앤드갬블, 시스코시스템스 등 〈포춘〉지 선정 세계 500대 기업이 직원들에게 마음챙김 수련을 제공한다. 아울러 하버드, 예일, 스탠퍼드 같은 유수의 대학에서도 교과과정의 일부로 마음챙김 코스를 제공한다.

요즘 아이들은 그 어느 때보다 스트레스와 각종 방해물에 시달린다. 그래서 마음챙김은 '마인드풀 키즈Mindful Kids'와 '마인드풀 스쿨 Mindful Schools' 같은 선구적 프로그램으로 초등학교와 중·고등학교에까지 진출했다. 2015년에 나와 동료들은 이러한 훈련의 효과를 보여주는 리뷰 논문을 발표했다. 실제로 이러한 훈련은 학생들의 정신적, 정서적 건강을 돕고 창의력과 집중력, 시험 점수까지 높여주었다.[1]

마음챙김은 심지어 군대에서도 인기를 끌었다. 국방부는 적용

분야를 연구하는 데 수백만 달러를 투자했다. 그 결과, 마음챙김 수행이 외상 후 스트레스 장애를 감소시키는 것은 물론, 스트레스를 많이 받는 상황에서 군인들이 현명하게 행동하고 결정하도록 돕는다는 사실이 밝혀졌다.

여러 연구에서 마음챙김의 수많은 효과가 입증되었지만, 최근엔 마음챙김의 지나친 단순화와 상업화에 관심이 쏠리고 있다. 마음챙김이 희화화되다 보면, 변화시키는 힘을 잃게 된다. 그렇게 되면 당연히 잠재력을 제대로 발휘할 수 없고, 사람들은 결국 "나한테는 맞지 않다."라며 수행을 금세 포기하게 된다.

이런 풍조와 달리, 이 책은 당신이 일상생활에 쉽게 적용할 만한 수행으로 뇌를 재설계하고 삶을 개선할 수 있도록 마음챙김에 대한 포괄적이고 명확한 이해를 제공한다.

마음챙김이란
진정 무엇인가?

'마음챙김mindfulness'이라는 말은 불교 경전에 쓰인 팔리어Pali로 **삼빠잔냐**Sampajañña인데, 명확한 이해라는 뜻이다. 마음챙김은 우리가 현명하게 선택하고 인생에 효과적으로 대응할 수 있도록 상황을 명확하게 보게 해준다.

하지만 우리는 왜곡된 사고방식으로 흐릿해진 렌즈를 통해 세상을 바라보기 때문에 명확하게 보기가 쉽지 않다. 게다가 순간순간을 인식할 때 과거 경험에 좌우되기 때문에 현실을 부정확하게 인식한다.

부모와 교사, 주변 사람과 사회가 의식적으로든 잠재의식적으로든 우리의 인식 전반에 영향을 미친다. 부모가 좋은 뜻에서 우리에게 "세상이 위험하다."라고 말하면, 우리는 위험을 감지하는 쪽으로 렌즈를 맞춘다. 음악 교사가 "넌 음정이 틀렸잖아!"라고 말하면, 우리는 목소리가 금세 기어들어간다. 그러다 결국 상심해서 마음을 닫아버린다.

결국 우리 자신을 특정한 방식으로 바라보게 된다. 아울러 타인도 특정한 방식으로 바라보게 되고, 인생도 특정한 방식으로 바라보게 된다. 우리 관점은 영화처럼 계속 움직이는 게 아니라 사진처럼 한 장면에 고정된다. 이런 왜곡된 렌즈는 우리가 세상을 바라보는 방식에, 그리고 크고 작은 선택을 내리는 방식에 영향을 미친다. 이들은 흔히 무의식적으로 작동하지만, 간혹 우리가 인식한다 해도 딱히 바꿀 수 있을 것 같지는 않다.

마음챙김 수행은 길들여진 과거와 습관화된 패턴에서 우리를 해방시켜준다. 우리의 인식을 형성하고 의식을 흐리게 하는 필터와 편견과 선입견을 제거하도록 돕는다. 현실의 본질을 들여다보고 우리 자신과 주변 세상에 대한 근본적 진실을 이해할 수 있게 해준다. 마음챙김은 외적 반응성outer reactivity보다 내적 인식inner awareness을 통해 삶을 펼쳐나가도록 돕는다.

명확하게 보면 효과적으로 대응할 수 있다. 아인슈타인의 말을

마음챙김: 뇌를 재설계하는 자기연민 수행

빌리자면, '어떤 문제든 그 문제를 만들어냈을 때와 같은 의식 수준에선 그것을 절대로 풀 수 없다.'

이런 문제가 실제 인생에선 어떤 모습으로 나타날까? 이 장 첫머리에서 만난 호세를 보면, 마음챙김 수행이 우리 자신과 우리 삶을 바라보는 방식에 얼마나 막대한 영향을 미치는지 확실히 알 수 있다.

호세가 마음챙김 수행을 시작하자 마치 전등 스위치가 딸깍 켜지는 것 같았다. 호세는 대단히 열성적으로 수행에 돌입하면서 마음챙김의 총아로 거듭났다. 마치 마음챙김에 '특화된' 사람처럼 인생 전반에 바로 적용하기 시작했는데, 그 속도가 나보다 훨씬 더 빨랐다.

호세는 수행을 시작한 뒤로 공황 발작을 일으키는 자극과 전조 증상을 사전에 감지할 수 있었다. 언제, 어떻게 불안감에 사로잡히는지 나한테 이렇게 설명해주었다.

"앞으로 무슨 일이 벌어질지 생각하면 가슴이 철렁합니다. 아무 일도 일어나지 않았지만, 자꾸 불안해집니다."

또 호세는 라이벌 갱단의 조직원들을 균형 잡힌 관점에서 바라보게 되었다.

"그들도 나와 전혀 다르지 않습니다. 어떻게든 살아남으려고 기를 쓰는 거죠."

가장 감명 깊었던 변화는 자기 자신을 대하는 태도였다. 뒷골목을 휘젓고 다니던 거친 젊은이가 너그러운 마음가짐으로 자신을 바라보기 시작했다. 불안감이 느껴져도 예전처럼 자신의 '약점'과 '두려움'으로 치부하며 부끄러워하지 않았다. 아버지의 사랑을 받아본 적이 없었지만, 어린 아들을 위로하는 아버지처럼 불안감을 다정하게 감싸 안았다.

호세의 마음챙김 수행은 자기 자신을 더 명확하고 너그럽게 바라보도록 도와주었다. 그 덕에 호세는 공황 발작뿐만 아니라 자기 인생도 치유했다.

마음챙김의 과학

호세가 직접 경험한 치유 효과는 나이와 성별, 문화와 생활환경에 상관없이 수십 년 동안 이어진 과학적 연구를 통해 입증되었다.

나는 맨 처음 읽었던 마음챙김 연구를 똑똑히 기억한다. 매우 불편한 피부 질환인 건선 환자를 대상으로 한 연구였다.[2] 건선은 흔히 광화학요법photochemotherapy으로 치료하는데, 구식 전화 부스처럼 생긴 곳에 환자를 벌거벗긴 채 세워놓고 빛을 쏘는 식이다. 이 연구에서 환자가 치료받는 동안 마음챙김을 수행하면 어떻게 되는지 조사했다. 놀랍게도 마음챙김을 수행한 환자들은 그렇지 않은 환자들보다 35퍼센트나 빨리 회복됐다. 추가 시간이나 비용을 들이지 않고도 엄청난 효과를 거둔 것이다.

마음챙김: 뇌를 재설계하는 자기연민 수행

이 연구 덕분에 나는 마음챙김의 효과를 과학으로 측정할 수 있다는 사실을 알게 되었다. 나는 더 알고 싶었다. 당시 대학원 1학년이었는데, 석사학위 논문 주제를 찾고 있었다. 마음챙김을 연구하고 싶긴 했지만, 어떤 측면을 왜 연구하고 싶은지 명확하게 정하지 못한 상태였다. 그런데 생각지도 못한 일로 연구 방향이 정해졌다.

나는 평생 생리 불순에 시달리다 결국 스물두 살 때 용기를 내서 1차 진료의사에게 고통을 호소했다. 상담을 마치고 바로 전문의를 소개받았다. 얼마 후, 검진용 가운을 걸치고 진료실에서 잔뜩 긴장하고 있는데 전문의가 들어왔다. 그는 나와 눈도 마주치지 않고 질문을 퍼부은 뒤 검진을 시작했다.

검진이 끝난 후, 의사가 무덤덤하게 했던 말이 내 기억 속에 아픈 가시처럼 박혔다.

"뇌하수체에 종양이 있을지도 모릅니다."

그 뒤에 이어진 전문적인 설명은 별로 기억나지 않지만, 결과적으로 아이를 갖지 못할 수도 있다는 충격적인 말은 결코 잊히지 않는다. 너무 놀라서 눈물조차 나오지 않았다.

전문의는 내 뇌에 있을지도 모를 종양을 스캔하기 위해 MRI 검사를 예약하라면서 종이에 뭐라고 휘갈겨 썼다. 나는 멍한 상태로 건물을 나왔다. 어떻게 차를 몰고 집으로 돌아왔는지도 모르겠다. 그 뒤로 MRI 검사를 받기까지 참으로 긴 3주를 보냈다.

검사 결과, 종양은 없었다. 안도감이 휩쓸고 지나가자 금세 분노가 치밀어 올랐다. 전문의는 아무런 지원도, 후속 조치도 없이 나를

3주 동안 방치했다. 그사이 나는 종양 때문에 아이를 낳지 못할 수도 있다며 불안에 떨어야 했다.

나는 의료진의 번아웃burn-out에 대한 글을 찾아 읽었다. 의과 대학생은 의대 공부를 시작할 때만 해도 이타심과 자비 수준이 상당히 높지만, 마지막 학년이 되면 이러한 자질이 급격히 줄어든다고 한다. 의료 훈련이 인술을 베푸는 데 필요한 자질을 키우기는커녕 오히려 없앴던 것이다.

문득 좋은 생각이 떠올랐다. 현재의 훈련이 의사들에게 인간성을 빼앗고 감정을 메마르게 한다면, 마음챙김이 그들의 공감과 자비를 북돋워 인간성을 보호해줄 수 있지 않을까? 내 석사학위 논문의 방향이 드디어 정해졌다.

의과대 학장은 의대생들에게 '마음챙김 선택 과정'을 제공하겠다는 내 연구를 승인했다. 이 과정에 등록한 80명의 학생들은 마음챙김 훈련군과 대조군(대기자 그룹)에 임의로 배정되었다. 학생들의 데이터를 분석했더니, 마음챙김 훈련은 실제로 공감과 자비를 보호하고 우울과 불안을 낮춰주었다. 그 결과를 받아들고 얼마나 기뻤는지 모른다.

내 첫 연구는 20년 전 〈행동 의학 저널Journal of Behavioral Medicine〉에 발표되었다.[3] 그 뒤로 나는 줄곧 마음챙김의 이점을 연구하고 입증해왔다. 구체적으로 불면증 환자의 수면 개선, 유방암 환자의 행복 증진, 공대생의 혁신력과 창의력 향상, 대학생의 윤리적 의사 결정력 강화, 고위직의 스트레스 감소에 미치는 영향 등을 두루 연구했다. 이러한 연구는 마음챙김의 이점을 입증하는 중요한 증거 자료로 널리 활용되고 있다(<표 1>을 참고하라).

마음챙김의 이점

심리적, 인지적, 신체적 건강 영역에서 마음챙김 수행의 중요한 이점을 확인해준 연구는 수없이 많다.

심리적 이점	신체적 이점
행복감 증가[4]	면역 기능 개선[20]
(자신과 타인에 대한) 자비 증가[5]	고혈압 개선[21]
삶의 만족도 증가[6]	만성 통증 감소[22]
관계의 질 개선[7]	치명적 염증을 예방하도록 돕는 후성유전학적 조절력 강화[23]
업무 만족도 증가[8]	콜레스테롤 수치, 혈압, 심장 기능 등 심혈관 인자의 개선[24]
삶의 의미 증가[9]	스트레스 호르몬 코르티솔 수치 감소[25]
스트레스 감소[10]	수면의 질 향상[26]
우울 감소[11]	주의력, 기억력, 감성 지능, 자비, 공감과 관련된 뇌 영역의 피질 비후[27]
불안감 감소[12]	(DNA 가닥 끝을 수리하고 보호하여 젊음과 건강을 유지하고 노화를 늦추는 효소인) 텔로머레이스telomerase 수치 증가[28]
인지적 이점	뇌의 신경 통합이 증가하여 최적의 기능 수행 가능[29]
주의력 증가[13]	
기억력 증가[14]	
창의력 증가[15]	
혁신력 증가[16]	
딴생각 감소[17]	
문제 해결력 증가[18]	
성적 향상[19]	

요점: 마음챙김 수행은 당신에게 유익하다. 행복감, 공감, 자비를 증가시키고, 주의력과 기억력, 시험 치르는 능력을 향상시킨다. 아울러 혁신력과 창의력을 키우고, 웰빙과 관련된 뇌 영역을 강화

하며, 심지어 DNA를 변화시켜 노화 과정도 늦춘다.

마음챙김에 관한
오해와 편견

그렇다면 이러한 과학적 이점을 어떻게 활용할 것인가? 활용 방법을 따지기 전에 먼저 마음챙김과 관련해서 근거 없는 믿음과 진실부터 제대로 파악해야 한다. 치솟는 인기와 광범위한 확산을 놓고 볼 때, 마음챙김에 관한 오해와 편견이 상당히 퍼져 있음을 알 수 있다. 내가 가장 자주 듣는 열 가지 오해와 편견은 다음과 같다.

"나는 마음챙김에 도통 소질이 없어요. 정신이 자꾸 흐트러지거든요."

진실: 누구나 정신은 자꾸 흐트러진다. 정신은 원래 그렇게 작용한다. 마음챙김은 완전히 고요한 정신 상태를 갖는 게 아니다. 혼돈과 혼란, 생각과 통찰, 희망과 두려움 속에서 그 정신을 명확하게 보도록 배우는 것이다.

마음챙김은 단지 현재 순간에 주의를 기울이는 것이다.

진실: 마음챙김이 단지 현재 순간에 주의를 기울이는 거라면, 마음챙김을 가장 잘하는 사람은 저격수일 것이다. 하지만 마음챙김은

마음챙김: 뇌를 재설계하는 자기연민 수행

주의를 기울이는 **방법**과 **이유**도 따진다. 호의와 호기심의 태도로 주의를 기울여야 한다.

마음챙김은 시간이 너무 오래 걸린다.

진실: 마음챙김은 오히려 시간을 아껴준다. 일상생활에서 명료성과 주의력, 효율성을 높여 준다. 주의가 덜 흐트러지고 실수가 줄어들기 때문에 실제로 시간을 아낄 수 있다.

마음챙김은 당신을 무뎌지게 한다.

진실: 어떤 고객은 "마음챙김에 너무 신경 쓰다 보면 날카로움을 잃게 될 겁니다."라고 우려를 표한다. 실상은 정반대다. 마음챙김은 혁신력과 기억력, 학습력을 높이기 때문에 당신을 더 **영민하게** 해 준다. 〈포춘〉지 선정 세계 500대 기업과 유수의 대학에서 마음챙김을 활용하는 핵심 이유도 이것이다.

마음챙김은 수동적이라 나를 바꾸도록 돕지 못할 것이다.

진실: 마음챙김은 수동적이지도 않고, 다 체념하고 무조건 수용하는 것도 아니다. 수용은 변화와 성장을 향해 나아가는 첫걸음일 뿐이다. 우리가 상황을 있는 그대로 받아들이는 이유는, 그 상황이 일어나길 원해서가 아니라 **이미 일어나고** 있기 때문이다. 우리는 지금 벌어지는 상황을 부정하거나 걱정하거나 한탄하거나 분노하면서 꼼짝 못 하는 게 아니라 수용하면서 명확하게 바라볼 수 있다.

상황을 명확하게 바라볼 때 효과적으로 대응할 수 있다.

마음챙김은 단지 스트레스를 조절하는 기술일 뿐이다.

진실: 천만에. 마음챙김은 스트레스 상황만을 위한 수행이 아니다. 오히려 좋은 일과 나쁜 일, 큰일과 작은 일 등 모든 순간을 풍요롭게 해준다. 앞으로 살펴보겠지만, 마음챙김은 힘든 시간을 이겨내도록 도울 뿐만 아니라 즐거운 순간을 더 많이, 더 깊이 누리도록 돕기도 한다.

마음챙김은 불교 신자들을 위한 것이다.

진실: 나는 불교의 가르침을 많이 배웠지만, 불교 신자는 아니다. 드물게 예외는 있지만, 나와 함께 일하는 사람들도 불교 신자가 아니다. 마음챙김은 불교에 뿌리를 많이 두고 있긴 해도 궁극적으론 종교와 문화를 초월하는, 보편적이고 선천적인 인간 능력이다. 누구든 마음챙김 수행으로 이득을 볼 수 있다.

마음챙김은 당신의 욕구와 열정을 모두 제거한다는 뜻이다.

진실: 어떤 사람은 마음챙김을 아무 열정도 없이 그저 물 흐르듯이 사는 거라고 오해한다. 앞에서 언급했듯이, 마음챙김은 수동적 체념이 아니며 감정이나 욕망의 제거도 아니다. 오히려 우리의 가치와 기분에 더 깊이 연결하게 한다. 우리 삶을 속속들이 의식하게 해서 가장 의미 있는 것에 집중하도록 돕는다.

마음챙김은 이기적이다.

진실: 어떤 고객은 "자기 자신에게만 집중하다니, 참 이기적이네요."라고 말한다. 실상은 정반대다. 연구에 따르면, 마음챙김은 우리를 더 너그럽게 하고 타인을 더 지원할 수 있게 한다. 주변 사람들은 물론이요, 다른 생명체들과도 내재된 연결점을 인식하도록 돕는다. 이 점을 깊이 이해할 때, 우리는 우리 자신만을 위해 수행하는 것이 아니며 우리의 수행이 세상에 널리 메아리친다는 사실을 깨닫는다.

마음챙김은 명상의 일종일 뿐이다.

진실: 운동이 근육을 강화하듯이 명상은 마음챙김 역량을 강화한다. 하지만 마음챙김은 단순히 명상 수행으로 그치지 않는다. 살아가는 방식이다. 삶의 모든 순간에 이뤄질 수 있는 마음챙김은 우리가 반응reaction에서 대응response으로 나아가도록 돕는다.

반응에서
대응으로

이메일을 작성해서 '보내기' 버튼을 클릭하고 금세 후회한 적이 있는가? 사랑하는 사람에게 벌컥 화를 낸 적이 있는가? 동료를 비난하기 전에 잠시 멈췄더라면 싶었던 적이 있는가?

이런 반응은 우리에게 늘 일어난다. 아무리 애쓴다 해도 일상생활의 격랑에 휩쓸리다 보면 의식적으로 대응하지 못하고 무의식적으로 반응하게 된다. 그러면 안 된다는 걸 '잘 알면서도' 왜 이런 일이 계속 생기는 것일까?

그 책임을 번개처럼 빠른 변연계 탓으로 돌리고 싶다. 이 고대 파충류의 뇌 영역은 흔히 스트레스에 제일 먼저 반응한다. 고차원적 추론을 담당하는 전두엽 피질에서 능숙하게 대응하기도 전에 먼저 반사적으로 반응해버리는 것이다.

대뇌변연계의 자기 방어적 기제는 유전자를 통해 수천 년간 이어온 인간 경험의 산물이다. 자율신경계는 호흡이나 심장 박동처럼 의식적 노력 없이 일어나는 다양한 과정을 조절한다. 또한 우리가 위험에 직면했을 때, 싸우거나 도망가거나 얼어붙거나 기절하는 반사적 반응을 활성화하는 역할도 담당한다.

이러한 감정적 반응성emotional reactivity은 진화적 유산의 일부이다. 가령 사자가 쫓아오는 등 임박한 물리적 위험 앞에서 이러한 대응 기제는 도움이 될 뿐만 아니라 꼭 필요하기도 하다. 하지만 현대인이 더 자주 직면하는 심리적 위험 앞에선 오히려 해로울 수 있다.

이러한 반응 패턴들이 너무 깊이 배어 있다 보니, 부지불식간에 행동으로 튀어나온다. 가령 고속도로를 달리는데 누군가가 휙 끼어들면, 우리는 _____. 우리가 몇 번이나 말해도 아이가 자꾸 잊어버리면, 우리는 _____. 직원이나 동료가 프로젝트에서 자기 역할을 제대로 이행하지 않으면, 우리는

_____. 이러한 패턴들이 너무 강해지면, 상황을 명확하게 보는 능력이 떨어지고 현명하고 자애로운 대응을 선택할 자유도 제한된다. 결국 자동항법장치에 따라 인생을 살아가게 된다. 길들여진 패턴과 감정이 우리의 믿음과 생각과 행동을 지배해, 습관의 초고속도로만 질주하게 된다.

마음챙김은 몸에 밴 반응성에 대항하여 두 가지 강력한 차단책을 제시한다.

1. 일단 멈춤: 마음챙김은 자극과 대응 사이에 멈춤의 순간을 마련하게 한다. 몸에 밴 패턴에 따라 반사적으로 반응하면, 우리 자신이나 타인 모두 당면한 상황에서 좋지 않을 수 있다. 하지만 일단 멈추면, 상황을 명확하게 보고 대응을 **선택할** 공간이 생긴다. 마음챙김은 우리에게 선택할 기회를 준다. 심리학자이자 홀로코스트 생존자인 빅터 프랭클Viktor Frankl이 한 말은 그 점을 가장 멋지게 포착한다.

"자극과 대응 사이에는 공간이 존재한다. 그 공간에 우리의 대응을 선택할 힘이 있다. 그 대응에 우리의 성장과 자유가 달려 있다."

2. 목격자의 자각 상태: 일단 멈추면, 우리는 당면한 상황에서 정신적으로 한 걸음 물러서게 된다. 그러면 고차원적 정신을 이용해 상황을 객관적으로 관찰할 수 있다. 당면한 일에 휩쓸리면 관점을 잃게 된다. 하지만 마음챙김은 우리의 정신을 고양시켜 혼란한

상황을 더 명확하게 바라보게 한다. 거센 강물에 휩쓸려 간다고 상상해보라. 아마도 물 밖으로 고개를 내밀려고 기를 쓸 것이다. 반면 마음챙김은 헬리콥터에서 상황을 내려다보는 것과 같다. 더 균형 잡힌 관점을 확보하는 것이다.

> » 마음챙김은 자극과 대응 사이에 멈춤의 순간을 마련한다.
> 일단 멈추면, 상황을 명확하게 보고 대응을 **선택할** 공간이 생긴다.

일단 멈춤과 **목격자 상태**가 합쳐지면, 격앙된 감정으로 걸핏하면 내뿜던 반응에서 벗어날 수 있다. 마음챙김이 당장에 벌어지는 일은 바꾸지 못할지라도, 그 일과 우리의 관계는 바꿔준다. 마음챙김은 우리가 마음을 진정하고 상황을 명확하게 보며 반사적으로 반응하지 않고 현명하게 대응하도록 돕는다.

> » 마음챙김이 당장에 벌어지는 일은 바꿔주지 못할지라도,
> 그 일과 우리의 관계는 바꿔준다.

각계각층의 사람들이 마음챙김 수행을 채택하는 데는 그만한 이유가 있다. 마음챙김은 현대인이 시달리는 온갖 스트레스를 단계적으로 완화할 수 있다. 심지어 생명을 구할 수도 있다. 아미쉬 지하 Amishi Jha 교수는 군대에서 마음챙김 훈련의 영향을 연구하는 데 선구적 역할을 했다. 그녀는 내게 다음과 같은 이야기를 들려주었다.[30]

위트라는 이름의 장교가 부대원을 이끌고 작은 마을에 진입하자 아프간 사람들이 막대기를 들고 우르르 몰려왔다. 장교는 반사적으로 반응하지 않고 잠시 멈추고서 대원들에게 사격 금지를 명령했다. 마음챙김 덕분에 상황을 침착하게 바라볼 수 있었던 것이다. 장교는 총구를 땅으로 향하도록 지시해 마을 사람들에게 총을 쏘지 않겠다는 의사를 드러냈다. 그의 용기와 배려에 마을 사람들이 우뚝 멈춰 섰다. 마음챙김이 아니었더라면 두려움과 반응성에 따라 행동했을 거라고 장교가 훗날 말했다. 마음챙김 덕분에 그는 대학살을 막을 수 있었다.

전 영역에서
살아가기

인간으로 살아가다 보면 갖가지 난관뿐만 아니라 무한한 아름다움까지 두루 경험하게 된다. 마음챙김은 시험과 시련을 헤쳐 나가도록 돕기도 하지만, 삶의 즐거움을 일깨워주기도 한다.

우리는 매 순간 접하는 풍경과 소리, 기분, 감각, 감정을 더 의식하게 된다. 난관을 지나는 와중에도 인생의 마법 같은 순간들, 즉 미스터리를 더 잘 감지할 수 있게 된다.

마음챙김 수행은 우리를 삶에서 가장 의미 있는 것과 연결해주고, 우리가 진정으로 소중하게 여기는 것과 교류하게 해준다. 단순한 수행 도구라기보다는 변화를 이끄는 주체이자 평화를 유도하는 중개자이다.

마음챙김은 우리가 세상을 감지하고 그 안에서 관계 맺는 방식을 싹 바꿔준다. 우리가 더 행복하게, 더 자애롭게, 더 지혜롭게 살아가도록 뇌와 의식 구조를 재설계한다.

"삶의 질을 개선하려면, 선택의 질을 개선해야 한다. 선택의 질을 개선하려면, 그러한 선택을 유발하는 생각과 감정의 질을 개선해야 한다. 생각과 감정의 질을 개선하려면, 의식의 질을 개선해야 한다. 이 모든 것을 바꾸려면, 의식을 바꿔야 한다."
- 바버라 드 안젤리스^{Barbara De Angelis},《Soul Shifts》중에서

마음챙김: 뇌를 재설계하는 자기연민 수행

수행: 명확하게 보기

조용히 앉아서 심신을 차분히 가라앉히도록 하라. **일단 멈춤**과 **목격자 상태**라는 마음챙김의 두 가지 핵심 기제를 곰곰 생각해보라. 호흡에 주의를 기울여라. 숨을 내쉴 때마다 몸에서 느껴지는 긴장감을 내려놓아라.

최근에 겪은 일 중 일단 멈추고 목격자 상태에서 접근했더라면 좋았을 힘든 순간을 한 가지 떠올려보라. 인생의 성패를 좌우할 정도로 결정적인 순간이 아니어도 된다. (물론 그런 순간을 놓고서 이 수행을 시도해도 된다.)

몇 분 동안 당시 상황을 회상해보라. 그 시간과 장소로 돌아가기 위해 그때 느꼈던 감각을 모두 불러내라. 기억하면서 생기는 몸의 감각과 감정에 주목하라.

이젠 힘든 상황의 한가운데에 일단 멈춤을 삽입한다고 상상하라. 멈춘 순간, 당신의 관점을 더 객관적인 목격자 상태로 바꿀 수 있었다고 상상하라.

기분이 어떤지 주목하라. 상황을 바라보는 방식이 바뀌었나? 대응하는 방식이 바뀌었나? 어떤 통찰을 얻었다면 일지나 컴퓨터에 기록하라.

이번엔 멋진 순간이 될 수도 있었던 상황을 놓고 이 수행을 반복해보라. 일단 멈춤과 목격자 상태를 차례로 상상하라. 그때와 관련된 감각을 모두 불러내도록 하라. 상황을 전체적으로 바라보라. 어떻게 대응했더라면 그 순간을 더 충만하게 받아들일 수 있었겠는가?

참고할 만한 예를 몇 가지 소개한다.

힘든 순간의 다른 대응: 상사가 얼핏 부당하게 내 업무를 비난했을 때 나는 대뜸 반발했다. 하지만 심호흡을 하고 내 감정적 반응성을 달래고 나서 상사와 얘기하기로 했더라면, 나는 일단 멈추고 속상한 마음을 가라앉힌 후 대응할 수 있었을 것이다. 일단 멈춘 순간에 수치심을 느끼거나 남을 비난하지 않으면서 상황을 더 객관적으로 보고, 가장 중요한 것에 다시 연결할 수 있었을 것이다.

멋진 순간의 다른 대응: 아들이 새로운 화학 실험에 대해서 신나게 들려 줬을 때 나는 요리에 집중하느라 등을 돌리고 선성으로 늘었다. 하지만 일단 멈추고 아이 말에 귀를 기울였더라면, 나는 내 마음을 가장 중요한 것에 연결할 수 있었을 것이다. 즉 아들과의 유대를 강화할 수 있었을 것이다.

| 금언 |

잠시 멈추고 이 장의 핵심 사항을 곰곰 생각한 다음, 평생 마음에 새기고 싶은 금언을 한 가지 골라보라. 골랐으면 일지에 기록하라.

몇 가지 예를 살펴보면 다음과 같다.

· 마음챙김은 명확하게 본다는 뜻이다.
· 마음챙김은 우리가 반응에서 대응으로 나아가도록 해준다.
· 마음챙김은 우리를 일깨워서 인생의 난관뿐만 아니라 한없는 아름다움도 알아차리게 한다.

마음챙김: 뇌를 재설계하는 자기연민 수행

04

마음챙김의 세 기둥

의도, 주의, 태도

+ + +

> 마음챙김이란, 마음은 열지만 경계심은 늦추지 않는 상태이며
> 그 속엔 늘 호의와 호기심이 깃들어 있다.
>
> - 게리 가츠Gary Gach, 《Pause, Breathe, Smile》 중에서

"가장 중요한 일을 기억하는 것, 그게 가장 중요하다."

몇 년 전, 이 선불교 가르침이 가슴에 크게 와닿은 적이 있다.

강연 때문에 유럽에 머무느라 당시 여덟 살이던 아들 잭슨과 2주 동안 떨어져 지냈다. 그토록 오랫동안 떨어져 지낸 건 그때가 처음이었다. 코펜하겐에서 비행기로 집에 돌아오는데 마음이 착잡했다. 잭슨과의 재회가 순조롭지 않으면 어쩌나 걱정됐다.

'너무 오랫동안 집을 비운 게 애초에 잘못된 선택이었을까? 잭슨이 나를 피하면 어떡하지? 내가 여전히 사랑한다는 걸 잭슨이 알까?'

나는 죄책감에 한없이 빠져드는 대신, 내 의도를 확고히 정했다. 집에 도착하면 짐도 풀지 않고 우편물이나 이메일 확인도 미룬 채 하루를 온전히 잭슨과 보내겠다고 굳게 다짐했다.

내가 도착한 날은 마침 화창한 여름의 어느 토요일이었다. 창문으로 햇살이 쏟아져 들어왔다. 아이와 해변에서 뛰놀기엔 더없이 좋은 날이었다. 나는 물놀이 장비를 챙기고 잭슨이 좋아하는 음식을 부지런히 준비했다. 차에 짐을 실으면서 이웃 사람들에게 손을 흔들며 인사도 나눴다.

"오랜만이에요! 오늘 도착했어요!" (겉으론 도착을 알렸지만, 속으론 "보세요, 내가 얼마나 좋은 엄마인지!"라고 은근히 자랑했다.)

한참 만에 소풍 준비를 완벽하게 마쳤다. 비치타월, 오케이. 패들볼과 축구공, 오케이. 선크림, 오케이. 도시락, 오케이. 완벽한 엄마, 오케이.

나는 집 앞에 쪼그리고 앉아 있는 잭슨을 불렀다.

"얘야, 준비 다 됐다. 얼른 와. 해변으로 출발하게."

그런데 녀석이 꼼짝도 안 했다. 나는 좀 더 큰 소리로 아들을 불렀다. 내 목소리에서 조바심이 느껴졌다. 이번에도 녀석은 내 쪽을 돌아보지도 않았다.

나도 모르게 짜증이 일기 시작했다.

'어? 이 기분은 뭐지?'

나는 잠시 멈추었다. 그 순간, 내 마음속 어딘가에 다음과 같은 의제가 있다는 걸 깨달았다.

'우린 점심시간 전까지 해변에 도착해야 해. 그래야 완벽한 햇살 속에서 완벽한 소풍을 즐기며 완벽한 하루를 보낼 수 있어. 그럼 난 완벽한 엄마가 될 수 있어.'

다음 순간, 수천 피트 상공에서 굳게 다짐했던 의도가 떠올랐다. 그땐 얼른 집에 돌아가 아들의 뺨을 부비며 엄마가 무척 사랑한다는 사실을 알리고 싶은 마음뿐이었다.

나는 잭슨에게 걸어가서 옆에 쪼그리고 앉았다. 녀석은 개미 떼가 줄줄이 지나가는 모습을 넋 놓고 보고 있었다. 어른인 우리에겐 하찮은 일이지만, 녀석에겐 눈을 떼지 못할 만큼 흥미로운 광경이었다. 그 모습을 함께 보고 있자니, 내 마음이 점점 차분해졌다. 등에 내리쬐는 따사로운 햇볕과 깊어지는 내 숨결이 느껴졌다. 잠시후, 잭슨이 내 쪽으로 슬며시 몸을 기울였다. 그러더니 몸의 기운을 모두 빼고 내게 온전히 기댔다. 그 순간, 나는 깨달았다. 그래, **바로 이거야.** 이 순간이 가장 중요한 거야.

초조함과 반응성 때문에 하마터면 **이 순간**을 놓칠 뻔했다는 생각이 들자, 눈물이 핑 돌았다. 해변이니 소풍이니 시간이니 따위는 하나도 중요하지 않았다. 이 순간이 중요했다. 내 몸에 기대어 쉬는 내 어린 아들이, 우리가 함께 있는 이 순간이 진정 중요했다.

이 일은 내게 마음챙김에 대한 짧지만 심오한 교훈을 주었다. 마음챙김은 우리의 의도, 즉 가장 중요한 것에 다시 연결해준다. 우리의 주의를 현재의 순간으로 되돌려 놓는다. 아울러 판단과 수치심 대신 호의와 호기심의 태도로 상황을 명확하게 보도록 한다. 마음챙김은 일어나야 한다고 생각하는 특정 상황이 아니라 지금 눈앞에서 벌어지는 상황을 제대로 보고 행동하도록 해준다.

앞서 1장에서 언급했듯이 마음챙김에는 다음과 같은 세 가지 기둥이 있다.

- **의도**는 우리가 주의를 기울이는 **이유**를 계속 상기하게 하며, 가장 중요한 것에 집중하도록 돕는다.
- **주의**는 우리의 관심을 현재 순간에 계속 머물도록 훈련시킨다.
- **태도**는 우리가 주의를 기울이는 **방법**을 안내한다. 특히 호의와 호기심을 품게 한다.

의도, 주의, 태도. 이 세 기둥은 순차적 단계나 절차가 아니다. 셋이 함께 작용하면서 우리가 매 순간을 명확하게 보고 현명하고 자애롭게 대응할 수 있게 한다. 아울러 새로운 신경 경로를 개척해 삶의 도전을 이겨내고 기쁨을 만끽할 자원을 제공한다. 이 장에서 우리는 이 세 기둥이 제대로 작동하는 방법과 이유를 자세히 살펴볼 것이다.

의도:
주의를 기울이는 이유

의도는 마음의 나침반을 우리가

마음챙김: 뇌를 재설계하는 자기연민 수행

가려는 쪽으로 향하게 해서, 우리의 개인적 비전과 열망과 동기에 연결해준다. 요트에 달린 방향타처럼, 의도는 항로를 계속 유지하면서 우리에게 가장 중요한 것을 거듭 상기해준다.

그런데도 우리는 쉽사리 잊어버린다. 업무와 일상생활에 치여 가장 중요한 것과의 연결이 자꾸 끊긴다. 그렇기 때문에 의도가 중요하다. 의도는 우리가 인생에서 가장 소중하게 여기는 것과 연결되어 있도록 돕는 개인적 청사진이다. 잃어버리거나 배신당할 일이 전혀 없다.

의도를 기억하면 다시 선택할 기회가 생긴다. 애초의 목적과 다시 연결되면서 우리가 가장 아끼는 것을 향해 나아가겠다고 선택할 수 있다.

잭슨과의 일화로 다시 돌아가면, 나는 비행기에서 내 의도를 확고하게 정했다. 아들과 함께 즐거운 시간을 보내겠다는 목표가 '삐끗하려' 했을 때(다시 말해서, 완벽한 엄마가 되겠다는 계획이 어긋나려 했을 때), 나는 그 의도를 떠올렸고 나한테 가장 중요한 것에 맞춰 조정할 수 있었다. 그 덕에 본래 의도대로 아들과 함께 시간을 보내며 엄마가 무척 사랑한다는 사실을 알릴 수 있었다.

나는 의도를 기억했기에 짜증과 대응 사이에서 일단 멈출 수 있었다. 그 순간, 마음을 가라앉히고 균형 잡힌 관점에서 내가 대응하고 싶은 방법을 선택할 수 있었다. 의도를 기억하지 못했더라면 조급한 마음을 다스리지 못했을 테고, 뜻밖의 소중한 시간을 누리지도 못했을 것이다.

>> 의도를 기억하면 반응과 대응 사이에서 일단 멈출 수 있다.
그 순간 우리는 마음을 가라앉히고 균형 잡힌 관점에서
우리가 대응하고 싶은 방법을 선택할 수 있다.

사실 의도는 워낙 강력해서 정하기만 해도 더 행복해질 수 있다. 연구에 따르면, 행복해지겠다고 의도를 정하면 뇌에서 도파민 수치가 올라가 긍정적인 기분이 들거나 그런 기분이 더 연장된다.[1] 도파민은 행복감을 담당하는 주요 신경전달물질(뇌 화학물질) 중 하나이며, 뇌의 보상 체계에 관여한다고 널리 알려져 있다.

최근 연구에서도 긍정적 의도와 기억력 향상 간에 상당한 연관성이 드러났다. 마음챙김이라는 말은 흔히 '기억하다to remember'로 번역되는데, 연구를 통해 마음챙김 수행이 작동 기억의 증가와 관련된다는 사실이 드러났다. 작동 기억working memory이란, 정신이라는 화이트보드에 쓰인 정보를 말한다. 작동 기억이 늘어나면, 우리는 소중한 가치와 의도를 일상생활에서 더 쉽게 이용할 수 있다.

>> 마음챙김 수행은 작동 기억의 증가와 관련된다.
정신이라는 화이트보드에 쓰인 정보가 늘어난다는 뜻이다.

가령 내가 아침에 아들과 함께 있겠다는 의도를 설정하면, 마음챙김은 내 작동 기억에 대한 접근을 강화해서 이 의도와 계속 연결되도록 돕는다. 그래서 내 정신의 화이트보드를 쳐다볼 때마다 '잭슨은 소중해'라는 멋진 글자가 보인다.

의도를 설정하기만 해도 기분이 좋아지고 문제 해결력과 기억력이 향상된다니, 참으로 놀랍지 않은가?

> 의도를 설정하기만 해도 기분이 좋아지고
> 문제 해결력과 기억력이 향상된다.

마음챙김의 두 번째 기둥인 주의로 넘어가기 전에, 잠시 멈추고 앞서 1장에서 선택한 당신의 의도를 돌아보길 바란다. 그 의도가 여전히 옳다고 느끼는지, 아니면 더 발전시키고 싶은지 생각해보라. "나는 어떤 방향으로 내 마음의 나침판을 맞추고 싶은가?"라는 질문을 곰곰 생각해보라. 지금 당신에게 가장 와닿는 의도에 귀를 기울인 뒤, 일지에 기록해두라.

주의:
현재에 집중하고 머무는 훈련

라스베이거스 카지노에는 흔히 이런 표지판이 걸려 있다.

"뭐라도 따려면 지금 여기에 있어야 한다."

이 말은 인생에도 똑같이 적용된다. 인생의 풍요로움과 아름다움과 의미를 진정으로 누리려면, 지금 여기에 있어야 한다. 실제로 우리에게 확실한 순간은 지금 이 순간뿐이다.

그런데도 우리는 흔히 미래로 성큼 나아가거나 과거에 집착하면서 현재를 놓친다. 아까 들려준 이야기로 돌아가면, 나는 해변에서 보낼 완벽한 미래에 집중하느라 잭슨과의 소중한 순간을 놓칠 뻔했다. 마음챙김은 현재에 주의를 기울이도록 돕는다.

잠시 오른손의 감각에 주의를 집중해보라. 어떻게 오른손을 의식하게 되는지 주목하라. 조금 전까지만 해도 오른손은 당신의 안중에 없었다. 자, 이번엔 왼손에 주의를 돌려보라. 어떻게 왼손을 의식하게 되는지 주목하라. **우리가 주의를 집중하는 곳이 곧 우리의 삶이 된다.**

그렇다고 해서 지금 여기에 있는 게 쉽다는 말은 아니다. 우리는 너무나 많은 자극과 방해물 속에서 살아간다. 애초에 명확하게 생각할 수 있다는 것도 놀라울 정도다. 2012년에 실시한 한 연구에 따르면, 우리 뇌에 날마다 **40기가바이트** 이상의 정보가 쏟아져 들어온다.[2] HD 영화 한 편이 평균 3에서 4기가바이트로 구성되니, 날마다 10편에서 13편의 영화를 보고 이해하려 한다는 얘기다.

그 정도로 많은 정보를 받아들이고 처리할 시간은 그야말로 부족하다. 온갖 정보가 소방 호스로 들이붓듯이 쏟아져 들어오는데 어떻게 다 주의를 기울이겠는가. 인지과학자인 허버트 사이먼Herbert Simon은 이렇게 주장했다.

"정보가 소비하는 것은 바로 주의이다. 정보의 풍요는 곧 주의의 빈곤을 뜻한다."[3]

처리하기 어려울 정도로 많은 정보에 주의를 기울이려다 보니, 멀티태스킹 전략이 등장했다. 우리는 한 번에 두 가지 일을 (혹은 그 이상을!) 생산적이고 효과적으로 할 수 있다고 생각하지만, 안타깝게도 우리 뇌는 멀티태스킹을 할 수 없다. 그 점은 연구 결과로도 밝혀졌고, 대부분 경험해봐서 잘 안다.

우리는 이메일을 확인하면서 전화를 받거나 책을 읽는 와중에 문자 메시지를 계속 주고받는다. 이렇게 멀티태스킹을 시도할 때 뇌는 과제들 사이에서 끊임없이 왔다 갔다 하면서 '스포트라이트'를 비춘다. 그런데 뇌가 스포트라이트를 전환할 때마다 시간 비용이 발생한다. 미국 심리학회에 따르면, '전환 비용은 때로는 10분의 1초 정도로 작을 수 있지만, 다 모으면 결국 생산적 시간의 40%까지 잡아먹을 수 있다.'[4]

더 나아가 멀티태스킹을 하는 사람은 실수를 두 배나 저지르고 과제를 완성하는 데 세 배나 오래 걸린다는 연구 결과도 있다.[5] 설상가상으로, 과제 사이에서 계속 왔다 갔다 하면 코르티솔이 다량 분비되어 스트레스와 피로가 쌓인다.[6]

우리가 아무리 아니라고 우긴다 해도, 사실 멀티태스킹은 전혀 효과적이지 못하며 건강에도 해롭다. 무엇보다도 우리 눈앞에 놓인 소중한 순간을 놓친다. 아인슈타인이 이런 말을 했다고 한다.

"여자에게 키스하면서 안전하게 운전할 수 있다면, 당신은 키스에 제대로 주의를 기울이지 않은 것이다."

간단한 두뇌 운동을 한 가지 해보자. 먼저, 알파벳을 순서대로 말하라. 다음으로, 숫자를 26까지 세어보라. 자, 이번엔 멀티태스킹을 해보자. 알파벳과 숫자를 번갈아 하나씩 말해보라. A, 1, B, 2, C, 3…. 한 가지에만 집중할 때보다 속도와 정확성이 확실히 떨어지지 않는가?

생산적이고 효과적인 행동은 상황을 명확하게 보는 데서 시작된다. 명확하게 보려면, 마음을 차분히 가라앉히고 현재에 집중해야 한다. 심리학자이자 하버드 대학 교수인 크리스토퍼 거머 Christopher Germer는 이렇게 주장했다.

"불안정한 정신은 불안정한 카메라와 같다. 남는 건 결국 흐릿한 사진이다."[7]

하지만 멀티태스킹을 그만두더라도 명확하게 보는 게 늘 쉽지는 않다. 정보가 꼭 외부에서만 들어오는 게 아니기 때문이다.

하버드 대학의 연구에서, 우리 정신이 흔히 전체 시간의 47퍼센트 동안 이리저리 방황한다고 밝혀졌다. 그 점을 잠시 생각해보라. 인생에서 **거의 절반**을 놓치고 사는 것이다. 주변 세계에서 우리에게 쏟아져 들어오는 40기가바이트의 정보에 덧붙여, 우리 뇌는 날마다 5만에서 7만 개 정도의 생각을 짜낸다. 하루 24시간 내내 깨어 있다고 가정했을 때 2초마다 한 가지 이상을 생각한다는 뜻이다.

>> 우리 정신은 전체 시간의 47퍼센트 동안 이리저리 방황한다.
인생에서 거의 절반에 해당하는 시간이다!

마음챙김: 뇌를 재설계하는 자기연민 수행

정신이 원숭이처럼 이 생각 저 생각 옮겨 다니기 때문에 '몽키 마인드'라 부른다고 앞에서 이미 언급했다. 우리는 아직 닥치지도 않은 미래를 두려워하고 이미 지나간 과거를 곱씹는다. 그러다 보니 정작 중요한 현재를 놓친다. 하지만 실제로 존재하는 유일한 순간은 현재이며, 나머지는 머릿속에만 존재하는 허구일 뿐이다.

더구나 우리의 몽키 마인드가 미래에 집착하거나 과거를 곱씹느라 지치면 코르티솔이 다량 분비된다. '스트레스 호르몬'인 코르티솔 수치가 높아지면 혈압이 올라가고 면역력이 약해지며 지방이 쌓이고 성욕이 감소되는 등 다양한 부작용이 나타난다.

마음챙김은 이 몽키 마인드를 길들이는 데 도움을 준다. 현재에 집중하고 그 집중을 유지하도록 훈련하면 우리는 좀 더 명확하게 볼 수 있다. 뇌가 안정될수록 우리는 쏟아지는 데이터 유입을 더 효과적으로 관리하고 눈앞에 닥친 순간을 더 즐길 수 있다.

생산성만 높아지는 게 아니라 마음도 더 행복해진다. 심리학자인 매튜 킬링스워드Matthew Killingsworth와 대니얼 길버트Daniel Gilbert의 유명한 연구에서, 정신이 방황할 때 우리가 더 불행해질 가능성이 크다고 밝혀졌다. 그들은 교육 수준, 나이, 직업, 소득, 혼인 여부와 상관없이 80개 국가의 1만 5천 명을 대상으로 조사했다. 하루 중 아무 때나 참가자에게 휴대전화로 연락해서 그들이 어떤 활동에 참여하는지, 그 활동을 하는 동안 정신이 방황하는지를 묻고 나서 그들의 현재 행복도를 평가해 달라고 요청했다.

연구 결과, 행복은 우리가 하는 일보단 그 일에 충실히 참여하는지 여부에 더 달려 있음이 드러났다. 가령 설거지를 하면서 마음을 집중한다면, 설사 설거지를 별로 좋아하지 않더라도 정신이 미래나 과거(심지어 하와이에서 보냈던 휴가)에 팔려 있을 때보다 더 행복하다. 연구진이 결론 내린 대로, '방황하는 정신은 불행한 정신이다.'[8]

그 반대도 가능하다. **현재에 집중하는 정신은 행복한 정신이다.** 단순히 현재에 집중하기만 해도 삶이 더 행복해질 수 있다. (자세한 내용은 9장에서 다룰 것이다.)

요점: 지금 하는 일이 좋든 싫든, 그 일에 집중하면 가장 행복하고 가장 효과적으로 행동할 수 있다.

태도:
주의를 기울이는 방법

마음챙김의 세 기둥 중에서 태도는 흔히 간과된다. 의도가 가장 중요한 일을 상기해주고, 주의가 우리 마음을 현재에 집중하게 한다면, 태도는 주의를 기울이는 방법에 영향을 미친다. **어떻게** 주의를 기울이느냐에 따라 상황을 명확하게 보고 효과적으로 배우며 현명하고 자애롭게 대응하는 능력이 결정된다.

마음챙김은 우리가 어떤 일을 경험하든 호의와 호기심의 태도로 다가가게 한다. 사랑하는 부모나 조부모처럼 우리의 온갖 경험을 두 손 벌려 환영하는 것이다.

마음챙김: 뇌를 재설계하는 자기연민 수행

어렸을 때 할아버지 댁에 방문하면, 할아버지는 내 발소리만 듣고도 "오, 우리 샤우나 왔구나!"라고 소리치면서 뛰어나왔다. 할머니도 나를 반갑게 맞아주면서 내 말에 귀를 쫑긋 세웠다. 두 분은 내가 뭘 하든 늘 응원하고 지원했다. 내가 괴로울 땐 같이 가슴 아파하고, 내가 즐거울 땐 나보다 더 기뻐했다. 두 분의 **경청하는 사랑**listening love이야말로 실생활에서 접하는 마음챙김의 태도였다.[9]

실제로 호의는 '마음챙김'이라는 단어에 스며들어 있으며 수행하는 동안 변화를 위한 힘과 역량을 제공한다. 마음챙김을 뜻하는 일본어는 두 글자로 이뤄지는데, 하나는 '존재Presence'를 뜻하고, 다른 하나는 '진심Heart'이나 '마음Mind'을 뜻한다. 어떤 식으로 옮기든 마음챙김mindfulness이라는 말은 결국 **'진심에서 우러나옴**heartfulness**'**이라 할 수 있다. 이는 수행의 일환으로서 열린 마음의 태도를 길러야 한다는 점을 강조한다.

그런데 마음챙김 '혁명'에서 이러한 태도 측면을 소홀히 취급하는 걸 보면 참으로 우려스럽다. 사람들은 흔히 '호의 부분'을 곁다리로 여기거나 있으면 좋은 것 정도로 취급한다. 심지어 이러한 태도가 사람을 너무 물러지게 하고 예리함을 잃게 할 거라고 오해하기도 한다.

사실은 정반대다. 호의와 호기심의 태도는 성과와 웰빙에 직결된다. 기본적인 작동 방식은 다음과 같다. 뇌는 뇌척수액이라는 화학 용액에 떠 있는 1조 개의 세포로 이루어져 있다. 생각과 감정과 감각은 이 화학 용액에서 상호작용 하는 분자들이다. 태도는 이 분자들이 상호작용 하고 연결하는 화학적 환경을 변화시킨다.

> 호의와 호기심의 태도는 성과와 웰빙에 직결된다.

뇌에서 스트레스 반응이 활성화되면, 아드레날린과 코르티솔 같은 교감 신경전달물질이 폭포처럼 쏟아져 나온다. 이러한 화학물질, 즉 '위협 호르몬'들은 스트레스를 유발하는 화학적 환경을 조성해 생각과 감정과 감각 분자들이 부정적으로 형성된다.

반대로, 호의의 태도는 뇌의 이완 반응을 활성화해 아세틸콜린, 엔도르핀, 옥시토신 같은 부교감 신경전달물질을 분비한다. 힘든 상황에 처하더라도 호의의 기운을 가미하면 화학적 환경이 바뀐다.

이러한 화학물질은 건강한 환경을 조성하므로, 생각과 감정과 감각의 분자들이 긍정적으로 형성된다. 호의와 호기심의 태도는 학습과 정보처리를 담당하는 뇌 영역이 더 효과적으로 작동하게 한다. 그 결과, 우리는 상황을 더 객관적으로 판단해서 효과적으로 대응할 수 있다.

이는 힘든 시기를 이겨내는 데 특히 중요하다. 힘들 땐 슬픔, 분노, 두려움 등 온갖 고통스러운 감정이 솟구친다. 우리 중 상당수는 이러한 감정에 주의를 기울이지 않도록 훈련받았다. 무시하거나 심지어 이러한 감정의 존재를 부정하라고 훈련받기도 했다. 순전히 '슬픔을 느끼고 싶지 않기' 때문이거나, 화나거나 두렵다는 것을 인정하고 싶지 않기 때문이다.

하지만 **뭐든 실천할수록 강화된다**는 점을 명심하라. 자꾸 부정하고 피하려 들면, 부정과 회피의 습관이 강화된다. 그런 태도는 우리가 어려운 상황을 해결하는 데 전혀 도움이 안 된다. 아울러 힘든 감정을 조절하는 뇌 영역이 점차 위축된다. 그러다가 도저히 무시할 수 없는 난관에 부딪히면, 우리는 현명하고 효과적으로 대응할 도구가 부족해 쩔쩔매게 된다.

호의와 호기심을 수행하면, 힘든 사건이나 감정에 부닥쳤을 때 폭삭 무너지거나 폭발하지 않고 건전하고 자애롭고 효과적으로 대처할 수 있다. 호의와 호기심을 품고서 고통을 (또는 두려움, 분노, 외로움, 지루함, 죄책감, 질투심, 수치심, 당혹감, 혐오감을) 마주하도록 수행하면, 우리 자신을 절친한 친구처럼 대할 수 있다. 우리는 내부의 적이 아니라 내부의 협력자가 된다.

> » 호의와 호기심을 수행하면,
> 힘든 사건이나 감성에 부닥쳤을 때 폭삭 무너지거나 폭발하지 않고
> 건전하고 자애롭고 효과적으로 대처할 수 있다.

아픈 아이를 어떻게 대하는지 생각해보라. "그만 좀 징징대! 도대체 뭐가 문제니?"라고 소리치는가? 아니면 다정하게 안으며, "얘야, 힘들지. 어디가 얼마나 아픈지 말해줄래?"라고 살살 어르는가?

내적 경험을 향한 호의와 호기심의 태도는 감정을 미화하거나 억누르거나 바꾸려 애쓰지 않는다. 오히려 안전하고 다정한 방식으

로 그 감정을 경험하게 한다. 역설적으로, 애초에 바꾸려 애쓰지 않고 받아들임으로써 모든 걸 바꾸는 것이다.

호의와 호기심이 엄청난 변화를 초래할 수 있다는 사실이 놀랍게 느껴지겠지만, 현대 신경과학으로 이미 입증되었다. 여러 연구에서 밝혀진바, 호의와 호기심 대신 판단과 수치심을 느끼면 뇌의 학습 센터가 정지되고 자원이 죄다 생존 센터로 옮겨진다. 결국 효과적으로 대응하는 데 필요한 자원이 남지 않게 된다.

> » 우리가 호의와 호기심 대신 판단과 수치심을 느끼면
> 뇌의 학습 센터가 정지되고 자원이 죄다 생존 센터로 옮겨진다.
> 결국 효과적으로 대응하는 데 필요한 자원이 남지 않게 된다.

이와는 대조적으로, 데이비드 리고니David Rigoni와 동료들은 호의의 태도가 뇌의 학습 센터를 강화해, 학습과 보상을 담당하는 신경전달물질 중 하나인 도파민을 다량 분출한다는 사실을 알아냈다.[10] 그 결과, 우리는 시야가 넓어지고 창의성과 자원이 한층 풍부해진다. 추가 연구에서, 사람들이 어떤 주제에 호기심을 품을 때 정보를 더 잘 배우고 기억한다는 것도 밝혀졌다. 호기심이 보상 체계를 활성화시키기 때문이다.[11]

내면의 호의와 호기심을 활성화시키면, 더 나은 학습자가 될 뿐만 아니라 더 나은 혁신자가 될 수도 있다. 나와 동료들이 스탠퍼드 대학에서 엔지니어와 공학도를 상대로 실시한 최근 연구에서, 마인

드풀 태도^{mindful attitude}, 다시 말해서 개방적이고 친절하고 호기심 어린 태도가 혁신의 가장 강력한 예측 변수로 드러났다.[12]

연구진은 호기심이 스트레스 내성에 중요한 요인이자 우울증 방지책이라는 사실도 알아냈다. 또 다른 연구에서, 우울증이 신기함과 호기심의 부족과 관련된다는 사실이 드러났다. 우울증을 앓는 사람은 해마가 쪼그라들어 신기함을 인식하지 못한다는 증거가 나온 것이다. 흥미롭게도 도파민 수치는 뇌가 새로운 것에 부딪혔을 때 급증한다. 신기함이 쾌락 센터를 활성화시켜 우리에게 학습하고 탐구하도록 장려하기 때문이다. 또한 호기심이 성장과 관련된 행동을 증가시키고 삶의 의미와 만족감을 높인다는 연구 결과도 나왔다.[13]

이러한 연구는 가히 혁명적이다. 과학은 우리 뇌에 새겨진 호의와 호기심이 더 행복하고 더 충만한 삶을 향한 길을 열어준다는 사실을 여실히 보여준다. 이는 수행을 통해 얼마든지 강화할 수 있다.

》 과학은 우리 뇌에 새겨진 호의와 호기심이
더 행복하고 더 충만한 삶을 향한 길을 열어준다는 사실을 여실히 보여준다.

공식 수행: 마음챙김 명상

지금까지 논의한 내용을 수행에

옮기는 방법은 **공식 수행**과 **비공식 수행**, 두 가지가 있다.

비공식 수행은 일상생활에 바로 적용할 수 있다. 매 순간 의도와 주의와 태도를 염두에 두고 살아가면 된다. 마인드풀 식사^{mindful eating}, 마인드풀 독서^{mindful reading}(지금 당신이 하는 일!), 마인드풀 운전^{mindful driving}이 좋은 예다. 비공식 수행에 관해서는 9장에서 자세히 살펴볼 것이다.

공식 수행은 여러 가지 형태를 띤다. 가장 널리 연구되고 실천되는 형태는 앉아서 하는 명상인데, 다음에서 자세히 살펴볼 것이다.

사람들은 흔히 수행하기 좋은 때가 언제인지 궁금해한다. 당신에게 편한 시간이라면 아무 때나 수행할 수 있지만, 특히 아침에 막 일어났을 때 하면 좋다. 잠에서 깨고 몇 분 동안은 정신과 뇌가 매우 고요하고 뭐든 잘 받아들인다. 뇌를 좋은 방향으로 이끌기에 딱 좋은 시간이다. 눈뜨자마자 그날의 일정을 계획하거나 걱정하는 대신, 내적 역량을 단련하면서 하루를 시작할 수 있다.

잠자리에 들기 직전에 수행하는 것도 도움이 될 수 있다. 그날 쌓인 스트레스를 풀고 잠들기 좋은 상태로 전환하는 능숙한 방법이니 말이다. 캘리포니아 대학교 샌프란시스코 캠퍼스에서 엘리사 에펠^{Elissa Epel} 교수가 흥미로운 연구를 실시했는데, 아침저녁으로 기분이 좋으면 미토콘드리아가 더 활발하게 작동한다고 드러났다. 미토콘드리아는 인체의 배터리이자 에너지원으로 여겨진다. 세포마다 1천 개 정도씩 있는 미토콘드리아를 건강하게 유지해야 한다. 따라서 눈뜰 때와 잠들기 전에 하는 수행은 건강하게 사는 데 중요한 요소로 보인다.

그렇긴 하지만 수행할 시간을 내기가 늘 쉽지는 않다. 그것 말고도 '해야 할 일'이 굉장히 많아서 가만히 앉아 있을 짬이 없다. 나 역시 그 점을 누구보다 잘 안다. 시간은 없는데 할 일이 많으면, 내 머릿속에선 오만 가지 생각이 떠오른다('집필 중인 책의 다음 장을 얼른 마쳐야 하는데, 빨랫감이 잔뜩 쌓여 있는데, 잭슨의 공부를 도와줘야 하는데…').

그런데도 가만히 앉아 수행할 때 내가 얻을 온갖 혜택을 떠올리면 확실히 도움이 된다.

'그래도 수행을 실천하면, 면역체계가 강화되고 코르티솔 수치가 낮아져. 공감과 연민이 향상되고 기억력과 학습력이 좋아져. 감성 지능이 길러지고 수면의 질이 개선돼. 인간관계가 좋아지고 활력이 증진되며 더 나은 세계 시민으로 거듭나게 될 거야. 어휴, 이렇게 좋은 걸 왜 안 하겠다는 거야!'

마음챙김 수행이 우리에게 좋다는 걸 설명하고자 꼭 과학을 동원해야 한다는 뜻은 아니다. 일단 해보면 그 혜택을 스스로 경험하게 될 것이다. 다만 누군가가 옆구리를 쿡 찔러줬으면 하는 날엔 내가 방금 앞에서 읊은 격려의 말을 떠올려보라. 가만히 앉아 호흡하면서 명상하는 시간을 내는 데 도움이 될 것이다.

마지막으로 한 가지만 덧붙이자면, 수행은 당신의 경험 자체를 생성하거나 바꾸는 게 아니다. 의도와 주의와 태도의 기운을 더해서 그 경험과 **관계 맺는** 방식을 바꾸는 것이다.

명상 수행을
시작하는 방법

습관을 들이려면 늘 그렇듯이 몇 가지 기본 가이드라인을 지켜야 한다.

· 명확한 의도를 설정하라.

· 매일 5분씩 수행하겠다는 등 달성 가능한 목표를 정하라.

· 수행에 방해받지 않을 조용한 장소를 찾아라.

· 날마다 수행하라. 습관을 들이려면 매일 실천하는 게 중요하다.

· 호의와 호기심을 기억하라.

수행: 마음챙김 명상 수행 지침

이 지침을 잘 읽고 따라 해도 되지만, 온라인drshaunashapiro.com으로 듣고 따라 해도 좋다.

먼저 당신이 수행하겠다고 정한 시간을 타이머에 설정하라. 가만히 앉아서 허리를 곧게 펴라. 긴장을 풀되 몸이 처지지 않게 하라. 눈을 감거나 바로 앞쪽 바닥 한곳을 지그시 응시하라.

의도: 수행을 위한 의도를 먼저 설정하라. 당신의 의도를 소리 내서 말하거나 속으로 읊조리는 게 도움이 된다. 몇 가지 예를 들면 다음과 같다.

"이 수행이 내 삶에 더 큰 평안과 명료성을 안겨주길 바란다."

"이 수행이 나를 현재에 더 집중하고 친절해지도록 도와주길 바란다."

마음챙김: 뇌를 재설계하는 자기연민 수행

"이 수행이 유익하길 바란다."

주의: 현재 순간에 주의를 집중하라. 당신의 몸을 찬찬히 살피면서 긴장을 풀어라. 특히 턱과 어깨의 긴장을 풀어라. 5퍼센트라도 더 부드러워질 수 있는지 보라. 입가에 잔잔한 미소를 지어라.

호흡에 주목하라. 호흡을 바꾸려 하지 말고 그냥 가만히 느껴라. 자연스럽게 들어오고 나가는 숨결을 느껴보라.

들숨과 날숨의 감각을 계속해서 차분하게 느낄 수 있는지 보라. 자연스럽게 호흡하도록 하라. 통제하지 않아도 된다.

정신이 흐트러지면 호흡을 지렛대 삼아 되돌리도록 하라. 당신은 지금 정신을 집중하고 현재 순간에 머물도록 훈련하는 것이다.

태도: 호의와 호기심을 품고서 주의를 기울여라. 이 경험에 호의와 흥미와 배려를 5퍼센트만 더 기울일 수 있는지 보라. 정신이 흐트러질 때 내면의 목소리 톤에 주목하는 게 특히 유용하다. 호의와 호기심을 품고서 다시 주의를 기울일 수 있는지 보라. 방황하는 정신을 강아지 대하듯 참을성 있게 대하라. "이리 돌아와…. 가만히, 가만히 있어. 옳지…."

호의를 품고 매 순간 다가가겠다는 의도만이 우리 마음을 치유하고 달랠 수 있다. 그렇게 시도할 때마다 마음챙김을 위한 신경 경로가 새로 깔린다. 완벽하려고 애쓰지 말고 5퍼센트만 더 다정하게, 5퍼센트만 더 주의 깊게, 5퍼센트만 더 명확하게 수행하려고 노력하라.

명상 수행이 끝날 시간이 다가오면, 어떤 기분이 드는지 주목하라. 이 고유한 의식 상태를 가만히 음미하라. 몸에 좋은 음식을 먹은 뒤 가만히 쉬면서 영양분이 잘 소화되고 흡수되도록 하는 것과 같다. 당신이 현재 순간의 영양분을 흡수하고 있다는 걸 알고, 이러한 풍요로움 속에서 새로운 해답을 얻을 거라고 믿어라.

눈을 뜨고 몸을 살며시 움직여보라. 일어나서 하루 일과를 시작할 때, 매 순간 이런 마음가짐으로 나아갈 수 있는지 보라. **명상이 끝난 뒤에도 마음챙김은 계속된다는** 점에 주목하라. 삶의 모든 순간에 의도와 주의와 태도를 투영하도록 노력하라.

공식 마음챙김 명상 수행과 관련해서 흔히 하는 질문

1. 나는 정신이 자꾸 흐트러진다. 아무래도 소질이 없나 보다. 어떻게 해야 하나?

» 정신은 원래 흐트러지기 마련이다. 전체 시간의 47퍼센트 정도 이리저리 방황한다고 했던 말을 기억하라. 방황하는 정신을 돌려놓는 게 중요하다. 당신은 호의와 호기심과 자비의 태도로 정신을 되돌릴 수 있는가? 자꾸만 돌아다니는 강아지 대하듯 당신의 정신을 살살 다루도록 하라. "이리 돌아와…. 가만히 있어…." 이렇게 말이다.

2. 명상을 하면 왜 이렇게 피곤한가?

» 수많은 사람에게서 이 질문을 들었다. 명상할 때 왜 자꾸 피곤하다고 느끼는지 알고 싶은가? 그건 당신이 진짜로 피곤하기 때문이다. 마음챙김은 명확하게 보는 거라는 사실을 기억하라. 우리 중

마음챙김: 뇌를 재설계하는 자기연민 수행

대다수는 수면 부족에 시달리고 있다. 마음챙김으로 졸린 상태에 주의를 기울이게 되는 것이다. 이제 거기에 효과적으로 대응할 수 있다.

3. 신체적, 정신적 고통을 어떻게 감당해야 할까?

≫ 먼저, 보살핌이 필요한 어린아이를 대하듯 호의를 품고서 다정하게 고통을 인정하고 받아들여라. 그런 다음, 호기심을 품고서 그 고통을 탐색해나가라. '이 슬픔/괴로움/외로움은 어떤 느낌으로 표출될까? 목이 막히거나 가슴이 답답하거나 눈물이 핑 돌 수도 있겠지. 내가 그 경험을 애정 어린 마음으로 받아들일 수 있을까?' 우리는 무릎이 까진 아이에게, "이런, 많이 아프겠구나. 어쩌다 그랬니? 내가 돌봐줄게."라고 말하는 부모와 같다.

4. 얼마나 많이 수행해야 하는가?

≫ 이 질문도 굉장히 많이 받았다. 수행할수록 더 강화된다는 사실을 당신은 이미 알고 있다. 명상 수행에 관한 연구는 많이 수행할수록 많이 개선된다는 점을 뒷받침한다. 그래도 구체적 수치를 원한다면, 지금까지 연구에선 문턱 효과threshold effect에 12분이 필요하다고 나왔다. 다시 말해, 신체적 건강과 정신적 행복을 개선하려면 하루 최소 12분 동안 명상해야 한다. 그보다 오래 명상하면 투자한 시간에 비례해서 더 큰 혜택을 누릴 수 있다. 일주일 동안 하루 1분을 시작으로 점차 늘리는 걸 추천한다. 당신이 지킬 수 있는 선에서

열심히 노력하는 게 중요하다. 당신 자신과 당신의 말을 스스로 신뢰할 수 있어야 한다.

| **금언** |

잠시 멈추고 이 장의 핵심 사항을 곰곰 생각한 다음, 평생 마음에 새기고 싶은 금언을 한 가지 골라보라. 골랐으면 일지에 기록하라.

몇 가지 예를 살펴보면 다음과 같다.

· 가장 중요한 일을 기억하는 것, 그게 가장 중요하다.
· 뭐라도 따려면 지금 여기에 있어야 한다.
· 호의와 호기심은 뇌의 학습 센터를 가동한다.

part 2

상황이 힘들어지면 강인한 사람은 더 자비로워진다

When the Going
Gets Tough, the Tough
Get Compassionate

05

자기 자비

내부의 협력자

+ + +

> 우리는 자기비판의 습관이 어떻게 생명력을 약화시키고
> 평온함을 앗아가며 영혼을 짓밟는지 알아야 한다.
>
> - 프랭크 오스타세스키|Frank Ostaseski

> 자기비판은 당신이 좋은 사람인지를 따지는 반면,
> 자기 자비는 무엇이 당신에게 좋은지를 따진다.
>
> - 크리스틴 네프Kristin Neff

나는 대학원을 졸업하자마자 세상을 구하겠다는 일념으로, 애리조나주 투손에 있는 재향군인 병원에 들어갔다. 출근 첫날부터 PTSD, 즉 심리적 외상 후 스트레스 장애에 시달리는 병사들을 대상으로 심리 치료를 시작하게 되었다. 해마다 전쟁터에서 싸우다 죽는 병사보다 자살로 죽는 병사가 더 많다는 충격적 통계는 알고 있었지만, 그들의 고통과 절망이 얼마나 깊은지는 미처 몰랐다. 아울러 그들이 서로를 향해 바다처럼 넓고 깊은 자비를 품고 있다는 사실도 전혀 몰랐다.

그런데 치료 그룹에 나오는 한 남자는 도무지 입을 열지 않았

다. 몇 주째 바닥만 쳐다봤다.

그러던 어느 날, 그가 손을 들더니 헛기침을 한 번 하고 나서 천천히 입을 열었다.

"난 좋아지고 싶지 않습니다."

전혀 생각지도 못한 말이었다. 사람들의 시선이 일제히 그에게로 쏠렸다.

그의 이야기가 이어졌다.

"내가 전쟁터에서 목격한 참상과 행한 짓을 생각하면… 나는 좋아질 자격이 없습니다."

그는 다시 바닥을 봤다. 그러다 한참 만에 전쟁터에서 목격한 참상과 자신이 행한 짓을 고통스러울 정도로 상세하게 털어놨다.

그는 이야기하면서 수치심에 몸을 떨었다. 서늘한 그 기운이 치료실에 가득 퍼졌다. 그가 동료 군인들의 시선을 마주하려고 고개를 천천히 들었다. 그런데 그가 예상했던 거부와 비판이 아닌, 자비가 가득한 눈길이 그를 기다리고 있었다.

그는 한마디도 더하지 않고 자리를 떴지만, 나는 그의 내면에 맺혀 있던 응어리가 풀리기 시작했음을 직감했다. 그 뒤로 몇 주 동안, 동료들이 보내준 자비로운 눈길 덕분에 그는 자신을 향한 자비를 회복해 나갔다. 자신이 과거 행동으로 규정되지 않는다고 믿기 시작했다. 앞으로 변할 수 있고, 괴로움에서 벗어날 길이 있다고 믿기 시작했다.

나는 몇 달 동안 이 군인과 상담 치료를 계속했다. 치료 마지막

날, 그가 다음과 같은 이야기를 들려주었다.

군대는 전투에서 살아남도록 훈련시킵니다. 전쟁터에 나가면 그간의 훈련에 의지하고 본능에 따릅니다. 하지만 그 무엇도 자신에 대항해 싸우도록 준비시켜주지는 않습니다. 좋은 놈과 나쁜 놈이 같은 놈인데 어떻게 싸웁니까?

싸움은 평화로 이어지지 않는다는 걸 이제야 깨달았습니다. 이미 벌어진 일은 결코 잊히지 않겠지만, 이젠 더 이상 자책하면서 기운 빼지 않을 겁니다. 앞으로 살아가야 할 삶이 있으니, 지금부턴 뭔가 좋은 일을 하면서 그 삶을 살아내고 싶습니다.

이 퇴역 군인의 말은 자기 자비의 힘을 고스란히 보여준다. 자비는 과거에 연연하지 않고 우리의 존엄과 목적을 다시 발견하도록 돕는다. 우리 자신을 친절하게 대하는 이 혁명적 태도는 몇 년 혹은 평생 시달려온 자기 판단과 수치심의 굴레를 벗어나게 해줄 수 있다. 어둠 속에서 나아갈 길을 밝혀주는 등대처럼, 자기 자비는 우리가 처한 어둠에서 벗어날 길을 밝혀준다.

» 어둠 속에서 나아갈 길을 밝혀주는 등대처럼
자기 자비는 우리가 처한 어둠에서 벗어날 길을 밝혀준다.

자기 자비: 자기 자비가 무엇이고, 무엇을 하고, 왜 파격적인가

자기 자비의 개념을 처음으로 규정하고 측정한 사람은 텍사스 대학교 오스틴 캠퍼스의 심리학과 교수 크리스틴 네프Kristin Neff이다. 그는 자기 자비란 우리가 곤경에 처한 친구를 대하듯 우리 자신을 대하는 거라고 말한다. 우리는 자신의 고통에 호의와 애정을 품고 자신을 대하도록 배우고, 자신을 비난하거나 거부하는 대신 한 팀으로 똘똘 뭉칠 수 있게 된다.

우리가 설사 뭘 잘못하고 있을 때도 자신을 친절하게 대할 수 있다. 곤경을 모면하려는 게 아니라 우리가 상처를 받고 있기 때문이다. 자기 자비는 아주 파격적인 접근법을 제안한다. **당신은 완벽하지 않아도 사랑과 호의를 받을 자격이 충분히 있다.**

어떻게 해야 당신 자신을 더 친절하게 대할 수 있는지 궁금한가? 다행히 당신은 이미 첫 단계를 배웠다. 바로 마음챙김이다. 자기 자비는 마음챙김에서 온다. 우리가 고통에 처했음을 먼저 인정하지 않으면 우리 자신에게 친절할 수 없다. 어려운 상황에 처했을 때, 마음챙김은 우리가 처한 어려움을 명확하게 보도록 돕는다. 자기 자비는 한발 더 나아가 "어려움에 처한 자신을 친절하게 대하라."고 명한다.[1]

자기 자비는 단순히 기분만 좋아지도록 돕는 게 아니다. 우리가 힘든 시기를 뚫고 나아가는 데 필요한 구명보트까지 제공한다. 자기 자비를 연마하면, 폭풍우 속에서도 살아남을 힘과 회복력과 지혜의 보고를 찾아낼 뿐만 아니라, 미래에 닥쳐올 폭풍우를 더 잘 헤쳐 나갈 역량도 기를 수 있다. 자기 자비의 신비한 힘은 부정적인 것을 완화하는 동시에 긍정적인 것을 강화하도록 한다.

그런데 안타깝게도, 우리는 상황이 힘들어질 때 자기 자비 대신 효과도 없고 심지어 해롭기까지 한 대응 기제에 습관적으로 의존한다.

우리가 흔히 의존하는 두 가지 (비효과적) 대응 기제

역경에 처했을 때 사람들은 흔히 두 가지 방식 중 하나로 대응한다. 자기판단과 수치심에 휩쓸려 자신을 공격하거나, 자존감을 높이려고 합리화와 격려의 말로 실수를 덮는다.

이러한 대응 전략은 문제를 해결하는 게 아니라 주의를 흩트리는 방어 기제여서 효과가 없다. 우리는 힘든 일에 봉착하거나 실수를 저지르면, 엄격한 잣대를 들이대면서 어떻게든 혼자 힘으로 불끈 일어나야 한다고 생각한다. 하지만 우리의 행동 패턴을 명확하게 볼 수 없다면 같은 실수를 반복하게 될 뿐이다.

이때 자기 자비가 구조의 손길을 내민다. 자기 자비는 우리가 고통스러운 근본 문제를 마주할 용기와 그 문제를 치유하는 데 필요한 변화를 제공한다.

마음챙김: 뇌를 재설계하는 자기연민 수행

수치심은 아무런 효과가 없다

우리 중 상당수는 자신의 결점을 깊이 의식하면서 걸핏하면 자신을 가혹하게 비판한다. 만화가인 줄스 파이퍼Jules Feiffer는 그런 성향을 이렇게 표현했다.

"나는 자라면서 아버지의 표정과 말투, 자세와 걸음걸이와 견해를 점점 더 닮아갔다. 아울러 아버지를 향한 엄마의 경멸감도 고스란히 물려받았다."[2]

일이 틀어지면, 우리는 흔히 자신의 단점과 불완전함을 탓하면서 수치스럽게 여긴다. 이런 태도가 변화를 위한 동기를 부여할 거라고 착각한다. 이러한 대처 방식은 두 가지 이유로 문제가 있다.

첫째, 상처받고 있을 때는 자극이나 비난이 아닌, 자비가 가장 필요하다. 수치심은 형편없다고 느껴지게 할 뿐만 아니라 우리 뇌에서 힘든 상황에 효과적으로 대응하는 데 필요한 자원을 뺏어간다. 우리가 수치심을 느낄 때, 기억과 의사 결정과 감정적 대응을 관장하는 영역인 편도체에서 노르에피네프린과 코르티솔이 마구 분비된다. 이 두 호르몬은 스트레스를 높이고 감지된 '위협'을 제대로 못 보게 하며 인지적 유연성을 억제한다. 즉, 수치심이 우리를 투쟁fight, 도피flight, 경직freeze 같은 생존 반응에 사로잡히게 해 뇌의 학습 센터를 방해하는 것이다.

우리가 실수에서 배우고 또 그 실수를 반복하지 않으려면, 수치심이 아니라 자비로운 마음가짐이 필요하다. 일례로, 나는 하교 시간에 맞춰 잭슨을 데리러가지 못했던 적이 있다. 부리나케 운전하고 갔지만 다른 아이들은 모두 가고 잭슨만 차가운 바닥에 덜렁 앉아 있었다. 그 모습이 어찌나 처량하고 가엾어 보이던지, 나는 심한 자책에 빠져들었다.

'일정을 좀 더 여유롭게 짰어야지! 네가 한 짓을 봐. 넌 정말 엄마로서 자격이 없어.'

》 실수에서 배우고 또 그 실수를 반복하지 않으려면,
수치심이 아니라 자비로운 마음가짐이 필요하다.

실수를 저지르고 나서 후회하는 것은 당연하다. 특히 그 실수로 다른 사람에게 고통을 안겼다면 더 후회스럽다. 하지만 이러한 비판적 사고에 사로잡히면, 아픔이 배가될 뿐만 아니라 차에 오르는 잭슨을 반갑게 맞기도 어려우며, 그 일을 계기로 앞으론 달리 대처하도록 배우지도 못한다.

그때 나는 독한 자책의 말을 쏟아내지 말고, "아, 저런. 혼자 처량하게 널 기다리는 잭슨을 보니 정말 괴롭지? 다음엔 근무 시간에 학생 상담을 너무 많이 잡지 않도록 명심해."라고 자신에게 말했어야 한다. 그런 다음 숨을 깊이 들이마시고 마음을 가라앉힌 후, 아들을 데리러온 다정한 엄마답게 행동했어야 한다.

어려운 상황에서 수치심을 느끼는 대신 자비롭게 대처하면, 실수에서 배우고 변화를 꾀하고자 적극적으로 노력할 가능성이 더 커진다.

수치심이 문제가 되는 두 번째 이유는 수치심이 자기 방해self-sabotage로 이어져서다. 즉 우리가 흔히 피하고 싶은 방식으로 우리 자신을 방해하게 된다. 친절한 주의가 가장 필요한 부분을 스스로 폄하할 때, 깎아내려진 부분은 그냥 사라지지 않는다. 잠재의식 속에 남아 있다가 전혀 예상치 못한 순간에 튀어나와 우리를 방해한다. 그런 이유로 좋은 의도에서 자신의 결점을 인정하고 드러내더라도 똑같은 실수를 계속 반복하게 된다.

다이어트를 시도하지만 늘 요요 현상에 시달리는 사람을 생각해보라. 그들은 칼로리 섭취를 줄여 한동안 성공하기도 하지만, (시간이 지나면 으레) 다이어트를 중단하게 된다. 그러면서 자기 자신에게 등을 돌리고 좌절감에 다 포기해버린다.

'이놈의 다이어트는 어차피 물 건너갔으니 아이스크림 한 통을 다 먹어버리자.'

그런데 먹고 나면 기분이 더 나빠진다.

'의지력이 약하니까 돼지처럼 자꾸 먹는 거야.'

이렇게 자책하면서 음식을 더 많이 찾는다. 음식이 일시적으로 위로와 안도감을 제공하기 때문이다. 그야말로 악순환에 빠지는 것이다.

듀크 대학의 마크 리어리Mark Leary와 동료들이 실시한 연구에서, 변화를 유발하는 자기 자비의 효과가 입증되었다.[3] 연구진은 다이어트 중인 여성 참가자들에게 도넛을 먹으라고 한 후, 참가자 중 절반에게만 이렇게 말했다.

125

"일부 참가자는 이 연구에서 도넛을 먹는 게 속상하다고 말하더군요. 그래서 말인데, 당신 자신을 너무 탓하지 않기를 바랍니다."

통제 그룹에 속한 나머지 참가자들에게는 아무 말도 하지 않았다.

연구 결과, 통제 그룹에 속한 사람들은 도넛을 먹고 나서 심하게 자책했다. 그들은 죄책감과 수치심을 느낀다고 보고했다. 반면 도넛을 먹는 것에 대해 자기 자비를 느끼도록 권유받은 참가자들은 자신에게 더 친절했고 도넛을 먹고 나서 덜 속상해했다. 게다가 '미각 테스트'의 일환으로 사탕을 맘껏 먹어도 되는 기회가 생겼을 때, 그들은 통제 그룹의 참가자들보다 사탕을 덜 먹었다. 잠깐 흔들리긴 했지만, 자기 자비에 힘입어 방종에 빠지는 대신 다시 건전한 식사 목표에 집중할 수 있었던 것이다.

예일대 교수인 시드니 블랫Sidney Blatt은 우울증의 상당 부분이 자기비판에서 비롯된다는 점을 발견했다. 성과를 제대로 내지 못한다고 느낄 때 심한 자책에 빠지는 것이다.[4] 수치심은 우리가 성장하고 발전하도록 돕는 대신, 자신에 대한 믿음을 약화시키고 무력감과 자기혐오의 수렁에 빠지게 한다. 브레네 브라운Brene Brown이 이런 성향을 적절히 묘사했다. "수치심은 우리가 변할 수 있다고 믿는 바로 그 부분을 좀먹는다."[5]

이와는 대조적으로, 자기 자비의 마음으로 행동하면 옥시토신과 엔도르핀이 다량 분비된다. 옥시토신은 안정감과 친밀감을 촉진하는 애정 호르몬이고, 엔도르핀은 기분을 좋게 해주는 신경전달물질이다. 이 두 호르몬은 괴로움을 덜어주고 보살핌과 지원의 감정

마음챙김: 뇌를 재설계하는 자기연민 수행

을 높여준다. 더비 대학의 심리학자, 폴 길버트Paul Gilbert는 자기 자비를 실천하면 위협-방어 체계가 해제되고 돌봄 체계가 가동된다고 주장한다.[6]

> » 자기 자비의 마음으로 행동하면 옥시토신과 엔도르핀이 다량 분비된다.
> 옥시토신은 안정감과 친밀감을 촉진하는 애정 호르몬이고,
> 엔도르핀은 기분을 좋게 해 주는 신경전달물질이다.

이러한 갖가지 이점에도 불구하고 누구나 쉽게 자기 자비를 실천하지는 못한다. 우리는 우리 자신에게보다 남들에게 훨씬 더 자비롭다. 친구가 힘든 문제로 쩔쩔맬 때 우리는 그 친구에게 멍청하고 무능하다고 소리치지 않는다. 친구가 실수를 저지르면 자비를 베풀며 위로한다. 하지만 자기가 힘든 일을 겪을 때는 자기비판과 수치심으로 몸을 떤다.

수치심은 우리에게 도움을 주기는커녕 해만 끼친다. 자기 자신을 부끄럽게 여기는 태도는 뜨거운 숯덩이를 집어 드는 것과 같다. 그 결과는 화상으로 이어진다. 따라서 다음에 비판적인 생각이 들면, 가까운 친구를 위로하듯 혹은 뜨거운 숯덩이에 손을 뻗는 어린아이를 보호하듯 당신 자신을 보호하라.

"안 돼, 그러면 화상을 입을 거야."

| **자존감도 아무런 효과가 없다** |

수십 년 동안 자기계발서 분야는 자존감 강화를 위한 훈계와 구호로 넘쳐났다. 스트레스를 이겨낼 해법으로 말이다. 난관에 부딪쳐 회복력을 강화하자는 취지로, 아이들의 자존감을 높이기 위해 수백만 달러를 학교에 쏟아부었다. 하지만 안타깝게도, 선의에서 비롯된 온갖 노력에도 불구하고 자존감은 자기 자비에 비해 힘든 시기를 이겨내는 데 효과적이지도 않고 건전한 접근법도 아니라는 연구 결과가 속속 발표되고 있다.

자존감과 자기 자비 둘 다 심리적 웰빙과 밀접하게 연관되어 있지만, 둘 사이에는 중요한 차이가 있다. **자존감은 자기 가치**self-worth**를 입증하는 데 어떤 성과가 있어야 하지만, 자기 자비는 어떤 상황에서도 당신의 가치를 인정한다.** 자존감은 본래 불안정해서 최근의 성패에 따라 오르락내리락한다. 일이 잘 풀릴 땐 우리를 지원하지만, 일이 틀어져서 정말 지원이 필요할 땐 등을 돌리는 친구와 같다. 자존감은 또 자기 가치를 결정하기 위해 끊임없는 비교를 유발한다. '내가 저 친구보다 나은가 아니면 못한가?' 이러한 비교는 협력을 약화시키고, 누군가가 '승리하려면' 다른 누군가가 반드시 '패배해야 한다'는 생각을 갖게 한다.

> » 자존감은 자기 가치self-worth를 입증하는 데 어떤 성과가 있어야 하지만,
> 자기 자비는 어떤 상황에서도 당신의 가치를 인정한다.

반면 자기 자비는 한결같다. 우리가 실패하거나 부족하다고 느낄 때도 늘 든든한 친구처럼 친절하고 다정하다. 자기 자비는 우리 내부의 든든한 협력자로서, 자존감이 우리를 저버리는 순간에도 우리를 지원한다.

연구 결과는 이러한 점을 잘 보여준다. 자기 자비가 높은 사람은 자기 가치관sense of self-worth이 안정적인 반면, 자존감이 높은 사람은 자기 가치관이 불안정해서 주변 상황에 따라 출렁거린다. 일이 잘 풀리면 우쭐해하지만, 일이 어긋나면 바로 의기소침해진다.

UC 버클리의 연구진은 모든 학생이 탈락할 정도로 대단히 어려운 철자 테스트를 실시했다. 테스트가 끝나고 나서 학생 절반에게는 자기 자비를 불러일으킬 만한 말을 들려줬다("너무 자책하지 마세요"라거나 "이런 테스트에서 어려움을 느끼는 건 당연합니다."라는). 나머지 절반에게는 자존감을 높여줄 만한 말을 들려줬다("버클리에 합격할 정도라면 당신은 똑똑한 학생이겠네요!").

자기 자비를 느끼도록 권유받았던 학생들은 다음 테스트에서 더 좋은 성과를 거두었다. 왜냐고? 자기 자비 덕분에 그들은 탈락했던 첫 테스트를 실패로 여기지 않고 배움의 기회로 삼았기 때문이다. 그 결과, 그들은 낙담하지 않고 더 열심히 공부했을 가능성이 크다.

반면에 자존감을 높이는 말을 들었던 학생들은 실패에 더 영향을 받아 공부해도 소용없다고 느꼈다. 수석 연구원인 줄리아나 브레이네스Juliana Breines는 연구 결과를 다음과 같이 요약했다.

"자기 자신을 친절히 대하도록 배운 사람은 자신의 실수를 성장 기회로 보려는 욕구를 더 강하게 느낀다."[7]

자존감이 높은 사람은 뭔가 잘못되면 자신감이 확 떨어지기 때문에 회복력이 높지 않을 수 있다. 그런데도 자기 자비가 회복력의 핵심 요소라는 사실을 아는 사람은 많지 않다. 앞서 언급한 《그릿》의 저자 앤젤라 더크워스는 자기 자비와 비판단적 태도를 그릿의 기본 특징으로 꼽는다. 그렇다고 자기 자비를 품은 사람들이 자기 자신에게 기대하는 바가 낮은 건 아니다. 그들의 기대 수준이 남들만큼 높다는 연구 결과도 있다. 다만 자기 자비를 품은 사람들은 실패해도 괜찮다는 걸 잘 안다. 실패에 대한 정의 자체도 다르다. 그들에게 실패는 그저 배움의 기회일 뿐이다. 나는 더크워스의 책에서 '칠전팔기Fall seven, rise eight'라는 멋진 표현을 발견했다. 몇 번을 쓰러져도 우리는 다시 일어설 수 있다.

자기 자비는 실수와 좌절과 실패 후에도 다시 일어날 회복력과 용기를 촉진한다. 직관에 반하는 말처럼 들릴지 모르지만, 자존감보다는 자기 자비의 부드러운 손길이 통뼈처럼 단단한 투지를 길러준다.

자, 다음에 실수를 저지르거나 어려운 상황에 부딪치면, 자신을 비난하거나('생각이 있는 거니, 없는 거니? 도대체 뭐가 잘못된 거야?'), 아무일도 없는 것처럼 부정하는 데('그냥 넘어가! 그럴 수 있어! 다 괜찮을 거야!') 귀중한 자원을 쓰지 말고, 잠시 멈춘 다음 당신이 어려운 상황에 처했음을 인정하고 자신에게 자비를 베풀도록 하라. 다른 렌즈를 통해 배움과 성장의 기회로서 이미 벌어진 상황을 바라볼 수 있을 것이다.

'나는 이번 일을 계기로 뭘 배울 수 있을까? 어떻게 성장할 수 있을까?'

이렇게 자비로운 관점은 마음의 나침반을 건설적인 방향으로 향하도록 돕는다.

"자, 이제 여기서 어느 쪽으로 나아갈까?"

사랑스러움을 다시 배우고 가르치기

우리 자신의 어두운 부분과 인생의 어두운 부분을 기꺼이 마주하려면 용기가 필요하다. 이러한 용기는 우리 자신과 타인을 향한 자비에서 나온다. 자기 자비를 수행하면서 우리는 우리 자신의 어려움과 슬픔을 이겨내고 성장하도록 배울 뿐만 아니라 타인의 괴로움과 슬픔도 돌아보도록 배운다. 타인에게 자비를 베풀 때, 우리는 그들이 그들 자신을 위한 자비와 성장 가능성을 찾도록 돕는 것이다.

실제로 자기 자비의 가장 강력한 순간은 타인이 베푼 자비에서 촉발되기도 한다. 이 장 첫머리에서 들려준 퇴역 군인을 떠올려보라. 그가 가장 치욕스러운 순간을 털어놓은 뒤 치료 그룹의 동료들에게 받은 자비는 PTSD를 회복하는 전환점이 되었다.

자기 자비는 우리에게 인간의 불완전성을 받아들이도록 가르친다. 크리스틴 네프가 그 점을 간단명료하게 표현했다.

"자기 자비를 느끼기 위해 특별할 필요는 없다. 그저 여느 인간들처럼 엉망진창이면 된다."[8]

본질적으로 자비는 사랑의 마음이다. 의심하고 불완전하고 어두운 면이 있는데도 우리 자신을 사랑으로 대하는 것이다. 자비는 우리 자신의 사랑스러움을 다시 배우도록 한다. 시인 골웨이 키넬 Galway Kinnell은 이 점을 참으로 멋지게 포착했다.

세상 만물은 내면에서 스스로 축복하며 꽃을 피운다.

그러나 때로는 그 존재의 사랑스러움을

다시 가르쳐주고

이마에 손을 얹으며

말로, 손길로 다시 알려줄 필요가 있다.

정말 사랑스럽다고.

그 존재가 다시 내면에서 스스로 축복하며 꽃을 피울 때까지

수행: 나에게 띄우는 자비로운 편지

당면한 어려움에 대해 혹은 당신이 부적절하다고 느끼고 변화를 위한 동기를 부여하고 싶은 분야에 대해 당신 자신에게 편지를 띄우면 도움이 될 수 있다. 그런데 이 편지에는 남다른 방식이 있다. 당신 자신에게 띄우는 편지지만, **당신과 똑같은 어려움에 처한 친구에게 말하듯이** 써야 한다. 당신은 소중한 친구에게 어떻게 대응할 것인가? 뭐라고 말하고 싶은가? 그 친구를 어떻게 지원하고 싶은가?[9]

팁: 하고 싶은 말이나 생각을 정리하느라 너무 애쓰지 않아도 된다. 그냥 마음에서 우러나오는 대로 써라.

편지를 다 쓴 뒤 봉투에 넣고 당신 자신에게 우편으로 부치도록 하라. 그 편지를 받았을 때, 천천히 다시 읽으며 그 말이 당신을 달래고 위로하는지 보라.

| 금언 |

잠시 멈추고 이 장의 핵심 사항을 곰곰 생각한 다음, 평생 마음에 새기고 싶은 금언을 한 가지 골라보라. 골랐으면 일지에 기록하라.

몇 가지 예를 살펴보면 다음과 같다.

- 수치심은 뇌의 학습 센터를 폐쇄한다.
- 자존감은 형편이 좋을 때만 다가오는 친구와 같다.
- 자기 자비는 든든한 협력자와 같다.

06

자기 자비를 방해하는 다섯 가지 장애물

장애물을 뛰어넘는 방법

+ + +

자기애self-love는 실제로 효과가 있는 유일한 '다이어트'이다.

— 제니 크레이그Jenny Craig

당신의 내면을 타인의 외면과 절대 비교하지 마라.

— 앤 라모트Anne Lamott

연구 결과, 자기 자비는 확실히 수치심이나 자존감보다 훨씬 더 효과적이고 건전한 접근 방식으로 드러났다. 자기 자비가 높으면 우울감, 불안감, 스트레스를 덜 느끼고 행복감과 삶의 만족도, 낙관론, 회복력, 수행력이 더 높게 나타난다.[1]

그런데 내가 자기 자비를 수행하라고 제안하면 선뜻 호응하지 않는 사람들이 있다. 그들은 자기 자비가 실수에 대한 책임을 면해 줘서 변화를 꾀하려는 욕구와 동기를 잃을까 봐 두려워한다.

이러한 두려움은 이해할 만하지만, 사실이 아닌 허구에 기반을 두고 있다. 이 장에서 나는 자기 자비와 관련된 여러 의혹이 근본적으로 틀린 이유를 설명할 것이다. 그런 다음, 자기 자비를 실천할 방법과 우리 안에 있는 이 귀중한 자원을 구축할 방법을 더 자세히 살펴볼 것이다.

자기 자비와 관련한 여러 의혹

| 자기 자비는 동기를 약화시킨다 |

우리는 스스로 세운 기준에 부응하지 못한 자신을 비판하지 않으면 변화를 꾀하려는 동기를 잃을 거라고 믿는다. 그런데 이러한 믿음은 자기 자비를 방해하는 가장 큰 장애물 중 하나이다.

과학적 연구는 이러한 믿음과 상반된 결과를 보여준다. 자기 자비는 우리에게 동기를 부여하는 데 최적의 정신적·신체적 환경을 제공하고, 어려운 문제에 맞서는 데 필요한 안전감과 격려를 제공한다.

헬렌 록클리프Helen Rockliff와 동료들이 실시한 연구에서, 참가자들은 힘거운 상황을 상상하도록 요청받았다.[2] 참가자들 중 절반은 그 상황의 세부 사항을 곰곰 생각하도록 홀로 남겨졌고, 나머지 절반은 연구진에게 "당신이 크나큰 자비의 수혜자라고 생각하세요. 당신에게 쏟아지는 자애를 느껴보세요."라는 이야기를 반복해서 들었다.

자신을 자비롭게 대하라는 이야기를 들은 참가자들은 코르티솔 수치가 더 낮았는데, 이는 힘거운 상황을 상상하면서 받는 스트레스 수준이 더 낮았음을 가리킨다. 활동이 끝난 후, 자기 자비 그룹은 심박계로 측정된 안전감 수준도 더 높은 것으로 나타났다.

| 자기 자비는 이기적이다 |

잭슨이 다섯 살 때 비행기를 함께 타고 가다 겪은 일화가 기억난다. 이륙 직후, 승무원이 우리 좌석으로 와서 비상 상황이 발생하면 내 산소마스크를 **먼저** 착용한 뒤에 잭슨에게 산소마스크를 채워주라고 말했다. 승무원이 우리 얘기를 못 들을 정도로 멀찍이 물러나자 잭슨이 불안한 눈으로 나를 쳐다보며 말했다.

"엄마, 진짜로 엄마 마스크를 먼저 착용하는 건 아니죠, 그렇죠?"

나는 잭슨에게 너를 세상 그 누구보다 사랑하지만, 내 산소마스크를 먼저 착용하지 않으면 너를 도와주지 못할 테고 그러면 우리 둘 다 위험에 처할 거라고 차분히 설명했다. 아들을 돌볼 최선의 방법은 먼저 나를 돌보는 것이다.

자기 자비를 이기심에 결부시키는 사람이 의외로 많다. 이 역시 연구 결과는 정반대로 나타난다. 텍사스 대학 오스틴 캠퍼스의 교수들은 1년 이상 연인 관계를 이어온 커플을 100쌍 이상 모집했다.[3] 연구 결과, 자기 자비를 실천하는 사람은 자기비판적인 사람보다 더 배려하고 받아들이며 존중한다고 각 커플의 파트너가 묘사했다. 반면, 자기비판적인 사람은 더 고립적이고 공격적이며 통제한다고 했다.

우리 몸은 이러한 사실을 익히 알고 있다. 그렇기 때문에 우리 몸에서 가장 중요한 근육인 심장은 자체에 혈액을 순환시키고 나서야 나머지 신체로 내보낸다. 자기 자신을 먼저 돌봐야 한다는 사실을 아는 것이다. 이기적인 게 아니라 참으로 현명한 처신이다. 우리가 우리 자신을 적절히 돌보고 우리의 니즈를 충족할 수 있을 때, 남을 도와줄 여유가 생기는 것이다.

| 자기 자비는 제멋대로다 |

자기 자비는 우리를 하루 종일 소파에 누워 달달한 과자나 먹으며 빈둥거리게 한다는 의혹도 널리 퍼져 있다. 그야말로 터무니없는 주장이다. 연구에 따르면, 자기 자비를 실천하는 사람은 그렇지 않은 사람보다 운동과 성행위와 식습관을 더 건전하고 건강하게 실천한다.

5장의 다이어트 연구에서 논의했듯이, 자기 자비는 건강식을 섭취하려는 좋은 의도를 자꾸만 훼손하는 수치심과 자기 판단에서 우리를 해방시킨다. 자신을 아끼고 배려할 때, 자신을 제대로 돌볼 가능성이 더 크다.

>> 자신을 아끼고 배려할 때, 자신을 제대로 돌볼 가능성이 더 크다.

| 자기 자비는 책임감과 성실성을 약화시킨다 |

자기 자비는 매번 자신을 '용서하는' 식으로 책임을 회피하고 행동의 결과를 외면하게 한다고 우려하는 사람이 있다. 자기 자비는 책임을 모면하게 하기는커녕 자기 가치를 훼손하지 않으면서 부정적 자질에 정면으로 맞설 안전지대를 제공한다. 우리는 그 안에서 자신을 돌아보고 객관적으로 평가할 수 있다. 나아가 자신의 실수를 제대로 인식하고 바로잡으면서 성장할 수 있다.

예를 들어 UC 버클리의 연구진은 학생들에게 시험에서 부정행위를 저지르거나 연인에게 거짓말을 하거나 나쁜 말을 하는 등 최근 들어 죄책감을 느꼈던 행동을 들려 달라고 요청했다.[4] 그런 다음, 학생들에게 다음과 같은 세 가지 지침 중 하나를 제시했다. (1) 자비롭고 이해심 넘치는 친구의 관점에서 3분 동안 자기 자신에게 글을 써라. (2) 자신의 긍정적 자질에 대해 글을 써라. (3) 자신이 좋아하는 취미 활동에 대해 글을 써라. 마지막으로, 연구진은 학생들과 인터뷰를 실시했다.

자비로운 친구의 관점에서 자신에게 글을 쓴 학생들은 자신의 행동을 사과하고 그런 행동을 반복하지 않겠다는 마음이 더 강했다. 자신의 잘못을 자비로운 마음으로 인정할 때 우리는 실수에서 배우고 그 실수를 책임질 수 있다.

| 자기 자비는 약하다 |

널리 퍼져 있는 마지막 의혹은, 자기 자비가 우리를 나약하게 하거나 수동적으로 행동하게 한다는 것이다. 실상은 정반대다. 어려운 시기를 지날 때 자기 자비는 힘과 회복력의 대단히 강력한 출처이다. 아프가니스탄에서 돌아온 군인들을 상대로 실시한 연구에서,

마음챙김: 뇌를 재설계하는 자기연민 수행

자신의 불안감과 두려움을 진심으로 의식하고 자신에게 호의를 베풀도록 자기 자비를 익힌 군인들은 PTSD 수치가 더 낮았다.[5]

애리조나 대학의 데이비드 스바라^{David Sbarra}와 동료들도 비슷한 연구를 실시했다. 그들은 트라우마의 일종인 이혼 상황에서 자기 자비가 사람들의 적응력을 얼마나 돕는지 조사했다.[6] 결별에 대해 이야기할 때 자기 자비를 더 많이 드러낸 참가자들이 더 건강하고 행복했다. 이러한 효과가 9개월 뒤에도 이어졌다. 간단히 말해, 그들은 회복력이 더 좋았다.

자기 자비의 세 가지 요소

이렇게 귀중한 자원을 개발하려면 마음챙김, 호의, 보편적 인간성 등 크리스틴 네프가 설명하는 세 가지 핵심 요소를 알아야 한다.

1. 마음챙김

일단 아픔을 인식해야 치료를 시작할 수 있다. 대체로 육체적 고통을 두고선 당연히 그렇다고 생각한다. 그런데 정신적 고통이나 정서적 고통 앞에선 선뜻 수긍하지 못한다. 우리가 두려워하거나 싫어하는 것을 외면하게 하는 방해물이 너무 많기 때문이다. 마음챙김은 우리가 습관적으로 수치심이나 회피 반응에 굴복하는 대신,

아픔을 명확히 본 다음 그 아픔을 위로하고 달래도록 돕는 비판단적 '목격자 상태'가 되게 한다.

2. 호의

호의는 우리 자신을 적극적으로 달래는 과정으로, 우리가 고통에 처했을 때 우리를 지원하고 보살핀다. 그렇다고 고통을 없앨 목적으로 우리 자신을 달래는 건 아니다. 단지 **고통스럽기 때문에** 달래는 것이다. 일이 잘못되면, 우리는 고통을 억누르거나 자책하거나 문제를 성급하게 해결하려 든다. 자, 이번에도 어려움에 처한 친구를 어떻게 지원하는지 상상해보자. 당신 친구에게 그냥 다 잊어버리라고 말할 것인가? 멍청하다고 비난할 것인가? 이래라저래라 하면서 마구 소리칠 것인가? 아니면 가엾은 친구에게 호의를 베풀고, 무슨 일이 있었든 혹은 그 일로 어떤 결과가 초래됐든 아끼고 응원한다는 사실을 알려줄 것인가?

3. 보편적 인간성

보편적 인간성은 나 혼자만 고통받는 게 아님을 우리에게 상기해준다. '내' 개인적 문제 때문이라는 믿음이나 '나만' 고통받는다는 생각은 우리를 고립시킨다. 보편적 인간성은 다른 사람도 이혼하거나 아픈 자식을 돌보거나 교통체증에 시달린다는 사실을 인식하도록 한다. 자기 자비는 공통된 인간 경험에 비추어 각자의 상황을 재구성하도록 돕는다. 보편적 인간성을 인식하고 상황을 개인적으로 받아들이지 않을 때, 우리는 더 끈끈한 유대감과 편안함과 침착함을 맛볼 수 있다.

핑크
리본

싱글맘인 사만다는 나와 함께 심리 치료를 시작할 당시 유방암 진단을 막 받은 상태였다. 양측 유방 절제술을 앞두고서 수술에 대한 불안감에 더해 자신의 외모와 유방암 재발 가능성, 치료비에 대한 걱정이 이만저만이 아니었다. 더 큰 걱정은 이제 열네 살과 열한 살인 두 딸의 앞날이었다. 친정 부모도 너무 연로하고 전남편과 연락도 끊겨서, 사만다는 혼자서 어떻게 감당할지 앞이 캄캄했다.

사만다는 나와 함께 자기 자비의 세 요소를 수행하고 또 수행했다. 자신의 두려움과 괴로움을 유념하면서 슬픔과 걱정과 아픔을 외면하는 대신, 있는 그대로 인정했다. 그런 노력 덕분에 사만다는 아픔을 호의의 눈길로 어루만질 수 있었다.

"그래, 난 피하지 않을 거야. 난 널 사랑하고 이 모든 걸 다 이겨낼 때까지 너와 함께 있을 거야."

나는 사만다가 보편적 인간성에 대한 인식을 넓혀서 유방암으로 고생하는 수백만 여성에게 마음을 열도록 유도했다. 사만다는 그들 하나하나에게 다가가 포옹할 수 있다면 어떤 기분일지, 그리고 그들의 자비로운 포옹을 받으면 어떤 기분일지 상상했다.

사만다는 수행을 계속하면서 점차 자신의 진단과 치료, 미래의 불확실성을 마주할 내면의 회복력을 키워나갔다. 다른 여성들과 연결되면서 자연스럽게 그들을 향한 자비를 느꼈고, 똑같은 마음을 자기 자신에게도 느낄 수 있었다. 그들의 치유를 바라는 것처럼 자신의 치유도 간절히 바랐다.

수술 전날, 사만다는 핑크 리본을 단 사람을 보면 그들도 한마음으로 응원한다는 걸 알게 됐다고 내게 말했다. 이 여정에서 혼자가 아님을 깨달은 것이다. 더 나아가 자신이 내부의 협력자가 될 수 있다는 보편적 진리도 확실히 깨달았다.

살다 보면 누구나 사만다처럼 갖가지 난관과 갈등과 비극에 직면한다. 자기 자비는 어려운 시기에 처한 자신을 위로할 뿐만 아니라 더 강하고 현명한 사람이 될 역량을 키우도록 한다.

"내가 넘어져야 한다면 넘어지게 하소서. 장차 내가 될 사람이 날 붙잡아 줄 테니."

18세기에 활동한 랍비, 바알 셈 토브^{Baal Shem Tov}가 한 말이다. 살다 보면 넘어질 수 있다. 사만다가 그랬던 것처럼, 우리는 용기와 자비와 배려의 마음으로 우리를 붙잡아줄 사람이 되기 위한 수행을 실천해야 한다. 그게 가장 중요하다.

간혹 기분이 나아지기에 앞서
더 나빠지는 이유

자기 자비를 수행할 때 격한 감정이 울컥 치밀기도 한다. 그럴 수 있다. 자기 자비는 가장 고통스럽고 상처 받기 쉬운 기억과 경험을 간직한 곳으로 우리를 데려간다. 자기 자비를 수행하면 이러한 아픔의 덮개가 벗겨져 의식 표면으로 떠오르게 된다.

《The Mindful Self-Compassion Workbook》라는 멋진 책에서, 공동 저자인 크리스틴 네프와 크리스토퍼 거머Christopher Germer는 이러한 현상에 대한 통찰력과 확신을 제공한다.

우리 마음은 흔히 평생토록 쌓이고 쌓인 고통으로 화끈거린다. 그래서 우리 자신을 보호하려고 스트레스를 안기거나 고통스러운 경험을 아예 차단해버린다. 그런데 우리가 마음의 문을 열고 자기 자비의 신선한 공기를 집어넣으면, 누적된 고통과 두려움이 밖으로 나올 가능성이 커진다.[7]

이런 일이 당신에게 실제로 일어난다면, 격한 감정이 울컥 치미는 게 당연하다. 그런 감정을 느끼는 당신 자신에게 자비를 베풀어야 한다. 열린 마음과 호기심을 품고 그 감정을 탐색하는 데 마음챙김을 활용할 수 있다. 감당하기 어려울 정도로 괴로우면, 잠시 멈추고 이렇게 되뇌어라.

'아, 정말 너무 힘들구나. 잠시 멈추고 쉬어야겠어. 나중에 준비가 되면 다시 살펴볼 수 있어.'

자기 자비는 즉효약이 아니다. 억지로 밀어붙인다고 금세 좋아지지 않는다. 자기 자비에는 끈기와 용기와 믿음이 필요하다. 수행 과정을 신뢰하고, 자기 자비와 호의의 태도로 조금씩 나아가도록 하라. 멈추었다가 언제든 다시 시작할 수 있다.

수행: 실생활에서 자기 자비 수행

당면한 어려움을 한 가지 떠올려보라. 아이와 갈등을 겪고 있거나 직장에서 마감 시간을 지키지 못해 상사나 동료에게 뭐라고 말할지 막막한 상태일 수 있다. 아니면 야식 습관 때문에 고민할 수도 있다. 뭐가 됐든 꼭 해결하고 싶은 어려움을 한 가지 선택하라.

마음챙김: 상황을 가능한 한 분명하고 객관적으로 적어보라. 적으면서 어떤 기분이 드는지 주목하라. 당신의 감정을 유념하고 그로 인한 신체 반응, 가령 목이 막히거나 가슴이 답답한지 잘 살펴보라. 아울러 그 일로 당신 자신을 어떻게 평가하고 있는지도 잘 살펴야 한다. 눈에 띄는 점은 뭐든 기록하라.

호의: 이 상황에 맞닥뜨린 당신 자신에게 해줄 수 있는 친절한 말을 적어보라.

"정말 괴롭겠다. 내가 너랑 함께 있어 줄게."

"아들 일로 걱정이 이만저만이 아니구나. 어쩌겠어, 자식 일인데."

"누구나 실수를 저질러. 그러면서 배우는 거야."

"그렇게 과식하는 건 네가 외롭기 때문이야. 난 늘 네 곁에 있어."

친절한 말을 적으면서 잠시 멈추고 가슴을 토닥토닥 두드리고 싶을 수도 있다.

보편적 인간성: 살다 보면 누구나 힘든 일이 생기고 두렵거나 좌절하거나 슬픈 기분이 들 수도 있음을 당신 자신에게 상기해주라. 지금 이 순간 비슷한 상황에 처해 있을 다른 사람들을 떠올려보라. 어떤 기분이 드는가? 그 기분을 적어보라.

"아들과 다툰 후에 마음이 괴로운 건 당연해. 다른 부모들도 자식 문제로 속을 썩고 있어."

당신과 같은 상황에 처한 사람들을 떠올릴 때, 당신 자신과 그들에게 자비와 호의를 베풀도록 하라.

"내 아들을 끔찍이 사랑해. 혹시라도 아들이 다칠까 봐 너무 걱정돼. 다른 부모들도 자식들 걱정으로 한시도 편할 날이 없을 거야. 나를 비롯해서 이 세상 모든 부모에게 자비의 마음을 보낼 거야."

| 금언 |

잠시 멈추고 이 장의 핵심 사항을 곰곰 생각한 다음, 평생 마음에 새기고 싶은 금언을 한 가지 골라보라. 골랐으면 일지에 기록하라. 몇 가지 예를 들면 다음과 같다.

· 당신은 내부의 협력자가 될 수 있다.

· 당신만 고통에 시달리는 게 아니다.

· 자기 자비는 강력하다.

07

힘든 시기를 이겨낼 여섯 가지 수행

+ + +

당신보나 느리게 운전하는 사람은 멍청이고,
당신보다 빠르게 운전하는 사람은 미치광이라고 생각한 적이 있는가?
– 조지 칼린George Carlin

마음은 제자리에 있지만, 그 자체가 지옥 같은 천국이 될 수도,
천국 같은 지옥이 될 수도 있다.
– 존 밀턴John Milton, 《실낙원Paradise Lost》 중에서

이삼 년 전, 부탄 왕국에 방문하여 국민총행복지수Gross National Happiness Index 프로젝트의 사무국장과 협업한 적이 있다. 당시 부탄의 왕자를 포함한 정부 관료들과의 만찬 일정도 포함되었다. 아름다운 만찬장에 들어섰더니, 널찍한 둥근 테이블이 여덟 개 놓여 있었다. 양초와 화려한 꽃 장식으로 꾸며진 테이블마다 부탄의 고위 인사가 한 명씩 참석해 자리를 빛내줄 거라고 했다. 나는 군경軍警의 수장과 함께 앉도록 배치되었다.

솔직히 말하면 살짝 실망스러운 마음이 들었다. 군대? 경찰? 마음챙김과 자비를 연구하는 사람을 군경의 수장과 한 테이블에 배치

했다고? 아니, 나를 왜 보건이나 교육, 복지 관련 수장과 한자리에 배치하지 않았을까?

나는 실망스러운 마음으로 경찰국장 옆자리에 앉았다. 우리는 한동안 입을 열지 않았다. 한참 만에 내가 부탄의 군대와 경찰에 대해 들려 달라고 부탁했다. 그러자 그가 환한 미소와 반짝이는 눈빛으로 입을 열었다.

"우리 나라에서 경찰은 부모이자 스승, 도우미이자 보호자로 여겨집니다. 국민에게 그들의 가치를 상기해주고, 타인을 대하는 법과 자신을 갈고닦는 법도 상기해줍니다."

경찰국장은 계속해서 부하들을 어떻게 훈련시키는지 들려준 뒤, 한마디를 진지하게 덧붙였다.

"자비심이 없는 경찰은 대단히 위험합니다."

나는 눈물이 핑 돌았다. 그의 지혜에 감동하는 한편, 쓸데없는 선입견 때문에 괜히 스트레스를 느꼈던 나 자신을 반성했다.

우리는 스트레스를 우리 밖에서 벌어지는 일, 즉 우리**에게** 벌어지는 일로 생각하곤 한다. 하지만 연구에 따르면, 스트레스 요인이 아니라 그 요인을 **인지하는** 방식이 괴로움의 정도를 결정한다.

우리는 난관을 통제할 순 없지만, 그 난관을 어떻게 인지하고 대응할지 선택할 수 있다. 명상 지도자인 사치다난다Satchidananda는 이렇게 말한다.

"당신은 파도를 막을 순 없지만, 파도 타는 법을 배울 순 있다."[1]

탁월한 기술로 인생의 파도를 멋지게 타고 넘을 수 있도록 지금부터 마음챙김에서 비롯된 여섯 가지 마음가짐과 수행을 하나씩 탐색해보자.

수용의 힘: 저항하면 더 끈질기게 들러붙는다

야외 수업에서 교사가 커다란 바윗덩어리를 가리키며 학생들에게 말했다.

"얘들아, 저 바윗덩어리 보이지?"

"네, 선생님. 잘 보여요."

학생들이 대답했다. 교사가 다시 물었다.

"저 바윗덩어리가 무거울까?"

"아, 그야 당연히 무겁죠."

학생들의 대답을 듣고 교사가 말했다.

"너희가 집어 들지 않으면 안 무거워."

살다 보면 불가피하게 '바윗덩어리'에 부딪칠 때가 있다. 예고도 없이 우리 앞에 뚝 떨어졌든, 내심 떨어질걸 예상했든, 우리에겐 저항하느냐 아니면 수용하느냐 두 가지 선택지가 있다.

참으로 역설적이게도, 마음챙김에서는 고통을 수용하면 괴로움이 줄어든다. 고통에 저항하면 괴로움이 점점 더 누적되고 커진다. 마음챙김은 우리가 살면서 부딪치는 바윗덩어리를 어떻게 수용할지 알려준다.

>> 역설적이게도 마음챙김에서는 고통을 수용하면 괴로움이 줄어든다.

분명히 말하지만, 수용은 수동적 체념이 아니다. 인정이나 무관심이나 패배도 아니다. 수용은, 현재 벌어지는 일을 그냥 받아들인다는 뜻이다. 그 일이 좋거나 아무래도 상관없거나 다 포기해서가 아니라 **이미 벌어지고 있기** 때문이다. 수용은, 우리가 명확하게 보고 효과적으로 대응할 방법을 결정할 수 있도록 눈을 크게 뜨고 바윗덩어리를 똑바로 바라본다는 뜻이다.

우리는 살면서 고통을 당하고 가족과 친구를 잃고 병에 걸리고 나이 들어 끝내 죽는다. 우리가 사랑하는 사람들도 다 그렇다. 인생에서 고통pain은 피할 수 없지만, 괴로움suffering은 선택하지 않을 수 있다.

>> 고통pain은 피할 수 없지만 괴로움suffering은 선택하지 않을 수 있다.

고통과 괴로움을 구분할 수 있다니, 무슨 소린가 싶을 것이다. 어떻게 그럴 수 있을까? 고통에 대한 우리의 평소 반응을 잠시 생각해보라. 우리는 원하는 결과를 얻기 위해 우리 앞에 떨어진 바윗덩어리와 씨름하느라 시간과 에너지를 쏟아붓는다. 그래서 결국 어떻게 되는가? 그 바윗덩어리를 원하는 위치로 기어이 옮겨 놓고 흐르는 땀을 닦은 뒤 뻥 뚫린 것 같은 길을 따라 성큼성큼 걸어가다가… 그러다 쿵! 하고 또 다른 바윗덩어리에 부딪힌다. 우리는 또다시 비지땀을 흘리면서 밀고 당겨 그것을 원하는 위치로 옮겨 놓는다. 그리고… 또 쿵!

대다수는 인생이 원래 그렇다는 걸 깨닫지 못한다. 잠시나마 우리가 원하는 방식으로 현실을 비틀고 구부릴 수 있다 하더라도 다음 순간 상황이 또 바뀐다. 자연의 기본 법칙이 원래 그렇게 돌아간다. 세상 만물은 수시로 변한다. 이런 현실에 저항하면 괴로울 수밖에 없다.

수용은 괴로움을 이겨낼 특효약이다. 괴로움에 짓눌리지 않고 그 경험을 **이해하도록** 돕기 때문이다. 수용은 벌어지는 일과 우리의 관계를 바꾸고, 불가피한 고통과 선택적 괴로움을 분리한다. 특정 순간에 얼마나 괴로운지는 우리가 그 고통에 얼마나 저항하느냐에 따라 달라진다. 명상 지도자인 신젠 영^{Shinzen Young}에게 배운 간단하면서도 강력한 방정식으로 이를 나타낼 수 있다.[2]

괴로움 = 고통 × 저항 (Suffering = Pain × Resistance, S = P × R)

수학적 관점에서, 어떤 숫자에 0을 곱하면 결국 0이 된다. 우리가 고통에 전혀 저항하지 않으면 괴로움을 겪을 일이 없다. 그렇다고 고통을 경험하지 않는다는 뜻은 아니다. **적어도 우리가 겪는 괴로움은 통제할 수 있다는 뜻이다.**

가령 교통 체증에 걸리면 우리는 흔히 짜증을 내면서 다른 차들이 얼른 비켜주길 바란다. 아울러 "내가 왜 이 길을 택했을까? 왜 미리 교통 상황을 확인하지 않았을까?"라고 생각하며 좌절하기도 한다. 교통 체증이라는 **고통**에 압도되어 분노와 자기 판단의 안개 속으로 휘말려 들어간다. 안 그래도 **괴로운데** 묵직한 바윗덩어리를 더 얹는 셈이다.

현실에 저항하며 상황을 더 악화시키는 대신, 수용하면서 난관에 맞서도록 우리 자원을 활용해보라. 그러면 교통 체증에 걸렸다는 부정할 수 없는 사실에 분노를 느끼지 않고 현실을 있는 그대로 수용할 수 있다.

질주하는 생각의 속도를 늦추면, 차창으로 쏟아져 들어오는 햇살에 눈길이 갈 것이다. 다른 운전자들을 돌아보며 그들도 무척 좌절했음을 알아차릴 수도 있다. 그들의 관점에서 보면, **우리가 그들의 속도를 늦추는 것이다!** 우리는 모두 한배를 타고 있다.

빡빡한 하루 일정을 시작하기 전에 잠시 마음의 여유를 누릴 수도 있다. 심호흡을 하면서 우리 몸이 편안해지는 걸 느낄 수도 있다.

그렇다고 마음만 먹으면 뭐든 쉽게 수용할 수 있다고 주장하는 건 아니다. 살면서 겪는 온갖 사건은 분명히 단순한 교통 체증보다 훨씬 더 힘들고 복잡하다. 하지만 인생의 종착점에 이른 순간에도, 우리에게는 그 상황을 어떻게 인지하고 어떻게 대응할지 선택권이 있다. 저항은 더 많은 괴로움을 초래하지만, 수용은 평온함과 가능성을 안겨준다.

현실을 있는 그대로 받아들임으로써 우리는 다시 상황을 주도할 수 있다. 젠 호스피스 프로젝트^{Zen Hospice Project}의 창시자인 프랭크 오스타세스키[Frank Ostaseski]는 그 점을 대단히 멋지게 표현했다.

"수용은 체념이 아니다. 수용은 가능성의 문을 여는 것이다."[3]

수행: 수용

가만히 앉아서 몸과 마음을 편히 쉬도록 하라. 수용의 힘을 기르겠다고 **의도**를 정해라. 호의와 호기심의 **태도**로 현재 순간에 **주의**를 기울여라. 저항을 줄이고 수용을 키우는 데 도움이 될 만한 고통스러운 일화를 한 가지 의도적으로 떠올리도록 하라.

당신의 저항은 어떤 식으로 나타나는가? 분노 폭발? 자기 파괴적 행동? 회피? 너무 많이 자거나 적게 자거나, 혹은 너무 많이 먹거나 적게 먹는 등의 신체 증상으로? 그도 아니면 상황을 통제하거나 강요하는 식으로? 호의와 호기심의 태도로 자신에게 물어보라.

"내 저항이 내게 그리고/또는 타인에게 어떤 식으로 더 큰 괴로움을 야기하는가?"

당신은 그 일이 벌어지길 원하지 않았지만 어차피 벌어졌으니, 그 일을 더 많이 수용하면 기분이 어떨지 주의를 기울여보라. 어떻게 대처하면 가장 좋을까? 수용하기로 의도한 뒤에 어떤 기분이 드는지 잠시 주목하라. 그러고 나서 준비가 되면 숨을 더 깊이 들이마셨다가 내뱉은 뒤, 살며시 눈을 떠라.

이 수행으로 얻은 경험과 통찰을 기록하라. 당신은 어떤 점에 주목했는가? 고통과 관계 맺는 방식을 바꾸니까 마음으로 느끼는 괴로움의 정도가 달라졌는가?

감정
조절의 힘

《EQ 감성지능Emotional Intelligence》의
저자 대니얼 골먼Dan Goleman에 따르면, 스트레스 상황이나 힘겨운 상
황은 흔히 '편도체 납치amygdala hijack'*를 일으킨다.[4] 편도체는 우리 뇌
의 측두엽 깊숙한 곳에 자리 잡은 아몬드 모양의 덩어리로, 조기 경
보 감시병 역할을 한다. 스트레스를 일으키는 일이 발생한 순간, 편
도체가 시상하부에 위험 신호를 보낸다. 그러면 우리 몸의 운영 체
계인 시상하부가 반사적으로 교감신경계의 투쟁-도피fight or flight 반
응을 촉발시킨다.

생물학적으로 진화된 이 과정은 우리가 마주 오는 차를 피할 때
나 미끄러운 스마트폰이 변기에 떨어지기 전에 잡아야 할 때는 무
척 유용하다. 하지만 약간의 논리만 있어도 상황을 더 좋게 할 수
있는 경우에는 그야말로 곤란하다.

감정을 조절하도록 배우면 편도체 납치를 예방할 멋진 도구를
갖출 수 있다. 그렇다고 당신의 감정을 무시하거나 억누르거나 함
부로 제거한다는 뜻은 아니다. 실제로 감정을 억누르면 역효과를
낼 수 있다는 연구 결과도 있다. 스탠퍼드 대학의 제임스 그로스
James Gross 교수는 사람들이 부정적 감정을 억누르려 해도, 실제론 억

---

* 　편도체 납치: 편도체가 이성적인 두뇌를 납치했다는 뜻으로, 즉 이성과 감정의 사고를 담당하는
　 대뇌피질(전두엽)이 통제권을 상실하고, 편도체의 흥분이 범람해 스스로를 조정할 수 없는 상태
　 에 빠지게 되는 현상이다. -편집자주

누르지 못한다는 사실을 알아냈다.[5] 그들은 감정을 억눌러서 겉으론 멀쩡해 보인다고 생각했지만, 속으론 전혀 아니었다. 감정을 억누르지 않은 사람들과 마찬가지로, 감정을 다스리는 변연계가 똑같이 작동했고 어떤 경우엔 더 활발하게 작동하기도 했다.

컬럼비아 대학의 케빈 옥스너Kevin Ochsner 교수는 fMRI를 이용해 뇌 활동을 연구하여 똑같은 결과를 얻었다.[6] 요점은 어떤 감정을 느끼지 않으려는 노력은 효과가 없으며, 경우에 따라선 상황을 더 악화시키기도 한다는 것이다.

감정을 억제하는 게 효과가 없다면, 감정을 조절할 최선의 방법은 무엇인가? 해답은 감정을 인지하고 그 감정에 이름을 붙이는 것이다. 이는 **감정 조율**emotional tuning을 통해 이루어진다. 흥미롭게도 우리는 어떤 감정이 존재하는지 알아차리기도 전에 몸으로 먼저 느낀다. 정말로 그렇다. 바깥 피질outer cortex은 생물학적으로 발달된 영역으로 의식적 사고와 인식을 담당하는데, 이 바깥 피질과 중뇌 깊은 곳에 자리 잡은 감정 중추 사이에는 직통로가 없다. 그래서 감정은 중뇌에서 몸으로, 몸에서 피질의 의식 속으로 이동한다.

인지 뇌cognitive brain가 가장 늦게 알아차린다면 우리 감정을 어떻게 조절할 수 있을까? 감정 조율을 이용하면 된다. 우리는 뇌가 몸에서 발현되는 감정을 감지하고 이름을 붙임으로써 그 감정을 인식하도록 훈련시킬 수 있다.

연구에 따르면, 이렇게 간단하지만 유념하는 방식으로 인지 뇌가 감정을 인식하도록 훈련하면 편도체 납치를 차단할 수 있다.

마음챙김: 뇌를 재설계하는 자기연민 수행

매튜 리버먼Matthew Lieberman과 데이비드 크레스웰David Creswell은 UCLA 학부생을 대상으로 관련 연구를 실시했다. 그들은 MRI 스캐너에 학생을 눕혀 놓고 갖가지 감정이 실린 얼굴 이미지를 보여주었다.[7] 학생들은 얼굴의 성별 **또는** 얼굴에 실린 감정을 파악하도록 무작위로 요청받았다. 리버먼과 크레스웰은 흥미로운 패턴을 발견했다. 성별을 파악할 때와 얼굴 표정에 실린 감정을 파악할 때 학생들의 뇌 반응이 뚜렷하게 달랐다.

학생들이 분노, 두려움, 흥분, 행복 같은 감정의 이름을 붙였을 때, 뇌 스캔에서 **편도체가 차분하게 진정되었음**이 드러났다. 감정을 파악하고 이름을 붙이는 과정에서 자신의 감정적 반응성에 제동을 걸었던 것이다.

이렇게 유념해서 감정을 파악하는 과정을 '정서 명명하기name it to tame it'라고 한다. 감정이나 몸의 감각을 묘사하는 데는 몇 마디면 족하다. 예를 들어 "무서워.", "목이 꽉 조이는 것 같아.", "어깨가 뻣뻣해."라고 하면 된다.

정신적으로 주목하거나 이름을 붙이는 이러한 과정은 우리의 전두엽 피질을 활성화한다. 이는 다시 감정적 반응성을 야기하는 변연계의 급격한 반응을 줄이도록 돕고, 몸과 피질 사이의 경로를 강화한다. 우리는 감정 조율을 통해 긍정적이거나 부정적인 기분에 대한 주요 정보에 접근할 수 있다. 그 결과, 우리가 느끼는 기분을 의식적으로 파악해 현명하게 대처할 수 있다.

아울러 현재 벌어지는 일과 그 일에 대한 반응 사이에 짬이 생긴다. 그 귀한 시간 동안 당면 과제에 대처할 든든한 협력자인 **대응 유연성**response flexibility을 기를 수 있다. 감정에 이름을 붙이기만 하는 데도 우리는 감정적 반응성에서 벗어나고, 여러 숙련된 반응들 중에서 의식적으로 하나를 선택할 유연성이 생기는 것이다.

우리는 스트레스를 없앨 순 없지만, 반복된 수행으로 감정을 파악하고 조절하도록 우리 자신을 훈련할 순 있다. 그 덕에 더 명확하고 지혜롭고 행복하게 살아갈 수 있다.

> » 스트레스를 없앨 순 없지만,
> 반복된 수행으로 감정을 파악하고 조절하도록 우리 자신을 훈련할 순 있다.
> 그 덕에 더 명확하고 지혜롭고 행복하게 살아갈 수 있다.

수행: 감정 조절

눈을 감고 마음을 차분히 가라앉혀라. 감정을 조절할 역량을 키우겠다고 **의도**를 정하라. 호의와 호기심의 **태도**로 지금의 순간에 **주의**를 기울여라. 스트레스를 유발하는 상황을 가만히 떠올리도록 하라.

떠오르는 감정에 주목하라. 당신이 느끼는 감정을 파악하고 이름을 붙이는 데 도움이 되도록 몸으로 발현되는 감각을 활용하라. 가령 이를 악물거나 목이 막히거나 호흡이 얕아지지 않았는가? 이는 감정이 몸으로 발현되는 다양한 방식 중 하나다.

당신이 경험한 감정(들)과 그에 수반된 신체적 감각을 주목한 다음, 일지에 기록하라. 목록을 검토할 때 다음에 제시하는 세 가지 리마인더를 마음에

마음챙김: 뇌를 재설계하는 자기연민 수행

새기도록 하라. 감정을 인식하고 이름을 붙이도록 지속적으로 도와줄 것이다.

1. 어떤 감정이 느껴질 때는 그만한 이유가 있음을 명심하라

감정은 흔히 임박한 화재 위험을 알려주는 화재경보기와 같다. 그 감정을 무시하거나 억누르면 더 큰 문제로 이어질 수 있다.

2. 감정은 대개 30초에서 90초 정도 지속되는 시한부 현상임을 명심하라

감정은 파도와 같아서 한껏 일렁이다 결국 사그라진다. 고통스러운 기분이 영원히 지속되지 않는다는 점을 명심한다면, 다스리기가 한결 쉬워질 것이다.

3. 온갖 감정을 호의와 호기심의 태도로 맞이해야 한다는 점을 명심하라

몸으로 나타나는 증상을 판별할 수 있는지 보라. 가령 슬픔을 목이 막히는 증상으로 느끼거나 두려움을 복부가 뒤틀리는 증상으로 느낄 수 있다. 감정은 저마다 표출되는 방식이 있다. 어떤 감정이든 호의의 태도로 반갑게 맞이할 수 있는지 보라.

관점 전환의 힘

마음챙김 수행을 통해 개인적 주관성에서 일반적 객관성으로 관점을 전환할 수 있다. 자기중심적 서술에 몰입하는 대신, 한 발 물러나서 담담하게 상황을 목격할 수 있다.

생각과 기분, 신체 감각과 이야기를 관찰하도록 배우면 우리는 거기에 전적으로 매몰되거나 융합되지 않는다. 정신과 의사인 아서 데이크먼Arthur Deikman이 말하는 '관찰하는 자아observing self'를 강화하는 것이다.[8]

관찰할 때 우리는 '감각과 생각과 기분에 대한 **인식**이 감각과 생각과 기분 그 자체와 다르다'는 점을 발견한다.[9]

자기중심적 관점에서 목격자 상태로 전환하는 것은 상황을 명확하게 보고 어떤 방향으로 나아갈지 선택하는 능력을 키워준다. 이 능력은 우리가 배우고 성장하는 데 핵심 역할을 담당한다.

훌륭한 수학 교수인 내 할아버지가 골관절염으로 고생할 때, 나는 이런 식의 강력한 행동 전환을 목격했다. 할아버지는 지금까지 집안의 가장으로서 늘 굳세고 활달했으며, 뭐든 척척 해결해냈다. 그런데 이젠 고통에 끊임없이 시달리며 갈수록 쇠약해졌다. 괴로워하는 할아버지를 지켜보는 게 안타까워 어떻게든 돕고 싶었다.

나는 할아버지에게 통증을 다스릴 방법으로 마음챙김 수행을 배워볼 의향이 있는지 여쭤봤다. 여든 살의 할아버지는 스물아홉 살 손녀의 제안에 흔쾌히 응했다.

몇 주 동안 수행하면서 할아버지는 점차 고통스러운 신체 감각을 인식과 분리할 수 있게 되었다. 얼마 더 지나서, 할아버지는 마음챙김에 대한 대단히 심오한 통찰까지 얻었다.

"내 안에서 고통을 바라보는 부분은 고통을 겪는 부분이 아니란다. 고통을 인식하는 부분은 고통에 시달리지 않으니까.”

이러한 구별은 매우 중요하며, 신체적 고통에만 적용되지 않는다. 가령 내가 슬픔을 인식한다면, 내 **인식**은 슬프지 않다. 불안감도 마찬가지다. 분노나 외로움도 마찬가지다.

속으로 얼마나 분노하든, 당신이 분노했다고 아는 부분은 그 분노와 떨어져 있다. 바로 이 부분이 당신의 분노를 헤쳐 나가도록 도와줄 것이다.

마음챙김 수행은 어떤 경험이 우리의 전부가 아님을 알아차리도록 도와준다. 경험은 밤하늘에 무수히 떠 있는 별 가운데 하나일 뿐이다. 인식이야말로 **전체** 하늘을 가리킨다.

이러한 관점에서 보면, 고통과 슬픔과 공포가 덜 두렵다. 어떤 경험을 상대로 무작정 도망치거나 부인하거나 억누르거나 맞서 싸울 필요가 없다. 우리는 인식의 울타리 안으로 피신하도록 배워서 고통이나 슬픔이나 공포의 감정을 우리의 전체 모습으로 규정하지 않고 무수히 많은 별 가운데 하나로 바라볼 수 있다.

» 마음챙김 수행은 어떤 경험이 우리의 전부가 아님을 알아채도록 도와준다.
경험은 밤하늘에 무수히 떠 있는 별 가운데 하나일 뿐이다.
인식이야말로 **전체** 하늘을 가리킨다.

마음챙김 수행이 할아버지의 고통은 ‘치유하지’ 못했지만, 고통과 맺는 관계는 전환시켰다. 그 덕분에 할아버지는 남은 생을 다시 보람 있게 살아갈 여유가 생겼다.

할아버지와 나는 관점 전환에 관한 논문을 쓰기로 결정했다. 관점 전환이 마음챙김에서 전환적 효과transformative effects를 일으키는 핵심 기제 중 하나라고 생각했기 때문이다. 〈임상심리학 저널〉에 발표된 이 논문은 그해 가장 많이 인용된 두 논문 중 하나였으며, 지금까지 내 학술 논문 중에서 가장 많이 인용되고 있다.[10]

자신의 관점에 사로잡혀 옴짝달싹할 수 없을 때, 좀 더 객관적인 관점을 취한다면 힘든 상황을 이겨내는 데 큰 힘이 된다. 마음챙김으로 이러한 기술을 수행해 힘든 시기를 지탱할 자원을 얻을 수 있다. 이러한 자원을 강화하기 위한 간단하지만 강력한 수행을 살펴보자.

수행: 관점 전환하기

이번 수행을 위해 종이와 펜을 준비하라. 가만히 앉아 몸과 마음을 편히 쉬도록 하라. 관점 전환의 힘을 기르겠다고 **의도**를 정하라. 호의와 호기심의 **태도**로 지금의 순간에 **주의**를 기울여라. 그런 다음, 다른 사람과 갈등하는 상황을 살며시 떠올리도록 하라. 타이머를 4분에 맞춰 놓고 그 상황에 대한 당신의 생각과 기분을 적어라.

타이머가 울리면 잠시 멈추고, 당신의 몸과 호흡에 주의를 돌리며 어떤 기분이 드는지 주목하라.

다시 타이머를 4분에 맞춰라. 이번엔 당신이 갈등을 겪고 있는 사람의 관점에서 적어보라. 그 사람의 생각과 감정, 관점과 경험을 감지하려고 노력하라.

타이머가 울리면 잠시 멈추고, 당신의 몸과 호흡에 주의를 돌리며 어떤 기분이 드는지 주목하라.

마지막으로, 현명한 사람을 한 명 초대해라. 가장 현명하고 숭고한 당신의 자아일 수도 있고, 소중한 친구나 스승, 치료사일 수도 있다. 심지어 성모 마리아나 달라이 라마일 수도 있다. 눈을 감고 이 현명한 사람이 당신 옆에 앉아 있다고 상상하라. 그 사람이 한 팔을 둘러서 당신을 포근히 감쌀 수도 있다. 그들의 힘과 지혜와 자비를 느껴라. 힘겨운 이 상황에서 당신을 인도해 달라고 청하라. 그들은 어떻게 대응할까? 그들의 관점은 무엇일까? 살며시 눈을 뜨고 타이머를 4분에 맞춘 후, 현명한 사람의 눈으로 이 상황을 기록하라.

타이머가 울리면 잠시 멈추고, 당신의 몸과 호흡에 주의를 돌리며 어떤 기분이 드는지 주목하라.

관점을 전환하는 능력은 당신이 필요할 때 언제든 활용할 수 있음을 기억하라.

'공감 피로'를 덜어줄
자비의 힘

공감은 남이 느끼는 것을 자기도 그렇다고 느끼는 능력이다. 방금 한 수행에서 공감을 경험할 수 있었기를 바란다. 우리는 거울 뉴런mirror neurons이라 불리는 특별한 신경 네트워크 덕분에 이러한 능력을 갖추게 되었다.

이러한 뇌 세포는 파르마 대학교의 자코모 리촐라티Giacomo

Rizzolatti가 이끄는 일단의 신경과학자들에 의해 1990년대에 처음 발견되었다. 리촐라티가 묘사하는 것처럼, '거울 뉴런 덕분에 우리는 개념적 추론뿐만 아니라 모방을 통해서도 다른 사람들의 마음을 이해할 수 있다. 생각이 아닌 느낌만으로.'[11]

공감과 자비가 호환되어 사용될 때도 있지만, 사실 같은 말이 아니다. 공감은 남이 느끼는 것을 느끼는 능력이고, 자비는 그 사람을 돕고 싶은 욕구이다.

과학자들은 공감이 자비와 연결되지 않으면 부정적 결과로 이어질 수 있음을 알게 되었다. 우리가 고통에 처한 사람을 보면, 거울 뉴런은 뇌에서 고통을 담당하는 영역을 활성화시킨다. 그 결과, 격한 감정에 휩싸이면서 공감 피로empathy distress로 이어질 수 있다. 그렇다고 해서 마음의 문을 닫고 감정을 싹 차단할 순 없는 노릇이다.

공감의 진정한 힘은 자비로 가는 관문일 때 제대로 발휘된다. 다른 사람을 돕고 그의 괴로움을 덜어주고 싶은 욕구와 이어져야 하는 것이다. 독일의 막스 플랑크 인지 및 뇌 과학 연구소Max Planck Institute for Human Cognitive and Brain Sciences의 최근 연구에서, 타인의 괴로움에 직면했을 때 자비는 우리 뇌에서 긍정적 감정으로 나타나는 반면, 공감은 고통으로 나타난다고 드러났다.[12] 뇌 스캔 결과, 공감과 달리 자비 수행은 즐거움을 위한 뇌 회로를 강화하고 (고차원적 추론이 이뤄지는) 전두엽 피질과 뇌의 감정 중추 간의 연결을 활성화해서, 결국 사랑과 소속감과 유대감을 높이는 것으로 드러났다.[13]

자비는 이처럼 공감 피로를 상쇄할 수 있다. 공감은 타인의 고통을 이해하도록 돕는 반면, 자비는 남을 돕고자 하는 욕구를 자극해 긍정적 조치를 취할 가능성을 열어준다.

> » 공감은 타인의 고통을 이해하도록 돕는 반면,
> 자비는 남을 돕고자 하는 욕구를 자극해서
> 긍정적 조치를 취할 가능성을 열어준다.

자연스러운 공감 반응을 자비로 가는 관문으로 활용한다면, 우리는 타인의 고통에만 집중하는 대신 그 사람에게 느끼는 사랑과 염려에 주의를 집중할 수 있다. 이는 뇌의 보상 센터를 자극하고, 우리에게 고통과 피로를 유발하지 않으면서, 소중한 자원을 제공할 능력을 강화한다. 공감에서 자비로 전환하면 유대감과 배려의 감정이 일어난다. 부정적 기운이 긍정적 기운으로 바뀌는 것이다.

무슨 감정적 연금술인 것 같지만, 우리 뇌는 원래 이렇게 돌아가도록 만들어졌다. 우리는 수행을 거듭하면서 고통을 바꾸고 또 바꿀 수 있다.

수행: 자비

가만히 앉아 몸과 마음을 편히 쉬도록 하라. 자비의 힘을 기르겠다고 **의도**를 정하라. 호의와 호기심의 **태도**로 현재 순간에 **주의**를 기울여라. 주변에서 힘든 시기를 보내는 사람을 떠올리도록 하라. 잠시 이 사람의 고통을 느

끼면서 자연스럽게 공감이 생기도록 하라. 몸에서 어떻게 느껴지는지 주목하라. 목이 메거나 눈물이 핑 돌거나 가슴이 답답할 수 있다.

이제 공감의 기분을 자비로 전환하기 위해 "내가 왜 이런 고통을 느낄까?"라고 자문하라. 질문에 답하는 과정에서 십중팔구 "이 사람을 아끼고 사랑하기 때문이야."라는 사실을 알아차리게 될 것이다.

잠시 시간을 두고 그 사람을 향한 사랑을 더 깊이 느껴보라. 진정으로 돕고자 하는 욕구를 느껴보라. 그 사람의 괴로움이 얼른 지나가길 바라는 욕구에 주의를 집중하라. 당신의 자비와 배려를 드러내기 위해 그 사람에게 뭐라고 말하겠는가? 아마도 이런 말이 아닐까? "네가 그런 고통을 겪고 있어서 무척 안타까워. 얼른 털고 일어났으면 좋겠어."

이 수행을 마친 후, 피로감이 더해지는지 아니면 기운이 나는지 주목하라. 그리고 고통받고 있는 사람을 도와주기 위해 당신이 취하고 싶은 행동을 한 가지 기록하라. 이 수행으로 얻은 통찰을 일지에 기록하라.

철저한 책임감의 힘

우리가 타인과 우리 자신을 향해 더 자비로워질 때, 우리의 행동과 생각, 기분과 태도를 **철저하게 책임지려는** 역량이 강화된다.

수치심이나 패배감, 자기 판단에 휘말리지 않으면서 책임지는 역량은 힘든 상황에 효과적으로 대처할 핵심 기술 중 하나다.

앞서 배웠다시피, 수치심은 편도체 납치를 유발한다. 스트레스 반응을 촉발하고 지혜와 자비의 태도로 행동할 역량을 훼손한다. 그렇게 되면 우리는 책임을 회피하려 들고, 우리가 할 수 있는 일이 없다고 부인하거나 이미 한 일을 합리화하게 된다.

어느 정도 이해할 만한 반응이다. 수치심과 자책감이 너무 고통스러워 실수를 인정할 수 없는 것이다. 하지만 책임 회피는 해결책이 아니며 불건전한 행동을 계속해서 반복하게 할 뿐이다.

모든 상황은 수많은 원인과 조건, 상호작용과 시기, 그리고 사후 판단에 의해서만 알 수 있거나 또는 전혀 알 수 없는 요인들 때문에 발생한다. 역설적으로 들릴지 모르지만, 우리는 수치심의 굴레에서 벗어나야 상황을 책임질 힘을 발휘할 수 있다. 실수를 반복하도록 우리를 옥죄는 것은 바로 수치심이다.

그렇다면 어떻게 해야 불건전한 행동을 명확하게 보고 자신을 판단하지 않으면서 제대로 책임질 수 있을까? **유해한 수치심** 대신 **건전한 분별력**을 적용해야 한다. 분별력은 상황을 명확하게 평가하긴 하지만, 좋거나 나쁘다는 꼬리표를 붙이진 않는다.

> » 실수를 반복하도록 우리를 옥죄는 것은 바로 수치심이다.

독毒을 예로 들어보자. 판단적 관점에서 보면, 독은 위험하다. 목숨을 앗아간다. 따라서 독은 '나쁘다.' 하지만 분별적 관점에서 보면, 독을 특정 양 이상 섭취해야 목숨을 잃는다. 즉, 곰팡이는 유독할 수 있지만, 페니실린의 형태로 적정 양을 섭취할 경우 오히려 생명을 구할 수도 있다. 우리가 판단하지 않고 제대로 분별하면, 여러 가능성을 열어두고 유연하게 대처할 수 있는 것이다.

분별력을 기르면, 특정한 방식으로 행동하도록 이끄는 습관 패턴을 보는 능력이 향상된다. 그래서 평생 갈고닦아온 생각과 감정과 행동이라는 신경계의 강력한 초고속도로를 간파할 수 있다.

'아, 이건 내가 외로울 때 하는 행동이구나.'

'이건 내가 화났을 때 대처하는 방식이구나.'

'이건 내가 마음의 상처/수치심/걱정을 숨기려 할 때 하는 말이구나.'

건전한 분별력은 우리가 이러한 초고속도로를 간파하고 다른 길을 선택하도록 돕는다. 그 덕에 우리는 우리 자신과 우리가 다음에 취할 행동을 철저하게 책임질 수 있다.

마음챙김은 우리가 부끄러워하는 부분을 알아차리게 해준다. 자비는 지혜와 사랑으로 이 어두운 부분을 뚫고 나가게 한다. 자비로운 명료성은 철저한 책임감을 북돋워서, 우리가 이미 벌어진 일을 수용하고 더 나은 단계로 나아가게 한다.

> » 마음챙김은 우리가 부끄러워하는 부분을 알아차리게 해준다.
> 자비는 우리가 지혜와 사랑으로 이 어두운 부분을 뚫고 나가게 해준다.

마음챙김: 뇌를 재설계하는 자기연민 수행

수행: 철저한 책임감

가만히 앉아서 몸과 마음을 편히 쉬도록 하라. 철저한 책임감의 힘을 기르겠다고 **의도**를 정하라. 호의와 호기심의 **태도**로 현재 순간에 **주의**를 기울여라. 자책감을 불러일으키는 상황, 즉 당신이 행한 일 가운데 수용하거나 용서하기 어려운 상황을 한 가지 떠올려보라.

당신의 통제나 인식의 범위를 벗어났을 법한 조건 때문에 이런 상황이 초래되진 않았는지 따져보라. 그간의 인생 경험과 개인적 이력, 문화적 조건화와 유전적 성향 등 여러 요인들이 당신의 두려움과 혼란, 고통과 반응성을 어떻게 형성해왔는지 따져보라. 그중 일부 측면을 인간 조건의 일부로 볼 수 있는지 따져보라. 당신의 이런 부분을 명확하고 자애롭게 대할 수 있는가? 자신을 탓하지 않으면서 철저하게 책임질 수 있는가?

당신의 이런 부분을 철저하게 책임지는 한편, 앞으론 그런 상황에 달리 대응할 방법을 찾고자 노력하겠다고 다짐할 수 있는가? 이 수행에서 얻은 통찰이나 다짐을 일지에 기록하라.

용서의
힘

용서는 우리가 이용 가능한 온갖 자원 중 어쩌면 가장 도전적이고 전환적인 자원이다. 용서하려면, 지금까지 익힌 기술들, 즉 수용, 감정 조절, 관점 전환, 자비, 철저한 책임감을 모두 통합해야 한다. 마음챙김과 자비로 인생의 도전에 맞설 때, 서로 공유하는 인간성을 인식하게 된다. 그 과정에서 우리 자신과 타인을 용서하는 역량이 강화된다.

용서는 우리와 타인이 겪는 괴로움의 진실을 경시하지 않는다. 우리와 타인에게 존재하는 어두운 측면을 정직하게 맞서는 용감한 수행이다. 우리는 사느라 발버둥치고 괴로워하며 남들에게 고통을 가하고, 알게 모르게 부끄러운 짓을 저지르며, 자신의 가장 멋진 모습에 이르지 못한다. 그런데 우리만 그런 게 아니다.

이러한 집단적 고통은 우리 마음을 차갑게 하여 온전히 사랑할 역량을 훼손할 수 있다. 용서는 굳어버린 감정의 장벽을 허물고 우리가 다시 행복을 찾을 수 있게 한다. 13세기 시인 루미^{Rumi}가 말했듯이, '당신이 할 일은 사랑을 찾는 게 아니라 사랑을 상대로 쌓아올린 내면의 장벽을 모두 찾아내는 것이다.'[14]

용서는 괴로움을 덜어주고 우리 삶에 더 큰 존엄과 화합을 안겨줄 강력한 경로를 제공한다. 과거의 부담에서 벗어나 미래를 열어준다. 용서가 결코 쉬운 일은 아니지만, 용서만이 우리를 포함한 전체 인류가 갈망하는 평화를 이룰 수 있다.

전쟁 포로였던 두 사람이 석방되고 몇 년 만에 재회하면서 나눈 대화를 들어보라.

"널 억류했던 자들을 용서했니?" 첫 번째 남자가 물었다.

"아니, 난 그들을 절대로 용서할 수 없어."

두 번째 남자가 대답했다.

그러자 첫 번째 남자가 말했다.

"아, 저런. 그들은 널 여전히 감옥에 가두고 있구나."

마음챙김: 뇌를 재설계하는 자기연민 수행

용서는 기본적으로 우리 자신의 웰빙에 도움이 된다. 실제로, 용서는 건강상의 이점이 많다는 연구 결과가 있다. 스탠퍼드 대학교 용서 프로젝트Stanford University Forgiveness Project의 설립자인 프레드 러스킨Fred Luskin은 동료들과 함께, 용서가 분노와 절망과 스트레스를 낮추고, 낙관과 희망, 자비와 자신감을 높인다는 사실을 입증했다. 또한 우리의 면역체계를 개선하고 심혈관계 질환과 만성 통증을 줄이는 식으로 신체 건강에도 유익하다.[15]

우리가 길을 잃고 헤맬 때마다 용서는 우리를 다시 사랑의 땅으로 돌아오게 이끈다. 과거에서 해방시켜주고 존엄성을 회복시켜주며 다시 살아갈 길을 열어준다. 하지만 용서는 하루아침에 이뤄지지 않는다. 용서는 헌신과 용기가 필요한 과정이다. 무엇보다도 용서는 수행이 필요하다.

수행: 용서 명상

한 달 동안 진행되는 명상 수련회에 참여했다가 명상 강사인 잭 콘필드에게서 대단히 강력한 수행을 배웠다.[16] 나는 그 수행을 통해 마음을 활짝 열게 되었고 한결 부드러워졌다. 다음에 소개하는 버전은 그가 알려준 수행을 알맞게 각색한 것이다.

가만히 앉아서 몸과 마음을 편히 쉬도록 하라. 용서의 힘을 기르겠다고 **의도**를 정하라. 호의와 호기심의 태도로 현재 순간에 **주의**를 기울여라. 들어오고 나가는 호흡을 의식하라. 몸과 마음을 편안하게 하라. 5퍼센트만 더 부드러워지고, 긴장을 다 내려놓도록 하라.

마음 깊숙한 곳까지 숨을 들이마시며, 당신이 쌓아올린 장벽을 허물고 과거의 부담을 내려놓겠다는 의도를 진지하게 설정하라. 당신의 애정 어린 응원을 느끼기 위해 가슴에 한 손을 올리면 도움이 될 수 있다. 내용을 읽어 내려가면서 따옴표 구절을 암송하도록 하라.

타인에게 용서를 구하라: 당신이 겪는 고통과 분노, 두려움과 혼란 때문에 타인을 아프게 했던 수많은 일화를 떠올려보라. 그중에 특정 사건 하나를 구체적으로 기억하라. 그 기억에 수반되는 이미지와 감정을 수면으로 모두 끌어올려라. 슬픔과 후회에 마음을 열어라. 준비가 되면 조용히 용서를 구하라.

"너에게 용서를 구할게, 너에게 용서를 구할게. 제발 날 용서해줘."

당신 자신을 용서하라: 당신 자신을 아프게 하거나 배신하거나 방치했던 방식을 떠올려보라. 특정 사건을 하나 선택한 다음, 그 일로 당신이 겪었던 슬픔을 다시 느껴보라. 이 삶이 얼마나 소중한지 생각하라. 준비가 되면 다음 구절을 조용히 암송하라.

"날 용서할 거야, 날 용서할 거야." 또는 "제발 날 용서할 수 있기를!"

마음챙김: 뇌를 재설계하는 자기연민 수행

당신에게 상처를 주거나 해를 끼친 사람들을 용서하라: 다른 사람들이 당신을 아프게 하거나 배신하거나 방치했던 방식을 떠올려보라. 당신이 용서하고픈 마음이 드는 사람이나 경험을 하나 선택하라. 그 일로 당신이 겪었던 슬픔과 고통을 느끼고, 이 고통의 짐을 조금씩 내려놓을 수 있다고 의식하라. 다음 구절을 조용히 암송하라.

"내 마음이 허락하는 한도까지 널 용서할게, 널 용서할게." 또는 "제발 널 용서할 수 있기를!"

이 용서 지침 세 가지를 따라한 다음, 마음에 주의를 기울이며 조용히 쉬어라. 이것은 감정을 심하게 자극할 수 있는 강력한 수행이다. 어떤 감정이든 호의 어린 태도로 맞이하도록 하라. 용서의 마음이 금세 들지 않아도 괜찮다. 용서는 강요하거나 서두른다고 되는 게 아니다. 수행을 계속하다 보면, 적당한 때에 마음의 상처가 치유되고 과거의 짐도 덜어질 것이다.

옳고 그름의 개념 너머에

들판이 있다. 그곳에서 너를 만날 것이다.

마음이 그 풀밭에 드러누울 때,

세상은 너무 꽉 차서 더 이상 말할 게 없다.

개념이니 언어니 심지어 **서로**each other라는 말도

아무런 의미가 없다.

- 루미

| 금언 |

잠시 멈추고 이 장의 핵심 사항을 곰곰 생각한 다음, 평생 마음에 새기고 싶은 금언을 한 가지 골라보라. 골랐으면 일지에 기록하라.

몇 가지 예를 살펴보면 다음과 같다.

· 공감은 뇌에서 통증 센터의 활성화를 이끌 수 있지만, 자비는 뇌에서 긍정적 보상 센터의 활성화를 이끈다.

· 괴로움 = 고통 × 저항

· 수치심은 실수를 반복하게 한다.

· 용서는 누군가의 행동을 묵인하는 게 아니라 분노와 원망의 짐을 내려놓음으로써 우리 자신의 마음을 자유롭게 하는 것이다.

part **3**

우리 자신과
우리가 사는 세상에
좋은 면 강화하기

Growing the Good
in Ourselves
and in Our World

+

+

+

08

기쁨을 누리도록 마음 가다듬기

일곱 가지 수행

+ + +

모든 것이 저마다 아름다움을 지니고 있으나
모든 이가 그걸 보지는 못한다.

- 공자

어느 1월 아침의 바쁜 출근 시간, 워싱턴 DC 외곽의 한 지하철 역사에서 청바지와 티셔츠, 야구 모자 차림의 젊은 남자가 악기 케이스를 열고 바이올린을 꺼냈다. 남자는 누가 봐도 기부를 유도하는 방식으로 케이스를 바닥에 내려놓고 연주를 시작했다.

남자가 연주한 43분 동안 수많은 통근자가 그 앞을 지나갔다. 진취적 예술가와 시간에 쫓기는 통근자들에겐 그저 평범한 일상이라고 말할 수도 있겠다. 어떤 점에선 실제로 그랬다.

하지만 그 남자는 여느 거리의 악사들처럼 생활고에 시달려서 낡아빠진 바이올린으로 씩씩하게 연주하는 게 아니었다. 세계적으로 유명한 바이올리니스트 조슈아 벨Joshua Bell이었으니까. 그가 연주한 곡목엔 바이올린 연주를 위해 쓰인 가장 아름답고 어려운 클래식이 포함되어 있었다. 게다가 그의 바이올린은 안토니오 스트라디바리Antonio Stradivari가 전성기인 1713년에 제작한 스트라디바리우스였다. 듣자 하니, 벨이 약 350만 달러에 구입했다고 한다.

이 실험의 뒷이야기는 인터넷에서 널리 회자되었고, 최초 보도한 〈워싱턴 포스트〉지의 계정은 퓰리처상까지 받았다.[1] 그날 아침 벨의 앞을 지나간 1,097명 중 단 7명만 그의 연주를 들으려고 1분 이상 멈춰 섰다고 한다. 수익은 얼마였냐고? 겨우 32.17달러였다.

불과 며칠 전, 벨은 100달러짜리 티켓을 구입한 청중으로 객석을 꽉 채웠었다. 하지만 그런 거장이 무료로 제공한 콘서트보다 바로 옆 로또 가판대가 더 많은 관심을 끌었다.

이 실험과 그 결과는 다음과 같은 중요한 의문을 제기한다.

우리는 바로 눈앞에서 펼쳐지는 아름다움을 얼마나 자주 놓치고 사는가? 우리는 자동 조종 장치에 따라 살 만큼 너무 바빠서 기쁨을 누릴 시간이 전혀 없는가?[2]

마음챙김의 마법은 우리가 힘든 시기를 이겨내도록 도울 뿐만 아니라 인생에 내재된 기쁨을 찬미하게도 해준다.

>> 마음챙김의 마법은 우리가 힘든 시기를 이겨내도록 도울 뿐만 아니라
인생에 내재된 기쁨을 찬미하게도 해준다.

지금까지 우리는 난관에 맞서기 위해 수행을 배우고 자원을 강화하는 데 초점을 맞추었다. 여기서 멈추고 지금까지 배운 대로 수행하기만 한다면, 우리는 인생의 시련에서 충분히 살아남을 것이다. 하지만 생존에만 집착하다 보면, 삶을 의미 있게 해주는 일상의 기쁨을 놓치게 된다. 실제로 2017년 해리스 여론 조사소Harris Poll의 행복 지수에 따르면, 미국인 세 명 중 한 명만 매우 행복하다고 보고했다.[3]

행복할수록 더 건강하고 더 성공하고 더 나은 시민이 된다는 연구 결과도 나온 마당에, 참으로 안타까운 결과다. 줄리아 보엠Julia Boehm 교수와 소냐 류보머스키Sonja Lyubomirsky 교수는 행복 수준이 다른 사람들을 비교하는 연구를 꾸준히 해왔다. 거듭된 연구에서 결과는 한결같았다. 행복한 사람들은 행복하지 않은 동년배보다 돈을 더 많이 벌고 더 뛰어난 성과를 거두며 더 유익한 행동을 선보인다. 또 행복한 사람들은 더 오래 살고 결혼 생활을 더 오래 유지하며 질병에도 덜 걸리고 회복력도 더 좋다.[4]

다행히 우리는 마음챙김을 통해 행복의 힘을 활용할 수 있다. 앞서 1장에서 논의한 바와 같이, 행복 기준점은 당신이 타고난 행복 수준을 말한다. 이 장에서, 당신은 신경 회로를 형성하고 강화하며 행복 기준점을 높일 수 있는 수행을 구체적으로 배울 것이다. 그 첫 단계로, 행복이 왜 달성하기 힘든지 그 이유부터 알아보자.

요리조리 빠져나가는 기쁨:
행복해지기 어려운 이유

행복해지기 어려운 이유는 일단 무엇이 우리를 행복하게 해주는지 너무 몰라서다. 우리는 가령 휴가를 떠나거나 돈을 많이 벌거나 '완벽한 몸매'를 가꾸거나 꿈에 그리던 집을 소유하면 행복할 거라고 생각한다. 하지만 이런 생각은 십중팔구 틀렸다. 잇속에 밝은 장사치들은 우리의 어설픈 생각을 이용해 떼돈을 벌었다.

노벨상 수상자인 대니얼 카너먼Daniel Kahneman은 이를 '부실한 정서 예측poor affective forecasting'이라고 부른다. 수십 년간의 연구 결과, 외부 환경을 바꾸는 것으론 더 행복해지지 않는다는 사실이 밝혀졌다. 작가인 바바라 드 안젤리스Barbara De Angelis가 쓴 것처럼, '외면을 재정비하는 것으론 항구적 영향을 미치지 못한다. 내면을 재정비해야 한다.'[5] 다행히 앞에서 배웠다시피 우리는 반복된 수행으로 내적 풍경을 재구성할 수 있다. 행복을 키워줄 구체적 수행 방법은 뒤에서 자세히 살펴볼 것이다.

행복해지기 어려운 두 번째 이유는, 진화 과정에서 우리 뇌에 심어진 부정적 편향negativity bias이다. 심리학자들이 이름 붙인 이 부정적 편향은 긍정적인 것보다 부정적인 것에 더 집중하려는 인간의 성향을 말한다.

수백만 년 동안 우리의 생존은 주변 환경에서 위험을 포착해내는 능력에 좌우되었다. 어떤 포식자가 근처에서 나뭇잎을 바스락거

177

PART3. 우리 자신과 우리가 사는 세상에 좋은 면 강화하기

리지 않나 노심초사했던 조상은 기어이 살아남았다. 하지만 귀여운 사자를 어루만지고 싶어 했던 느긋한 조상은 유전자를 물려줄 만큼 오래 생존하지 못했다.

선조들의 부정적 편향은 신체 위험이 난무하던 시절엔 유익했지만, 오늘날엔 부정적인 데 너무 집중하게 함으로써 우리를 혼란에 빠트린다. 우리는 흔히 긍정적 경험을 대수롭지 않게 넘기거나 아예 무시해버린다. 가령 직장에서 업무고과표를 받고 나서 가장 기억에 남는 점은 무엇인가? 5점 만점을 받았던 칭찬 항목들인가, 아니면 딱 하나 있던 비판 항목인가?

심리학자인 릭 핸슨이 말했듯이, '뇌는, 나쁜 경험엔 벨크로 테이프처럼 철썩 들러붙고, 좋은 경험엔 테플론 코팅처럼 미끄럽게 떨어져나간다.'[6] 이 점은 여러 연구에서 입증되었다. 고통스럽고 충격적인 경험은 기억 속에 깊이 새겨져 살아가는 내내 우리를 괴롭히지만, 긍정적 경험은 스르르 사라져버린다.

그에 대한 해결책은? 바로 마음챙김이다. 우리는 마음챙김과 갖가지 수행이 어떻게 트라우마와 고통에 더 건전하고 더 적응력 있는 방식으로 대응하도록 돕는지 배웠다. 이젠 마음챙김이 어떻게 뇌에 긍정적 경험을 **심어주고** 행복 기준점을 높이며, 부정적 편향을 상쇄하도록 돕는지 배울 것이다. 아울러 어떻게 인생의 충만한 아름다움을 만끽하고 기억하도록 준비시키는지도 배울 것이다.

마음챙김: 뇌를 재설계하는 자기연민 수행

상태에서 특성으로: 긍정적 경험을 지속적 강점으로 전환하기

마음챙김 수행으로 우리는 잠시 멈추고 긍정적 순간을 만끽하여 더 큰 행복으로 이어지는 새로운 경로를 우리 뇌에 깔 수 있다. 마음의 기본 구조에 이러한 경험을 일부러 짜 넣음으로써, 긍정적 경험을 눈앞에서 사라지는 덧없는 순간이 아닌 행복의 구성 요소로 단단히 굳히게 되는 것이다. 마음챙김은 우리가 긍정적인 일을 더 신경 쓰고 기억하도록 마음을 훈련시키는 데 도움이 된다.

그렇다고 달랑 한 번 경험했다고 해서 실제 학습으로 이어지진 않는다. 우리 뇌는 어떤 상태를 특성으로 전환하는 데 잠깐의 경험 이상을 요구한다. 우리는 더 행복하거나 기쁘거나 감사하는 마음을 기르기 위해 마음챙김의 의도, 주의, 태도 모델을 활용할 수 있다.

· **의도:** 앞에서 나는 단순히 행복해지겠다고 의도만 설정해도 사람들이 실제로 더 행복해진다는 연구 결과를 언급했다. 우리가 기쁨이나 감사 등 긍정적 감정을 경험할 때 그 감정을 기억하도록 의도하면, 긍정적 감정과 경험이 장기 기억 속에 자리 잡게 된다. 행복을 위한 항구적 구성 요소가 되는 것이다.

· **주의:** 긍정적 경험을 행복의 신경 경로로 전환하려면, 20초 이상 혹은 심호흡을 세 번 정도 할 때까지 집중해야 한다. 그 정도는

집중해야 경험이 장기 기억에 자리 잡아 신경화학물질의 일부가 될 수 있다.[7]

· **태도:** 생생한 경험일수록 항구적 기억으로 단단히 자리 잡는다. 마음챙김에서 비롯된 호의와 호기심의 태도는 당신의 모든 감각을 도와서, 당신이 보고 듣고 만지고 냄새 맡고 맛보는 것에 주목하게 한다. 각각의 세부 사항은 우리 뇌를 테플론 코팅에서 벨크로 테이프로 변형시키는 미세한 고리 역할을 한다.

의도와 주의와 태도를 활용해 긍정적 경험을 기억 속에 단단히 뿌리 내리게 할 때, 당신은 부정적 편향을 상쇄하도록 뇌를 재설계하는 것이다.

아울러 더 행복해지기 위해 긍정적 경험이 우연히 일어나도록 기다리지 않아도 된다. 마음챙김은 우리가 즐거운 시간에 더 익숙해지도록 도울 뿐만 아니라 적극적으로 조장하도록 돕기도 한다.

다음은 긍정적 감정을 조장하고 내적 자원을 강화하며 행복을 키워주는 일곱 가지 수행이다.

1. 미소 짓는 명상

평화 운동가이자 명상 강사인 틱낫한Thich Nhat Hanh은 우리에게 미소의 힘을 상기시킨다.[8] 그는 명상할 때뿐만 아니라 일상을 영위할 때도 입가에 잔잔한 미소를 지으라고 권한다. 미소의 유익한 이점은

마음챙김: 뇌를 재설계하는 자기연민 수행

과학적으로 입증되었는데, 미소를 지으면 투쟁-도피-경직 반응을 완화해도 안전하다는 생화학적 메시지가 신경계에 전달된다.[9]

2. 감사

감사의 미덕은 역사와 문화를 통틀어 널리 찬미되어 왔다. 독일의 신학자인 마이스터 에크하르트Meister Eckhart가 주장하듯이, 평생토록 당신의 기도가 '감사합니다'라는 한마디였다 하더라도, 그것으로 족하다.

쉰세 살의 마시Marcy는 8개월 동안 힘든 치료를 견디며 암과 씨름했다. 그 시간을 이겨내는 데 감사 수행이 큰 힘을 보탰다.

"밤마다 잠자리에 들 때 감사한 일을 세 가지 떠올렸어요. 가령 남편이 차려준 맛있는 저녁 식사나 낮에 치료받는 동안 내 등을 살살 토닥여준 간호사, 내 민머리를 따뜻하게 감싸주는 취침용 모자 같은 거요. 겁이 덜컥 날 때가 많았는데, 그럴 때면 효과적인 최신 치료법을 접할 수 있어서 얼마나 감사한지 생각하며 마음을 다잡았지요. 이러한 수행 덕분에 공포와 고립이 금세 감사로 바뀌었어요. 눈물이 핑 돌 정도로요. 기나긴 밤, 내가 받은 축복을 헤아리다 보면 마음이 차분해져서 스르르 잠들곤 했어요."

과학자들은 수백 건의 연구를 통해서 고양된 수준의 긍정적 감정과 감사 사이의 연관성을 입증했다. 감사는 행복의 토대이자, 우울증 감소,[10] 회복력 증가,[11] 수면 개선,[12] 심혈관계 질환의 위험 감소,[13] (로맨틱한 관계를 포함해) 더 굳건하고 더 나은 관계 수립 등 수많

은 혜택의 원천이다.[14]

감사의 태도는 일터를 개선하는 데도 일조한다. 감사하는 직원들은 자기 일을 더 효과적으로 수행하고, 직장생활에 더 만족하며, 동료들을 더 존중한다. 연구에 따르면, 사고의 폭을 넓히고 창의성과 균형적 관점을 키우는 데도 감사가 관여한다.[15]

어떻게 해서 이토록 많은 긍정적 효과를 거둘 수 있을까? 감사는 우리가 잠시 멈추고 좋은 면을 받아들이도록 한다. 우리는 흔히 스트레스 요인에 너무 몰두한 나머지 우리를 둘러싼 아름다움을 놓치곤 한다.

감사하는 것들에 일부러 주의를 기울이면, 긍정적 경험을 놓치지 않고 인식할 수 있다. 그에 따른 파급 효과도 있다. 우리가 감사함을 느끼면 긍정적 기운을 남들에게 퍼뜨릴 가능성이 크다. 그 기운을 받은 사람들은 덩달아 행복을 맛볼 기회가 생긴다. 저명한 작가 아리아나 허핑턴^{Arianna Huffington}이 멋지게 표현했듯이, '감사하는 상태로 사는 것이야말로 은총에 이르는 길이다.'[16]

수행: 감사의 태도 기르기

연구 결과, 감사를 강화하고 행복과 긍정적 기분을 크게 높이는 구체적 수행은 다음과 같다.

마음챙김: 뇌를 재설계하는 자기연민 수행

감사 편지

감사하는 마음을 늘 품고 있지만, 제대로 표현하지 못했던 사람에게 감사 편지를 써라. 그 사람에게 감사하는 구체적 이유를 곰곰 생각해보라. 그 순간을 구체적으로 기술하라. 다시 말하지만, 감각적인 세부 사항을 구체적으로 포함할수록 당신은 감사의 혜택을 더 누릴 것이다. 아울러 편지를 받는 사람도 당신의 마음을 더 확실히 느낄 것이다. 이로써 당신의 마음뿐만 아니라 타인의 마음에도 긍정적 기억을 굳히는 힘을 공유할 수 있다.

"세 가지 좋은 일"

감사를 활용한 여러 연구에서, 참가자들은 하루 일과를 끝낸 후 5분에서 10분 동안 그날 있었던 크고 작은 일 세 가지를 상세하게 기록했다. 그 결과, 행복감이 높아지고 건강이 개선되며 긍정적 기억이 되살아났다. 아울러 스트레스가 낮아지고 성취감도 높아졌다.[17] 이 수행을 시도할 때는 당신의 감각을 활성화시키는 세부 사항을 꼭 포함하도록 하라. 보고 듣고 냄새 맡고 맛보고 느낀 감각적 세부 사항은 그 기억이 뇌에 깊숙이 자리 잡도록 돕는다. 주목한 내용을 일지에 기록하라.

3. 관용

노트르담 대학은 관용학Science of Generosity 운동의 발상지이다. 이 프로젝트에선 관용을 '사람들에게 좋은 것을 넉넉히 베푸는 일'이라고 규정한다.[18] 우리는 흔히 남들을 위해 어떤 일을 행할 때 관용을 베푼다고 생각한다. 그런데 관용을 베풀면 우리 자신의 행복이 커진다는 연구 결과가 있다. 실제로 관용과 행복은 신경 고리로 연결되어 있다.

박소영 교수와 동료들은 사람들에게 관용을 베푸는 상상을 하라고 요청한 다음, 그들의 뇌를 스캔했다. 참가자들이 너그럽게 행동하겠다고 결정한 직후, 보상과 쾌락을 담당하는 뇌 영역이 활발해졌다. 게다가 그들은 연구가 끝난 후 더 행복해졌다고 보고했다.[19]

우리는 이러한 현상을 이타심 또는 **계몽된 이기심**enlightened selfishness이라고 부른다. 애초에 관대하도록 태어났기 때문에 관용을 베풀고 나면 기분이 좋아지는 것이다. 진화 과정 전반에서, 유대가 강한 집단과 공동체가 가장 번성했고 또 끝까지 살아남았다. 관용은 이러한 유대를 더 돈독하게 해준다. 자연 선택의 결과로 우리는 관용을 베푸는 성향을 지닌 유전자를 물려받았다. 이는 다시 더 강하고 더 끈끈하게 연결된 공동체로 이어진다.

우리가 애초에 관대하도록 태어났다는 생각은 이기심과 자기보존을 인간 본성과 동일시하는 통념과 상반되는 것 같다. 내가 최근에 봤던 한 만화는 이러한 통념을 제대로 포착했다. 그 만화에선 사진작가 두 명이 아프리카의 탁 트인 초원에 서 있다. 그런데 난데없이 사자가 나타난다. 두 사람은 공포에 질려 꼼짝 못 한다. 그런데 한 사람이 슬그머니 몸을 수그리고 신발 끈을 단단히 묶는다. 다른 사람이 "그래봤자 사자를 이길 수는 없어."라고 말하자, 그는 "널 이길 순 있잖아!"라고 대답한다.

인간은 의심할 여지 없이 사욕을 추구하는 성향이 있다. 하지만 연구에 따르면 관용의 정서 또한 깊게 흐른다.

관용이 우리에게 좋다는 사실은 연구 결과로 확인되었다. 행복과 신체 건강과 웰빙에 밀접하게 연관되어 있기 때문이다. 크리스천 스미스Christian Smith와 힐러리 데이비슨Hilary Davidson이 쓴《The Paradox of Generosity》라는 책에서, 행복한 사람은 매달 5.8시간 봉사에 참여하고, 덜 행복한 사람은 겨우 0.6시간 봉사에 참여하는 것으로 나온다.[20]

관용-행복의 연결 고리는 상승 나선을 그린다. 다른 사람들에게 관용을 베풀면 긍정적 감정이 생기고, 긍정적 감정은 다시 관용을 부추기는 식이다.

이러한 효과는 일터에서도 그대로 적용된다. 관용 수준이 높은 팀은 너그럽게 베푸는 문화뿐만 아니라 생산성도 향상되는 문화를 조성한다는 연구 결과가 있다.

이처럼 관용이 우리에게 좋고 직장에서 더 큰 성공을 안겨주는데, 안타깝게도 지난 10여 년 동안 영국과 미국에서 자원봉사에 참여하는 사람의 비율은 꾸준히 감소하고 있다.[21] 우리는 관대한 역량을 타고났지만 그 역량을 늘 실천하며 살지 못하고 있다.

수행: 관용 기르기

우리 자신과 사회 전반에 관용을 강화하기 위한 쉽고도 효과적인 수행은 매일 한 가지씩 무작위로 친절한 행위를 하는 것이다. 당신이 호의를 베풀 수 있는 방식을 매일 하나씩 찾겠다고 의도를 정하라. 호의를 베푸는 방식은 어렵지 않다. 가령 낯선 사람에게 커피를 사거나 다른 운전자에게 주차 공간을 양보하거나 예쁜 꽃으로 누군가를 기쁘게 하는 식이다. 이러한 경험에서 주목한 점을 일지에 기록하라. 당신이 느낀 감정과 감각적 세부 사항을 꼼꼼히 기록하도록 하라.

4. 타인의 좋은 면을 보라

당신을 아주 싫어하는 사람이 있는 방으로 들어간다고 상상하라. 이 사람은 당신의 결점과 실수와 취약성을 속속들이 알고 있다. 당신의 가장 나쁜 점을 볼 뿐만 아니라 속으로 비웃으며 그걸 기대하기도 한다. 기분이 어떨 것 같은가? 그 사람 앞에서 당신은 어떻게 행동하겠는가?

자, 이번엔 당신의 가장 좋은 점을 보는 사람이 있는 방으로 들어간다고 상상하라. 이 사람은 당신의 재능을 알고 당신을 굳게 믿으며 열렬히 응원한다. 기분이 어떨 것 같은가? 그 사람 앞에서 어떻게 행동하겠는가?

로버트 로젠탈Robert Rosenthal과 레노어 제이콥슨Lenore Jacobson의 획기적 연구는 타인의 좋은 점을 보는 이점을 제대로 보여주었다. 로젠탈과 제이콥슨은 일단의 교사들에게 연구진이 앞서 시행한 테스트를 근거로 학급의 특정 학생들이 또래보다 월등히 좋아질 거라고 말했다. 연말에 다시 테스트를 시행했더니, 이 '성장 급등군'은 실제

로 또래보다 훨씬 더 크게 향상되었다.[22]

그런데 이 연구에 숨은 책략이 있었다. '성장 급등군'은 사실 연구진이 무작위로 선택한 학생들이었으며, 실제 테스트 결과와 아무 상관도 없었다. 이렇게 조작된 내용이 교사들에게 전달되었는데도 그들이 남다른 성과를 이뤄낸 이유는 무엇일까? 바로 교사의 기대였다. 학생들의 능력에 대한 교사들의 믿음이 실제 더 높은 테스트 점수로 이어진 것이다.

지난 50여 년 동안 각기 다른 환경에서 유사한 연구가 계속 이뤄졌는데 모두 같은 결과가 나왔다. 요점은 타인의 좋은 면을 찾으려 하면 그 점을 끌어낼 가능성이 매우 크다는 것이다.

더 나아가, 우리는 우리 자신의 좋은 면을 보도록 배울 수도 있다. 다음에 소개하는 여섯 살 난 여자아이처럼, 우리는 우리 자신을 믿도록 배울 수 있다.

초등학교 1학년 교사가 교실을 돌아다니다 한 아이의 어깨너머로 눈길을 주면서 묻는다. "루시, 넌 뭘 그리고 있니?" 여자아이가 대답한다. "하나님을 그리고 있어요." 그러자 교사가 빙그레 웃으며 말한다. "하지만 하나님이 어떻게 생겼는지 아무도 모르는걸." 그러자 루시가 대뜸 반박한다. "곧 알게 될 거예요."[23]

타인의 좋은 면을 보는 능력을 키우기 위해, 일주일 동안 한 사람의 좋은 면을 찾겠다고 의도를 정하라. 당신의 자녀를 선택해도 되고, 부모나 배우자, 동료나 당신 사신을 선택해도 된다(보통은 상급자들이 자기 자신을 선택한다!). 일주일 동안 매일 그 사람의 좋은 면을 찾도록 노력하라. 그 사람에게 고마운 점과 본받을 점을 일지에 기록하라. (예: '식사 후에 남편이 설거지를 해줘서 무척 고맙게 생각한다.', '아들이 자기 방에서 큰 소리로 웃는 소리를 들으면 기분이 좋다.') 타인의 좋은 점을 찾기 시작하면서 어떤 일이 벌어지는지 주목하라. 그런 노력이 그 사람을 향한 당신의 감정에 어떤 영향을 미치는가? 그들의 행동에는 또 어떤 영향을 미치는가?

5. 공감의 기쁨(무디타)

우리가 누릴 수 있는 행운은 제한돼 있어서 남들이 많이 가지면 나한테 돌아올 게 적을 거라고 흔히 생각한다. 이런 논리가 터무니 없는 줄 알면서도 우리는 이런 결핍 심리scarcity mentality 때문에 걸핏하면 질투심에 사로잡힌다. 하지만 감사하게도 타인의 행복을 기뻐함으로써 우리 안에서 진정한 행복을 찾을 방법이 있다.

타인의 행복을 공유하는 수행은 불교 경전에 쓰였던 팔리어Pali로 **무디타**mudita라고 한다. 그런데 서양에는 이 말에 해당하는 어휘가 없다. 그나마 '공감의 기쁨empathic joy'이 가장 가까운 뜻일 것이다.

달라이 라마의 말처럼, 세상엔 너무나 많은 사람이 있으니 그들의 행복을 우리 행복의 근간으로 삼는 게 어떤가? 그러면 기쁨을 경험할 가능성이 거의 80억 대 1로 늘어난다. 그야말로 높은 확률이 아닌가.

쉰일곱 살 난 한 여성은 최근에 이혼하고 나서 무척 힘겨운 시간을 보냈다. 나를 찾아왔을 때, 그녀는 상실감에 몸부림치고 외로움에 치를 떨었다. 사랑에 빠진 커플을 볼 때마다 미칠 것 같다고 했다. 질투심을 애써 누르고 나면, 질투심을 느꼈다는 사실에 수치심이 끓어올랐다.

우리는 무디타를 수행했다. 사랑에 빠진 커플을 볼 때마다 그녀는 그들이 누리는 기쁨에 초점을 맞추면서 그 기쁨이 계속되기를, 아울러 자기도 이런 사랑을 찾을 수 있기를 기원했다.

수행을 거듭하면서 그녀는 점차 사랑에 빠진 커플에게 진심으로 축복을 빌어줄 수 있었다. 아울러 자신도 다시 사랑에 빠질 거라는 희망을 품을 수 있었다. 타인의 행복을 축하하도록 배우면, 행복이 결코 한정판 상품이 아님을 알게 된다. 타인의 행복은 우리 몫을 줄이기는커녕 우리가 추구하는 행복을 우리 앞에 가져다준다.

수행: 무디타 기르기

다음 수행은 무디타를 기르도록 돕는 것이다. 눈을 감은 채 편히 앉아 타인의 행복에서 행복을 찾겠다는 당신의 의도를 곰곰 생각해보라.

다음으로, 당신이 아끼는 사람 중에 행운을 거머쥔 사람을 한 명 떠올려보라. 수년간의 노력 끝에 임신에 성공한 친구일 수도 있고, 열심히 일한 대

189

가로 보상을 받은 동료일 수도 있다. 그 사람을 향해 속으로 다음 구절을 되뇌어라. "네 행복이 지속되길 빌어.", "난 항상 너를 응원할 거야.", "네 인생의 기쁨이 계속해서 커지길 빌어." 수행을 계속하다 보면, 당신은 다른 사람들에게도 이런 이야기를 들려줄 수 있다.

수행하는 과정에서 때로는 질투심이 솟거나 힘든 감정이 치밀 수도 있다. 무디타는 흔히 정화 수행이라 불리며, 행복을 억제하는 부정적 생각을 발산한다. 이런 생각이나 감정이 떠오를 때 마음챙김과 자비를 불러오면 도움이 된다. 그런 감정을 명확하게 보고 호의 어린 태도로 대응하라. '그래, 넌 친구의 행복을 기쁘게 바라보고 싶지만, 한편으론 배가 아프기도 하지. 그 행복이 너에게 일어나길 간절히 바랐기 때문이야.' 수치심이나 판단 대신 자비로운 마음으로 명확하게 보라.

이 수행을 거듭하다 보면, 부정적 반응을 물리치고 타인의 기쁨을 더 자주 주목하며 그들의 기쁨을 축하할 역량을 강화하게 될 것이다.

6. 경외심과 감탄

우리는 간혹 경외심이라 불리는 신비하고도 복잡한 감정을 경험할 때가 있다. 산에 오를 때나 구불구불한 시골길을 운전할 때, 혹은 붉게 물든 석양이나 야생에서 뛰노는 동물을 바라볼 때 흔히 그런 감정이 떠오른다. 때로는 노부부 사이에 스치듯 지나가는 사랑의 몸짓을 볼 때나 '응애!' 하는 울음소리와 함께 태어난 아기를 볼 때도 그렇다. 경외심은 자아라는 작은 울타리에서 벗어나 더 큰 존재의 일부라는 사실에 눈뜨게 해준다. 경외심은 자기 초월을 북돋운다.

이러한 경외심도 우리에게 좋다. 최근 연구에 따르면, 경외심은 행복감을 높이고 관계를 개선하며 관용과 겸손을 이끌고 비판적 사고까지 기르는 등 다양한 혜택을 가져다준다. 아울러 만성 질환을 예방하고 건강을 증진하는 데도 도움이 된다. '경외심, 감탄, 놀라움'을 더 많이 느꼈다고 보고한 사람들은 염증과 질병 수치가 낮다는 연구 결과가 나왔다.[24]

또 경외심은 우리가 비판적으로 생각하고 뇌를 예리하게 다듬도록 한다.[25] 우리가 최고의 성과를 보이는 순간은 판단하거나 수치심을 느낄 때가 아니라 경외심을 느낄 때다. 그러므로 직장과 교실과 가정에서 경외심을 활용하는 전략이 비판보다 훨씬 더 효과적이다.

마지막으로, 경외심은 사람을 더 친절하고 너그러워지게 한다. 한 연구에서, 경외심이 높은 성향의 사람들은 복권을 배부하는 등의 과제에서 더 너그럽게 행동하는 것으로 드러났다. 아울러 경외심을 불러일으키는 나무들 속에 서 있는 사람들은 낡은 콘크리트 건물을 바라보는 사람들보다 '우연히' 떨어진 연구자의 펜을 더 많이 집어주었다.[26]

경외심을 느끼겠다고 이국적인 곳으로 호화로운 휴가를 떠나거나 심오한 종교 체험을 하겠다고 덤빌 필요는 없다. 일상생활에서 경외심을 기를 방법은 아주 많다. 가령 석양을 바라보거나 훌륭한 연주나 신나는 운동 경기의 영상을 보기만 해도 당신의 기분과 웰빙이 개선될 수 있다.

수행: 마법 같은 아침 질문

일상생활에서 경외심과 아름다움을 찾기 위해, 아침에 눈을 뜨면 이렇게 자문해보라. "오늘은 어떤 마법 같은 일이 벌어질까?" 골치 아픈 문제를 떠올리던 습관 대신, 신비하고 놀랍고 기적 같은 일을 찾도록 당신의 마음을 준비시키는 것이다. 이러한 질문은 확언이 아니기 때문에 비현실적 기대감을 조성해서 실망하게 되지 않는다. 매 순간 존재하는 무한한 가능성에 눈을 떠서 더 큰 경이로움과 기쁨을 받아들이도록 의도적으로 마음을 가다듬는 것이다. 당신이 오늘 주목한 놀라운 일이나 마법 같은 일을 일지에 기록하라.

7. 호의

데이비드 해밀턴David Hamilton은 《Five Side Effects of Kindness》에서 "호의의 부수적 효과는 행복이다."라고 썼다.[27] 그 점은 과학으로도 입증되었다. 연구 결과, 자애 명상은 긍정적 감정을 조성하고 삶의 만족도를 높이며 개개인의 역량을 증진시키고 우울증 증상에 완충 역할을 한다는 사실이 드러났다.

노스캐롤라이나 대학에서 바버라 프레드릭슨Barbara Fredrickson이 연구한 결과에 따르면, 7주 동안 자애 명상을 수행한 사람들은 일상생활에서 긍정적 감정을 더 많이 경험했고 (삶의 목적이 뚜렷해지고 질병 증상이 감소하는 등), 개인적 역량이 증진되었다. 이러한 효과는 결국 삶의 만족도를 높이고 우울증 증상을 줄이는 데 기여했다.[28]

또 자애 명상은 타인에 대한 편견을 낮추고 편두통을 줄이며, 집

마음챙김: 뇌를 재설계하는 자기연민 수행

중력과 주의력을 높이고 타인과 연결됐다는 느낌을 심어주는 것으로 나타났다.[29] 아울러 호의를 기르면 관용도 덩달아 길러진다. 가령 웹 기반으로 3시간 20분 동안 (10분씩 총 20회) 자애 명상을 수행한 사람들은 같은 시간 동안 가벼운 운동과 스트레칭을 한 대조군보다 마음이 더 편안했고 자선단체에 기부도 더 많이 했다.[30]

수행: 자애 명상

자애 명상이 호의와 행복과 웰빙을 강화한다는 사실은 이미 여러 연구로 입증되었다. 다음에 소개하는 수행은 샤론 샐즈버그Sharon Salzberg가 개발한 지침서를 알맞게 각색한 것이다. 그녀의 저서 《행복을 위한 혁명적 기술, 자애Lovingkindness》는 지금도 내 인생에 멋진 영감과 지침을 제공한다.[31]

일단 편안한 자세로 앉거나 누워보라. 몸과 마음을 편안하게 내려놓아라. 가슴에 한 손을 올리고 당신의 손길을 느껴보라. 심장박동에 주의를 기울이며 심장이 당신을 어떻게 돌보는지, 수조 개에 달하는 세포에 산소와 영양분을 보내느라 얼마나 애쓰는지 의식하라. 이 상태로 편히 쉬면서 심장이 당신을 돌보게 하라.

준비가 되면, 당신이 사랑하는 사람이나 소중한 친구나 반려견을 떠올려보라. 당신의 마음을 열어줄 존재라면 누구라도 좋다. 나는 보통 할아버지를 떠올린다. 할아버지를 생각할 때마다 미소가 절로 떠오른다. 누군가를 떠올리면서 마음속에 감도는 사랑과 관심을 느껴보라. 자애로운 그 마음을 이미지와 말로 그들에게 보낸다고 상상하라. 유대감과 사랑을 온전히 전할 수 있다면 무엇이든 좋다.

다음으로, 당신을 사랑하고 지원하고 아끼는 사람을 떠올려보라. 세상에 완벽한 사람은 없으니, 어쩌다 섭섭하게 한 적이 있더라도 당신을 무척 사랑하고 지원한다고 느낀다면 괜찮다. 당신을 향한 그 사람의 관심과 사랑을 느껴보라. 그 사람이 자애로운 마음으로 당신을 감싸며 축복을 빌어주는 모습을 상상해보라. 그리고 준비가 되면, 그와 똑같이 자애로운 마음으로 당신 자신을 감싸도록 하라. 이미지와 말을 활용하면 도움이 될 수 있다. "내 마음이 평온해지길!"이라고 되뇌면서 마음이 편안할 때의 이미지를 떠올려보라. "내가 행복해지길!"이라고 되뇌면서 당신이 행복하고 즐거울 때의 이미지를 떠올려보라. "내가 건강해지길!"이라고 되뇌면서 건강한 모습의 당신을 상상해보라. "내 마음이 자애로 충만하길!"이라고 되뇌면서 사랑과 호의가 당신을 감싸는 모습을 상상해보라.

그리고 준비가 되면, 모든 생명체를 위해서도 이러한 소망을 빌어보라. 사랑과 호의를 천지사방에 있는 모든 생명체에게 보내라. 당신도 그러한 생명체의 일원임을 기억하고, 숨을 내쉴 때마다 자애를 내보내고 들이쉴 때마다 자애를 받아들여라.

이 수행으로 얻은 마음의 양식을 온전히 받아들이도록 잠시 기다려라. 당신은 지금 자아라는 울타리를 넘어 더 큰 존재를 향해 호의의 씨앗을 뿌렸다.

마음챙김: 뇌를 재설계하는 자기연민 수행

| 금언 |

잠시 멈추고 이 장의 핵심 사항을 곰곰 생각한 다음, 평생 마음에 새기고 싶은 금언을 한 가지 골라보라. 골랐으면 일지에 기록하라.

몇 가지 예를 살펴보면 다음과 같다.

- 우리는 기쁨을 기르는 수행에 참여함으로써 부정적 편향을 상쇄할 수 있다.
- 우리는 세 번 호흡하는 동안 긍정적 경험에 집중함으로써 그 경험을 장기 기억에 자리 잡게 할 수 있다.
- 호의의 부수적 효과는 행복이다.
- 관용은 타인에게만 좋은 게 아니라 나 자신에게도 좋다.

09

마법 같은 일상

마인드풀 섹스에서 마인드풀 식사까지

+ + +

인생을 사는 방법에는 두 가지가 있다.
하나는 기적이 없는 양 사는 것이고,
다른 하나는 모든 게 기적인 양 사는 것이다.

- 알베르트 아인슈타인Albert Einstein

한 알의 모래에서 세상을 보고
한 송이 들꽃에서 천국을 보려면
그대 손안에 무한을 쥐고
찰나 속에서 영원을 붙잡아라.

- 윌리엄 블레이크William Blake, 《순수의 전조Auguries of Innocence》 중에서

지금까지 살펴봤듯이, 마음챙김은 힘들 때만 하는 명상 수행이 아니다. **마음챙김은 살아가는 방법이자 존재하는 방법이다.** 우리는 사랑을 나눌 때나 식사할 때, 일할 때나 양육할 때 등 일상의 **모든** 순간에 마음챙김을 수행할 수 있다. 마음챙김의 순간순간 유용성은 가장 큰 강점 중 하나로, 그 어떤 스트레스 관리 기법보다 효과가 뛰어나다.

> ≫ 마음챙김은 힘들 때만 하는 명상 수행이 아니다.
> **마음챙김은 살아가는 방법이자 존재하는 방법이다.**

마음챙김: 뇌를 재설계하는 자기연민 수행

나는 20대 후반이 되어서야 이 점을 제대로 이해했다. 순전히 내 친구이자 멘토인 켄 윌버Ken Wilber가 들려준 이야기 덕분이다.

"샤우나, 당신은 마음챙김 수행이 성생활과 완전히 무관하다고 생각하는군요. 그렇지 않아요. 그 둘은 분리된 게 아니라 함께 가는 겁니다."

뭐라고? 마음챙김 수행은 '저 위에' 있는 것이고, 섹스는 '저 아래' 있는 게 아니라고? 윌버의 말은 나를 획기적으로 바꿔놓았다.

열일곱 살 때 척추골 융합술을 받기 전까지 나는 성경험이 없었다. 수술로 척추에 쇠막대가 꽂힌 뒤로는 누가 내 몸에 손대는 게 상상만 해도 끔찍했다. 통증이 심하기도 했지만, 흉터투성이의 비쩍 마른 몸을 누구에게도 보이고 싶지 않았다. 대학교에 들어가서 드디어 남자 친구와 처음으로 섹스했을 때, 나는 육체와 완전히 분리되어 있었다. 그 첫 경험을 떠올리면, 내가 제대로 하고 있나 내내 불안했던 기억밖에 안 난다.

켄이 안내해준 길을 따라가다 보니, 마음챙김이 섹스뿐만 아니라 인생 전반에 두루 적용된다는 사실을 알게 되었다.

마음챙김은 우리의 가장 은밀한 순간과 가장 평범한 순간에 산소를 공급하면서 우리 삶에 더 큰 기쁨과 활력을 불어넣는다. 지금 이 순간은 단순히 다음 순간으로 가는 과정이 아니다. 살아 숨 쉬는 모든 순간이 참으로 소중하다. 마음챙김은 세상 만물의 성스러운 면을 볼 수 있게 하며, 평범한 일상을 마법 같은 일상으로 바꿔놓는다. 우리는 더 이상 삶이 시작되기를 기다리지 않고 이게 바로 삶이라는 걸 깨닫는다. 살아 숨 쉬는 이 순간이 인생이다.

이 장에서는, 당신이 하는 모든 일에 마음챙김을 투영할 수 있도록 마음챙김의 세 요소(의도, 주의, 태도)를 다섯 가지 특정 영역에 적용하는 방법을 탐구할 것이다.

1. 마인드풀 섹스Mindful sex
2. 마인드풀 의사 결정Mindful decision-making
3. 직장에서의 마음챙김Mindfulness in the workplace
4. 마인드풀 양육Mindful parenting
5. 마인드풀 식사Mindful eating

말할 필요도 없이, 마음챙김을 적용할 수 있는 영역은 무한하다. 특히 이 다섯 가지 영역은 일상생활에서 마음챙김의 핵심을 적용할 기회가 풍부하다.

마인드풀
섹스

잠시 시간을 내시 굉장히 즐기웠던 성경험을 떠올려보라. 그 순간을 실제로 다시 체험하는 것처럼 그때의 광경과 소리, 손길과 감흥, 냄새와 느낌을 기억하라. 그때 당신은 그 경험에 전적으로 빠져들었을 것이다. 마인드풀 섹스는 현재 순간에 온전히 몰입할 때 일어난다.

특별히 좋았던 경험과 유난히 힘들었던 경험과 그 중간 어디에 해당했던 경험 등 다양한 성적 경험을 이용해 현재성을 기를 수 있다. 섹스^{sex}와 섹슈얼리티^{sexuality}에 마음챙김을 적용함으로써 우리는 문화적 압력과 은근한 기대감 속에 깊이 감춰져 있던 이 주제를 슬며시 들출 수 있다.* 마음챙김은 우리가 섹스라는 민감한 주제에 좀 더 진정성 있게, 자비롭게, 정직하게 다가가도록 돕는다. 실제로, 마음챙김 수행은 우리의 성 건강과 즐거움에 상당한 혜택을 안긴다는 연구 결과가 있다. 마음챙김 수행은 전반적인 성적 만족도뿐만 아니라 행위 도중에 느끼는 흥분과 쾌감을 높여준다.[1] 아울러 여성이 오르가슴에 도달하지 못하게 하는 스트레스 호르몬인 코르티솔 분비를 떨어뜨린다.[2] 마지막으로, 파트너와 성행위를 더 많이 한 사람은 텔로미어가 상당히 더 길다는 사실이 샌프란시스코 소재 캘리포니아 대학에서 실시한 획기적 연구로 드러났다. 텔로미어는 염색체 말단에 붙어 있는 보호 캡인데, 건강하게 오래 살려면 이 유전자 보호 캡이 필요하다.[3]

연구 결과로 드러난 가장 중요한 점은 아마도 마음챙김이 우리 몸과의 연결을 키워준다는 사실일 것이다. 많은 사람이 몸과 분리된 채 하루하루 살아간다. 제임스 조이스^{James Joice}는 《율리시스

---

* 섹스는 보통 생물학적 성性의 구별이나 직접적인 성행위를 뜻하는 반면, 섹슈얼리티는 성적 행동이나 성적 현상, 성욕, 성 본능 등 성적인 것 전체를 가리킨다. 다양한 의미를 담은 말이라 원어로 표기한다. – 역자주

Ulysses》에서 그 점을 이렇게 묘사했다.

"Mr. 더피는 자기 몸과 짧은 거리를 두고 살았다."

이 말에 고개를 끄덕이며 공감하는가? 하지만 너무 걱정하지 않아도 된다. 마음챙김은 우리가 몸과 다시 연결되도록 도울 것이다. 더 나아가, 몸의 느낌을 관장하는 뇌 영역을 강화할 수도 있다.

그나저나 크기가 진짜로 중요한 것으로 드러났다. 뇌피질 깊숙한 곳에 있는 뇌도insula의 크기를 말하는 것이다. 뇌도는 우리 몸을 느끼고 조절하는 데 도움을 주는 부위로, 명상 수행을 통해 더 커질 수 있다. 뇌도의 크기와 활동이 오르가슴의 질과 직접적으로 연관되니 그야말로 좋은 소식이다. 마샤 루카스Marsha Lucas 교수가 설명하듯이, "더 크고 더 촉촉하고 더 활발한 뇌도는 섹스할 때 온몸에서 느껴지는 흥분과 변화를 더 생생하게 경험하게 한다."[4]

솔깃하지 않은가? 자, 이제 마음챙김에 기반을 둔 이 마인드풀 섹스가 무엇이고 어떻게 수행하는지 알아보자. 첫째, 마인드풀 섹스는 '완벽한' 섹스니, 멋지게 보여야 한다느니, '올바르게' 해야 한다느니 하는 압박감에서 당신을 해방시킨다. 마인드풀 섹스는 진정한 섹슈얼리티의 신비로움과 아름다움으로 당신을 초대한다. 섹스를 어떻게 바라보고 어떻게 '하는지' 지시하는 통념에서 벗어나 당신의 성적 경험에 새로운 활력을 불어넣어줄 것이나.

나만 해도 마음챙김을 성적 경험에 적용한 뒤로 인생이 달라졌다. 일단 내 몸을 더 다정한 눈으로 바라보게 되었고, 쾌락에 대한 인식도 더 깊어졌다. 그리고 내가 느끼는 것과 바라는 것을 나 자신과 내 파트너에게 솔직히 털어놓을 수 있게 되었다. 그 덕에 파트너와의 유대도 더 돈독해졌다.

마인드풀 섹스를 수행한 덕분에 마음도 더 여유로워졌다. 생동감과 활력이 일상생활로 번져서 걷거나 춤추거나 먹거나 노래하거나 음악을 듣거나 샤워할 때도 흥이 났다. 삶의 모든 순간이 더 포근하고 즐겁고 친근하게 느껴졌다.

또 마인드풀 섹스는 나를 더 대담하게 해주고, 내 몸과 욕망과 섹슈얼리티에 자신감을 심어 주었다. 내 모든 경험을 포용할 자유와 용기를 주었다. 나는 어떤 부분도 간과하지 않았다. 두려움, 욕망, 취약성, 어색함, 오르가슴, 어리석음 등 뭐든 다 소중하게 받아들였다.

마인드풀 섹스는 인생 전반과도 친밀해지도록 이끌어준다. 영원한 초심자처럼 언제나 배우고 탐구하고 성장하게 한다. 그 덕분에 나는 날마다 내 섹슈얼리티에 더 부드럽고 더 경이롭고 더 친절하게 다가갈 기회를 얻는다.

자, 이젠 마음챙김의 세 요소를 당신의 성적 경험에 투영할 방법을 몇 가지 살펴보자.

의도: 섹스와 관련해서 당신의 의도와 바람과 욕구를 곰곰 생각해보라. 어쩌면 당신은 더 친밀한 관계를 바랄 수도 있다. 더 화끈한 즐거움을 경험하고 싶거나 당신의 몸을 더 깊이 탐색하고 싶을 수도 있다. 어쩌면 아기가 생기길 바랄 수도 있다. 의도가 뭐든, 흔

쾌히 인정하고 그대로 따라가도록 하라.

주의: 성적 경험이나 관능적 경험의 느낌에 주의를 기울여보라. 몸에서 느껴지는 감각은 우리를 현재 순간에 단단히 고정시킨다. 잠시 시간을 내서 당신의 즐거움을 자세히 파헤쳐보라. 몸에 주의를 집중하다 보면, 당신을 성적으로 흥분시키는 게 뭔지 알게 될 것이다. 보고 듣고 만지고 냄새 맡을 때의 감각에 주의를 기울여라. 불편한 순간이 있다면 그 또한 주목하라. 모든 감각을 다 환영하라. 감각의 변화와 흐름에 주목하라. 비판이나 판단으로 정신이 산만해질 때는 숨을 깊이 들이쉬며 몸에서 느껴지는 즐거움에 다시 주의를 기울여라. 눈을 감고 지금 이 순간의 경험에 온전히 몰입하도록 하라.

태도: 호의와 호기심은 발견하고 탐색하는 데 유리한 개방적 환경을 조성한다. 당신과 파트너는 그 안에서 안전하게 배우고 즐기면서 친밀감을 키우고 취약성을 공유할 수 있다. 섹스는 우리를 대단히 상냥하고 너그러워지게 해서 평소라면 숨기고 싶은 부분까지 털어놓게 한다. 우리 자신과 파트너를 호의와 호기심과 자비의 마음으로 감싸면서 내밀한 취약성까지 드러내는 것이다. 내 친구이자 《Good Sex》의 저자인 제시카 그레이엄^{Jessica Graham}이 알려준 것처럼, 우리는 취약성에 더 매료된다.[5]

마음챙김: 뇌를 재설계하는 자기연민 수행

마인드풀
의사 결정

일상생활에서 마음챙김이 깊은 영향을 미치는 또 다른 측면은 의사 결정이다. 한 학생이 의사 결정을 내리는 방법에 대해 현명한 교사에게 물어보는 이야기가 있다.

학생: 선생님, 어떻게 하면 좋은 선택을 내릴 수 있습니까?

교사: 경험을 쌓아야지.

학생: 어떻게 하면 경험을 쌓을 수 있습니까?

교사: 나쁜 선택을 많이 해봐야지.

이러한 관점에선 실수란 없다. 언제나 경험을 쌓을 뿐이다. 각각의 경험은 늘 다음에 내릴 결정을 배울 기회가 된다.

그런데도 우리는 처음 계획한 대로 흘러가지 않을 때 전혀 다른 식으로 반응한다. '잘못했다'거나 '실수했다'는 식으로 단정하고 자기비판을 쏟아낸다.

'실수'를 배우는 과정의 일환이자 목표에 한층 더 다가가는 수단으로 바라보면 어떨까? 그게 바로 마음챙김의 힘이다. '실수마저 발전 과정의 일부'라고 생각하는 것이다. 각각의 경험을 성장 기회로 본다면, 우리는 변화와 혁신을 위한 가능성을 활짝 열 수 있다.

이러한 접근 방식은 결정을 내려야 할 때 압박감을 덜어준다. 이 점이 매우 중요하다. 펜실베이니아주 스워스모어 칼리지의 배리 슈워츠[Barry Schwartz] 교수에 따르면, 사람들이 결정을 못 내리는 가장 큰 이유는 잘못된 결정을 내릴까 봐 두려워해서다.[6] 그는 이를 **선택의 역설**[paradox of choice]이라 이름 붙였다. 역설적이게도, 선택할 게 많을수록 선택하기 어려우며 고심 끝에 선택하더라도 그 선택에 만족하기 어렵다.

언뜻 납득이 잘 안 될 수 있지만 데이터는 거짓말을 하지 않는다. 가령 항공권의 경우, 환불 가능 여부를 물으면 거의 모든 사람이 선택의 자유를 위해 환불 가능한 티켓을 원한다. 그런데 이 연구에서 환불 가능한 티켓을 받은 참가자들은 불가능한 티켓을 받은 참가자들보다 훨씬 덜 행복했다. 날짜와 시간을 마음껏 선택할 자유가 생기자 비행하기에 **완벽한** 시간을 고심하느라 결국 **만족감이 떨어졌던 것이다.**[7]

그렇다면 어떻게 해야 최고의 선택을 할 수 있을까? 첫째, 우리가 진정으로 원하는 바와 밀접하게 관련된 것으로 옵션 수를 제한해야 한다. 이는 당신의 기준과 목표가 무엇인지 명확히 파악하는 데서 시작한다. 그래야 선택하고 나서 만족감을 느낄 수 있다. 슈워츠 교수는 '적당히 만족하는 자[satisficer]' 대 '최고의 결과를 추구하는 자[maximizer]'로 나눠서 연구를 실시했다. 그 결과, 적당히 만족하는 자, 즉 옵션 수를 제한하고 완벽한 선택을 끝없이 찾지 않는 사람들이 훨씬 더 행복하고 더 성공하는 것으로 나타났다.[8] 마음챙김은 본래 의도를 계속 떠올리게 하고, 가장 중요한 것에 집중하게 하며, 정신을 흩트리는 욕망과 충동을 내려놓게 하는 등 다양한 방식으로 우

마음챙김: 뇌를 재설계하는 자기연민 수행

리를 돕는다.

현명한 결정을 내리는 데 중요한 단계가 또 있다. 잠시 멈추고서 우리의 정신적 과정, 즉 마음속에 계속해서 떠오르는 찬반양론뿐만 아니라 우리의 감정, 그리고 몸이 보내는 신호에까지 귀를 기울이는 것이다. 심리치료사 에스더 페렐^{Esther Perel}이 날카롭게 지적하듯이, '우리 몸에는 흔히 말로 너무나 쉽게 얼버무릴 수 있는 감정적 진리가 담겨 있다.'[9]

저명한 신경과학자 안토니오 다마지오^{Antonio Damasio}는 부상 때문에 (감정의 본거지인) 편도체와 (고차원적 추론의 출처인) 전두엽 피질 간의 연결이 끊기면 결정을 내리지 못하게 된다는 사실을 발견했다.[10] 결론적으로, 현명한 결정을 내리려면 정신적 능력과 더불어 감정과 몸의 감각까지 활용할 수 있어야 한다.

이번에도 마음챙김이 우리를 돕는다. 다양한 옵션을 탐색할 때 몸의 감각에 주의를 기울임으로써 감정과 연결되고, 그 정보가 피질에 전달되면 그곳에서 고도로 발달된 전두엽이 무엇을 결정할지 고심한다.

그런데 우리 몸과 감정에 주목하고 귀를 기울이는 능력은 하루아침에 생기지 않는다. 가령 "이 사람과 결혼해야 할까?", "이 직업을 택해야 할까?" 같은 중요한 결정을 앞뒀을 때 몸과 감정이 보내는 신호를 바로 알아차릴 수가 없다. 날마다 내면의 목소리에 귀를 기울이도록 수행하면서 적응하고 준비해야 중요한 결정을 내릴 때 활용할 수 있다.

마음챙김은 감정과 몸에 귀를 기울이도록 돕는다. '이 결정을 내린다고 상상하면 내 몸에서 어떤 기분이 들까? 마음이 차분하고 편안한가? 안도감이 느껴지나? 잘 조정된 느낌이 드나?'

가령 "점심으로 이걸 먹어야 하나?"처럼 리스크가 낮은 상황에서 마음챙김을 수행하면, 우리는 몸과 뇌 사이의 피드백 루프feedback loop를 생성할 수 있다. 수행할수록 피드백 루프는 강화된다. 이런 식으로 믿을 만한 경로를 개발해두면, 리스크가 높은 상황에서 당신은 감정적 직관과 인지적 지능을 잘 맞출 수 있게 된다.

산타클라라 대학의 학부생들을 대상으로 최근 실시한 연구에서, 우리는 마음챙김 훈련이 윤리적 의사 결정을 크게 강화한다는 사실을 알아냈다.[11] 훈련 과정에서 우리는 학생들에게 '올바른' 윤리적 선택이 무엇인지 가르치려고 시도하는 대신에, 학생 자신의 가치와 사고, 감정과 몸의 감각에 주의를 기울이는 법을 가르치는 데 집중했다. 가령 "술 마시고 운전하면 나쁘다."라고 말하는 대신, 학생들과 함께 안전 운전과 관련된 가치를 탐색하고 음주 운전을 상상할 때 몸에서 어떤 느낌이 드는지 알아보았다.

마음챙김은 뭐가 '옳고 그른지' 무조건 알려주는 위계적이고 도덕적인 과정이 아니다. 오히려 개인적 의문을 순차적으로 풀어가는 과정에서 의사 결정이 이뤄지도록 돕는다.

이번에도 우리는 마음챙김의 세 요소를 의사 결정에 적용할 수 있다.

마음챙김: 뇌를 재설계하는 자기연민 수행

의도: 이 결정의 결과로 당신이 가장 바라는 점이 무엇인지 생각해보라. 무엇을 가치 있다고 생각하는가? '올바른' 선택을 내린 다음에 어떤 느낌이 드는가? 당신 자신과 타인의 웰빙을 높여줄 선택과 행동이 무엇인지 깊이 생각해보라.

주의: 결정에 앞서 정신적 과정과 몸의 감각, 감정적 대응에 주의를 집중하라. 귀를 기울이는 동안 떠오르는 감정과 몸의 감각, 생각을 모두 환영하라. 특정 사항을 선택하려고 생각할 때 어쩌면 마음이 허전하거나 목이 막힐 수 있다. 다른 선택을 고려할 때 어쩌면 마음이 편해지고 자신감이 들 수 있다. 온몸과 마음으로 귀를 기울이도록 하라. 중국의 철학자 장자가 말했듯이, '혼을 다해 듣는 것은 귀나 마음 등 어느 한 가지 기능에 국한하는 게 아니다.'[12]

태도: 당신이 결정하려는 사항을 곰곰 생각할 때 호의와 호기심의 태도를 기르도록 하라. 그 과정에서 떠오르는 온갖 걱정과 아이디어, 감정과 생각을 환영하라. 각기 다른 선택 사항에 대해 어떤 반응이 나오든 모두 허용하라. 지혜로운 스승인 코켈리코트 길랜드Coquelicot Gilland가 예전에 나를 안내했듯이, '내부에 의결 정족수를 두고서 온갖 목소리를 내게 하라. 호의와 호기심으로 그 목소리에 귀를 기울여라.'[13] 진리를 발견하고 현명한 결정을 내리려면 다양한 목소리에 귀를 기울이는 수밖에 없다.

직장에서의
마음챙김

마음챙김은 어떤 일에 종사하든 직장에서도 유용하다. 유수의 기업들이 직장에 마음챙김 훈련을 도입했다는 소식을 들어봤을 것이다. 그럴만한 이유가 있다. 구글, 프록터 앤드 갬블, 애트나^Aetna^, 페이스북, 제너럴밀스 등 〈포춘〉지 선정 500대 기업들이 몇 년째 마음챙김 프로그램을 대규모로 시행하고 있다. 수천 명이 이 프로그램에 참여했고, 긍정적 효과가 데이터상으로 확연히 드러났다. 구체적으로 살펴보면, 스트레스가 감소되고, 생산성과 혁신이 증대되고, 의사 결정 능력이 강화되고, 회사에 대한 충성도와 업무 만족도가 높아졌다.

일례로, 미국 내 3위 건강보험회사인 애트나가 듀크 대학과 협력하여 마음챙김 훈련을 연구했는데, 그 결과, 참가자 중 28퍼센트가 스트레스 수준이 감소했고 20퍼센트는 수면의 질이 개선되었으며 19퍼센트는 고통이 감소되었다. 아울러 근로자마다 주당 62분씩 생산성이 향상되었다.[14]

〈포춘〉지 선정 500대 기업에서 일하는 한 부사장은 마음챙김 수행이 자신의 직장생활에 미친 영향을 설명하면서 다음과 같은 이야기를 들려주었다.

난 아주 의욕적인 사람입니다. 직원들을 밀어붙여서 어떻게든 최상의 결과를 뽑아내죠. 간혹 너무 강하게 밀어붙이는 통에 상

마음챙김: 뇌를 재설계하는 자기연민 수행

황을 명확히 보지 못할 때도 있습니다. 그런데 한번은 프로젝트 책임자가 찾아와서 시간표를 착각하는 바람에 일이 예정보다 늦어졌다고 보고하더군요. 그런데 그 뒤에 벌어진 일은 내 평생 잊지 못할 겁니다. 평소 같았으면 화를 벌컥 내면서 책임자를 다그치고 예정대로 맞추라고 요구했을 겁니다. 하지만 그날은 그러지 않았습니다. 심호흡을 하고 마음을 가다듬은 다음 대응했습니다. 대뜸 소리치는 대신에 그녀에게 장애물이 뭔지, 어떻게 하면 정상으로 되돌릴 수 있는지 차분히 물어봤습니다. 우리는 문제점을 명확히 파악해서 논의했고, 내 성에 차지는 않았지만, 그래도 합리적 해결책에 이르렀습니다. 그녀가 내 사무실을 나서려다 문 앞에서 잠시 머뭇거리더니 조용히 말하더군요.

"고맙습니다, 부사장님. 이 얘긴 안 하려고 했는데, 실은 남편이 얼마 전에 암 선고를 받았거든요. 애들도 아직 어린 상태라 앞이 깜깜했는데, 너그럽게 이해해주셔서 큰 힘을 얻었습니다."

난 그 자리에서 꼼짝할 수 없었습니다. 그저 가슴을 쓸어내리며 그녀에게 버럭 소리치지 않고 잠시 멈출 수 있었다는 점에 감사했습니다. 겉보기엔 멀쩡해 보여도 저마다 사연이 있다는 걸 새삼 깨달았죠.

마음챙김의 세 요소를 일과에 포함시킴으로써 당신은 직장생활에 마음챙김을 적용할 수 있다.

의도: 당신의 업무 목표와 포부를 생각해보라. 무엇이 가장 중요한가? 당신은 무엇을 가장 소중하게 생각하는가? 목표와 현실이 동떨어져 있더라도 좀 더 조정된 방향으로 움직이겠다고 의도를 설정할 수 있다. 당신의 장단기 목표를 적어보라. 이 수행을 계기로 나침반의 방향을 다시 설정하라. 당신에게 가장 중요한 것과 다시 연결하고, 그러한 목표가 당신의 가치에 여전히 부합하는지 수시로 확인하며, 당신의 현재 위치와 원하는 위치 간의 간극을 어떻게 매울지 고심하도록 하라.

주의: 근무 시간에는 업무에 온전히 주의를 기울이도록 하라. 4장에서 보았듯이, 멀티태스킹은 건강도 해치고 업무 능률도 떨어뜨린다. 한 번에 한 가지 업무를 집중해서 수행하라. 일과가 끝날 무렵 그날 마치지 못한 일을 기록한 후, 다음 날 진행하겠다고 속으로 다짐하라. 그래야 귀가하고 나서 업무에 대한 생각을 떨쳐버릴 수 있다. 어디에 있든 그곳에 마음을 쏟는 게 중요하다.

태도: 앞에서 배웠듯이, 호의와 호기심은 배우고 협력하는 데 좋은 심리적 환경을 조성한다. 이러한 태도는 혁신과 창의성과 성공으로 가는 길을 더 활짝 연다. 실제로 나는 동료들과 함께 〈하버드 비즈니스 리뷰〉 최근 호에 마음챙김에 입각한 태도가 창의성과 혁신을 포함한 기업가 정신과 연관되어 있다는 사실을 입증하는 연구를 발표했다.[15]

마인드풀 양육

우리 중 대다수는 부모 노릇을 하면서 쓴맛과 단맛을 두루 경험했다. 아이들을 세상 그 무엇보다 사랑하지만, 아이를 키우는 일은 우리에게 가장 큰 도전이기도 하다. 이번에도 마음챙김에 입각한 양육 방식이 상황을 바꿀 수 있다.

마인드풀 양육은 '완벽한 부모'가 된다는 뜻이 아니다. 가능한 한 최고의 부모가 될 수 있도록 우리가 개발한 기술을 적용한다는 뜻이다. 아울러 실수했을 때 우리 자신을 자애롭게 대한다는 뜻이다. 우리 자신에게 다시 기회를 부여할 때, 아이들에게도 똑같이 자비를 베풀 수 있다. 그렇다고 우리 자신이나 아이들에게 아무 때나 뭐든 해도 된다고 허용하는 건 아니다. 2장에서 언급했던 선불교 가르침을 기억하라. 이는 우리가 아이들을 대할 때나 우리 자신을 대할 때 늘 명심해야 할 점이다.

"당신은 현재 모습 그대로 완벽하지만, 개선할 여지가 있다."

이처럼 마인드풀 양육은 우리 중 상당수가 느끼는 죄책감과 수치심에 대한 해결책을 제공한다. 마음챙김은 우리에게 균형감을 심어주고, 상황을 악화시킬 수 있는 수치심과 반사적 반응 사이클에서 벗어나도록 한다. 아이의 행동이 우리를 자극할 때, 우리는 발끈해서 소리치는 대신에 한 걸음 물러나서 상황을 명확하게 볼 수 있다. 그렇다고 화나지 않거나 속상하지 않다는 뜻은 아니다. 다만 우리의 감정을 인식하고 조절해 다시 선택할 여지를 갖는다는 뜻이다.

또 마인드풀 양육은 아이의 니즈와 생각과 기분에 더 귀를 기울이게 함으로써, 당신과 아이의 관계를 강화하도록 돕는다. 아이들은 무엇보다도 부모의 도움이 필요하다. 부모는 다른 어떤 것도 할 수 없는 식으로 아이들에게 자양분을 공급한다. 마음챙김은 우리가 아이들에게 관심을 기울이도록 돕는다. 아이들을 **보살피도록** 돕는다.

마인드풀 양육을 경험한 아이들은 마약을 덜 복용하고, 위험한 행동에 덜 개입하며, 우울증과 불안감에 덜 시달린다는 연구 결과가 나왔다.[16] 나는 이 연구를 더 심화하여 《Mindful Discipline: A Loving Approach to Setting Limits and Raising an Emotionally Intelligent Child》에서 방법론을 자세히 다뤘다. 하지만 여기서는 마음챙김의 세 요소를 적용하는 식으로 바로 시작할 수 있다.

의도: 부모로서 당신에게 가장 중요한 점이 무엇인지 생각해보라. 아이와 함께 시간을 더 보내는 것? 아이 말에 귀를 더 기울이는 것? 아이와 더 놀아주는 것? 아이와 더 돈독한 관계를 맺는 것? 아이를 더 믿어주는 것? 당신이 가장 바라는 점을 기록하라. 기록한 내용을 눈에 띄는 곳에 두고 수시로 확인하면서 마음을 다잡도록 하라.

주의: 아이와 함께 있는 순간엔 아이에게 모든 관심을 집중하도

마음챙김: 뇌를 재설계하는 자기연민 수행

록 하라. 나는 내 아들과 소통하는 동안 요리를 하거나 이메일을 확인하거나 출장 가방을 싸는 등 다른 일을 병행하다가 움찔하곤 한다. 아마 당신도 비슷할 것이다. 그런 자신을 비난하지는 마라. 인생이 워낙 바쁘지 않은가! 하지만 아무리 바빠도 날마다 일정 시간을 아이에게 온전히 할애할 수 있다. 그 시간에는 휴대폰이나 다른 방해물을 모두 차단하라. 아이와 함께 보내는 시간을 소중히 여겨 어떤 방해도 받지 않도록 한다는 점을 아이가 알게 하라. 복잡하고 힘겨운 세상에서, **가장 소중한 자산은** 우리의 시간이 아니라 **관심**이다. 아이들에게 관심을 집중하면 우리가 아이를 소중하게 여긴다는 사실을 온전히 전할 수 있다.

>> 복잡하고 힘겨운 세상에서,

가장 소중한 자산은 우리의 시간이 아니라 **관심**이다.

태도: 호의와 호기심의 태도로 아이와 소통하도록 하라. "그림을 그렸구나. 뭘 그렸는지 궁금한데, 네가 알려줄래?", "음악을 듣고 있구나. 같이 들어도 되니?", "비디오 게임을 아주 잘하는구나. 이 게임의 어떤 점이 가장 재미있니?", "어머나, 무척 흥미롭구나!", "흠, 그다음엔 어떻게 됐니?" 이런 식으로 아이의 경험에 진심으로 관심과 흥미를 보이도록 하라.

마인드풀
식사

살아가는 데 음식이 필요하다는 걸 누구나 알지만, 음식과 우리의 관계는 생존의 문제보다 훨씬 더 복잡하다. 음식은 협력자가 될 수도 있고 해를 끼치는 것이 될 수도 있다. 비만과 섭식 장애가 크나큰 고통을 야기하는데, 임상 진단을 받은 사람만 섭식에 어려움을 겪는 게 아니다. 우리 중 대다수가 한두 번쯤 먹는 일로 어려움을 겪는다. 일부는 다이어트를 끊임없이 시도하는 데도 체중 조절에 실패하고, 일부는 유전적으로 콜레스테롤 문제를 안고 살아간다. 또 일부는 정신없이 바쁘게 사느라 영양가 있는 식사를 즐길 시간을 내지 못한다.

이걸로도 모자라, 우리 중 대다수는 식사하면서 흔히 다른 일을 병행한다. 지난 일주일을 돌이켜보라. 식사하면서 무엇을 했는가? 차를 몰거나 책을 읽거나 이야기를 하거나 업무를 보거나 TV를 보지 않았는가? 실제로, 지난 한 주 동안 기억에 남는 식사가 몇 번인가? 자동 조종 장치에 따라 운항하는 비행기처럼 우리는 흔히 무엇을 먹는지 자각하지 못한 채 기계적으로 먹는다.

마음챙김은 음식을 둘러싼 무의식적 반응에 대항하도록 돕고, 식사하는 경험에 진적으로 집중하게 한다. 우리는 주의를 집중해 먹으면서 몸이 보내는 메시지에 귀를 기울일 수 있다. 배가 고플 때와 배가 부를 때를 인식할 뿐만 아니라 우리 몸이 어떤 음식을 원하는지도 알아차릴 수 있다.

또 마음챙김은 음식의 질감과 냄새와 맛을 음미하도록 격려해서 먹는 즐거움을 누리게 한다. 우리는 먹는 동안 모든 감각을 활용하여 전체 경험을 바꿀 수 있다.

의도: 식사를 시작하기 전에 잠시 멈추고 먹는 것에 대한 당신의 의도를 생각해보라. 그건 바로 몸에 영양분을 공급해서 에너지를 얻는 동시에 먹는 즐거움을 누리는 것이다.

주의: 음식을 먹기 시작할 때 그 순간에 주의를 모두 집중하라. 보고 맛보고 만지고 냄새 맡는 등의 감각에 집중하면 된다. 이런 식으로 음미하면서 먹으면 속도를 늦출 수 있다. 한 입 한 입 정성껏 씹으면 소화에도 도움이 된다. 아울러 배고픈 정도와 얼마나 많이 먹을지를 안내하는 몸의 신호에도 주의를 기울일 수 있다.

태도: 먹는 활동에 호기심을 보이도록 하라. 비판적 사고보다는 호의와 호기심의 태도로 접근하라. 올바른 방법이 딱히 정해져 있지 않으니, 당신의 모든 경험을 환영하라. 호의와 호기심의 태도가 먹는 경험에 새로운 통찰을 선사하는지 주목하라.

수행: 마인드풀 식사

전에 마음챙김 훈련을 받아본 적이 있다면 아마 이 활동을 접해봤을 것이다. 그야말로 최고의 훈련 방법 중 하나이기 때문이다. 시작하기에 앞서, 건포도나 작은 과일을 하나 준비하라. 편한 자세로 앉아 몸과 마음의 긴장을 모두 내려놓아라. 호의와 호기심의 태도로 현재에 집중하겠다고 의도를 설정하라.

비, 햇빛, 토양, 공기 등 여러 요소가 한데 어우러져 당신에게 영양분을 공급할 이 음식을 완성했다는 사실을 잠시 생각해보라. 당신 손에 당도하기까지 이 건포도를 기르고 따고 말리고 포장하고 운송한 사람들에게 감사하라.

자, 이번엔 건포도에 주의를 집중하라. 크기와 모양과 색을 주목하라. 건포도가 포도였던 때를 상상해보라. 포도 넝쿨에 주렁주렁 달린 포도송이에서 포도 한 알이 뚝 떨어져 나왔을 것이다. 포도송이에 연결되어 있던 부분, 즉 '배꼽' 부분을 건포도에서 찾아보라. 준비가 되면, 건포도나 과일 조각을 코까지 들어 올려라. 눈을 감고 향기를 맡아보라. 눈을 감은 채로 입안에 넣고 혀로 이리저리 굴려보라. 입안에 고이는 침과 건포도의 질감, 혀의 움직임 등 그 순간 느껴지는 온갖 감각에 주목하라.

준비가 되면, 이 작은 과일 조각을 깨물어라. 입안에 감도는 풍미가 몸에 미치는 영향을 의식하라. 그 경험의 모든 측면에 호의와 호기심을 보이도록 하라. 어떤 치아를 사용하는지 주목하면서 천천히 씹어라. 혀의 놀라운 움직임에 주목하라.

그런 다음 천천히 삼키도록 하라. 이 작은 과일 조각이 이젠 당신의 일부가 되었음을 의식하라. 조용히 앉아 그 경험을 받아들여라.

이 경험으로 무엇을 주목했는지, 평소에 먹던 방식과 어떤 점에서 달랐는지 일지에 기록하라. 이번 주에 마인드풀 식사를 한 번 하겠다고, 혹은 한 입이라도 그런 식으로 먹겠다고 다짐해볼 수도 있을 것이다.

속도
줄이기

일상에 마음챙김을 투영할 가장 중요한 방법 중 하나는 속도를 줄이는 것이다. 그렇다고 꼭 천천히 가라는 뜻은 아니다. 그저 덜 조급하고 덜 짓누르고 덜 걱정하는 마음으로 삶을 살아가라는 것이다. 그래야 우리가 가장 소중히 여기는 가치에 맞춰 살아갈 선택 기회가 더 많아진다.

프린스턴 대학에서 시행했던 선한 사마리아인 연구를 생각해 보라.[17] 심리학자 존 달리^{John Darley}와 댄 뱃슨^{Dan Batson}은 신학도들에게 선한 사마리아인의 우화를 중심으로 설교를 준비해 달라고 요청했다.

설교하려고 도착한 학생들 중 절반에게, 연구진은 "아, 이런. 너무 늦었네요. 캠퍼스 반대편에서 설교를 해야 하니까 얼른 서둘러요!"라고 말했다. 이 학생들은 첫 설교에 늦을까 봐 황급히 뛰어갔다. 캠퍼스를 가로질러 가던 도중 그들은 강도를 당해 도움이 필요한 남자와 마주쳤다. (실제로 이 사람은 강도당한 척 연기한 배우였다.) 아이러니하게도, 학생들 중 대다수는 선한 사마리아인에 대한 설교를 하기 위해 남자를 본체만체 지나쳐버렸다.

자, 이번엔 나머지 절반을 살펴보자. 그들도 캠퍼스에 도착했을 때 캠퍼스 반대편에서 설교를 해야 한다는 이야기를 들었다. 하지만 서두를 필요가 없어서 그들은 캠퍼스를 천천히 가로질러 갔다. 똑같은 배우가 도움을 청했을 때, 훨씬 더 많은 학생이 걸음을 멈추고 그를 도와주었다.

교훈: 서둘러야 한다고 압박받는 상황에서 우리는 지적 능력과 정서적 능력을 제대로 발휘하기 어렵다. 그 순간에 닥친 중요한 부분을 놓치게 된다. 좀 더 느리고 신중하게 움직인다면, 우리의 모든 자원에 접근할 수 있고 우리가 이용 가능한 능력을 모두 발휘할 수 있다.

마인드풀 섹스, 마인드풀 의사 결정, 직장에서 마음챙김, 마인드풀 양육, 마인드풀 식사는 마음챙김이 일상생활의 일부가 되는 수많은 방법 중 일부에 지나지 않는다. 우리가 어디에서 무엇을 하든 의도와 주의와 태도는 우리 경험을 풍요롭게 하고, 우리를 자유롭게 성장하게 하며, 세상을 더 쉽게 헤쳐 나갈 수 있게 한다. 이는 마법이 아니라 수행의 결과이다.

| 금언 |

잠시 멈추고 이 장의 핵심 사항을 곰곰 생각한 다음, 평생 마음에 새기고 싶은 금언을 한 가지 골라보라. 골랐으면 일지에 기록하라.

몇 가지 예를 살펴보면 다음과 같다.

· 마음챙김은 언제 어디서나 수행할 수 있다.
· 우리가 하는 모든 일에 의도와 주의와 태도를 투영할 수 있다.
· 우리는 평범한 일상을 마법 같은 일상으로 바꿀 수 있다.

마음챙김: 뇌를 재설계하는 자기연민 수행

+ **10** +

더 연결되고 더 자비로운 세상

+ + +

우리는 전체인 동시에 더 큰 전체의 일부이기도 해서,
우리 자신을 바꾸기만 해도 세상을 바꿀 수 있다.

- 존 카밧진

나는 유나이티드 항공 737기의 중간 좌석에 자리를 잡고 앉아 숨을 깊이 들이마셨다. 비행기가 활주로를 따라 미끄러지는가 싶더니 금세 공중으로 붕 떠올랐다. 과학과 문화의 교차점을 탐구하는 학회에 참석하려고 멕시코 중부 도시 산미겔데아옌데로 가는 길이었다. 보통은 이런 학회를 손꼽아 기다리지만, 지난 두어 달은 도무지 의욕이 나지 않았다. 할아버지를 잃은 슬픔에 잠겨 세상과 단절된 채 외롭게 보냈다. 나한테 할아버지는 아버지 같은 존재였다.

떠나기 전에 짐을 꾸리는데, 친구가 멕시코 사람들이 2달러짜리 지폐를 길조로 여긴다는 말을 들려줬다. 그래서 공항 가는 길에 은

219

행에 들러서 2달러짜리 지폐를 봉투 가득 준비했다.

산미겔에 도착한 순간, 나는 멋진 풍경에 매료되었다. 일단 색상이 참으로 다채로웠다. 자갈길을 따라 노랑과 빨강의 투톤 건물이 길게 늘어서 있고, 창가 화단마다 하얀 꽃들이 고운 자태를 뽐내며 가지를 뻗어 벽을 뒤덮고 연철 대문을 휘감았다. 중앙 광장에선 유랑 악단 마리아치 밴드가 멕시코 전통 음악을 흥겹게 연주했다. 그 앞으로 사람들이 분주하게 오갔다. 모퉁이 카페들은 우유 과자인 둘세데레체dulce de leche의 달콤한 향기로 사람들을 유혹했다. 그 모든 것 위로 우뚝 솟은 빠로끼아 데 산미겔 아르깐헬Parroquia de San Miguel Arcangel 성당이 자식을 흐뭇하게 바라보는 부모처럼 도시를 내려다보고 있었다.

한 젊은 엄마가 아기를 품에 안고 길바닥에 앉아 있는 게 보였다. 옆에는 어린 아들이 서 있었다. 나는 꼬마 디에고에게 말을 붙이며 2달러 지폐를 건넸다. 내 스페인어는 이 세 살 꼬마의 언어 능력과 엇비슷한 수준이었다. 젊은 엄마가 내 말을 듣고 깔깔 웃었다. 그녀의 웃음은 전염력이 있어서 나도 덩달아 웃었다. 그 순간 우리는 가장 보편적인 인간 언어를 공유했다.

기분이 좋아진 나는 시내를 가로질러 가면서 길쭉한 첼로를 연주하는 음악가에게 또 2달러 지폐를 건넸다. 길가에서 추로스를 파는 소년에게도 건넸다. 하지만 마음 한구석에선 여전히 외로움이 속살거렸다.

그 주 내내 비슷한 기분으로 지냈다. 학회는 음식과 음악과 문화

마음챙김: 뇌를 재설계하는 자기연민 수행

가 어우러져 무척 흥미로웠다. 하지만 뭘 하든 나는 여전히 외로웠고, 내 안에선 이별의 구슬픈 북소리가 둥둥 울렸다.

그러다 산미겔에서 마지막 날 아침이 밝아왔다.

나는 아침 일찍 눈을 떴다. 자갈길을 마지막으로 한 번 더 산책하고 싶었다. 길을 따라 한참 걸어가는데 지팡이를 짚고 가는 노인이 보였다. 그는 가만히 서 있기도 힘든 몸으로 한 걸음씩 힘겹게 걷고 있었다.

게다가 노인의 손에는 붉은 솔이 달린 커다란 빗자루가 하나 들려 있었다.

'거리의 청소부일 리는 없는데, 설마?'

노인은 두어 걸음마다 멈춰서, 한 손으론 지팡이를 짚고, 다른 손으론 빨간 빗자루로 거리를 쓸었다. 문득 돌아가신 내 할아버지가 생각났다. 할아버지도 저런 지팡이를 짚고 뭐든 고집스럽게 열심히 하시곤 했다.

나는 노인에게 다가가 웃으며 말했다.

"올라ᴴᵒˡᵃ! 어르신을 뵈니까 저희 할아버지 생각이 나네요."

노인이 나를 보며 마주 웃었다. 나는 노인에게 이름을 물었다.

"마리오 모랄레스." 노인이 다정한 목소리로 대답했다.

나는 다소 어색한 몸짓으로 노인에게 2달러짜리 지폐를 내밀었다. 노인은 빗자루를 어깨에 비스듬히 기대놓고 지폐를 받으며 나를 지그시 쳐다봤다. 깜짝 놀랄 만큼 강렬한 시선이었다. 나이나 몸 상태하고는 딴판으로 생명력이 넘치는 눈빛이었다.

노인과 마주보고 서 있자니 문득 내 할아버지가 다정한 눈길로 나를 쳐다보는 것 같았다.

난데없이 눈물이 핑 돌았다. 노인은 여전히 다정한 눈길로 나를 쳐다봤다. 그 순간 모든 게 변했다. 나는 그에게 베푸는 사람이 아니었다. '궁핍한 자'를 돕는 '구세주'가 아니었다. 내 편견과 허점이 고스란히 드러난 그 순간, **도움을 받는 사람은 오히려 나라는 사실**을 깨달았다. 겉으로 드러난 차이를 걷어내니, 우리는 서로 연결되어 있었다.

분리의
망상

"오늘날 가장 큰 질병은 나병이나 결핵이 아니라 외따로 떨어져 있다는 느낌입니다."

수십 년 전에 테레사 수녀가 한 말이다. 우리는 걸핏하면 생명의 망web of life으로 연결되어 있다는 사실을 망각한 채, 외딴 감옥에 우리 자신을 가둔다. 아인슈타인은 이 감옥을 '의식의 시각적 망상 optical delusion of consciousness'이라 불렀다. 그런 망상 때문에 우리는 눈에 보이지 않는 심리적 경계를 구축한다. 우리보다 더 큰 존재와 연결되고 또 그 일부가 되고자 갈망하면서도, 이러한 경계 때문에 계속 외롭고 고립되었다고 느낀다.

이러한 외로움이 전염병처럼 널리 퍼지면 파국적 결과로 이어진다. 고립되고 혼자라는 느낌은 흡연이나 비만보다 사망과 질병에 더 큰 위험 요인이다. 실제로, 외로움이 심각한 사회 문제가 되면서 정부가 관여할 지경에 이르렀다. 영국에서는 2018년에 트레이시 크라우치Tracey Crouch를 외로움 담당 장관Minister for Loneliness으로 임명했다.

외로움을 치유하려면 분리의 시각적 망상optical delusion of separateness에서 벗어나야 한다. 이번에도 마음챙김이 우리를 도와줄 것이다. 마음챙김은 우리가 서로 공유하는 인간성을 상기시켜주고 우리 자신과 서로를 명확하게 볼 수 있도록 해준다. 일례로, 짧은 마음챙김 수행만으로도 사람들에 대한 무의식적 또는 암묵적 편견을 줄일 수 있다는 연구 결과가 있다.[1] 겨우 10분간 명상에 참여한 학생들은 대조군에 비해 인종과 나이에 대한 암묵적 편견을 덜 드러냈다. 마음챙김 수행이 선입관과 편견을 줄여서 더 명확하게 인식하도록 돕는다는 사실이 입증된 것이다. 루스 킹Ruth King은 《Mindful of Race》에서 그 점을 멋지게 담아냈다.

"[마음챙김]은 속도를 늦추고 갖가지 경험을 주의 깊게 탐색할 방법을 우리에게 제공한다. 왜곡하거나 미화하거나 판단하지 않고서 인종 간의 괴로움과 조건화를 증언하도록 지원한다."[2]

마음챙김은 엉뚱한 편견과 선입견에서 비롯된 오해를 떨쳐내도록 돕는다. 아울러 인종에 대한 인식을 제대로 파악해서 내부적 편견과 그에 따른 외부적 인종차별 구조를 바꾸도록 한다.[3]

마음챙김은 우리가 특권과 권력, 편견과 억측이라는 문제에 경각심을 갖도록 지원하는 동시에 그 이면에 우리가 서로 연결되어 있다는 사실을 인식하게 한다. 이런 강력한 추론 덕분에 우리는 차이를 인정하고 존중하는 동시에 근본적인 상호 연계를 인식할 수 있다.

아울러 이런 변증법 덕분에 **우리** 대 **그들**이라는 해로운 이분법을 인식하고, 마야 안젤루Maya Angelou의 멋진 말도 기억할 수 있다.[4]

"친구들아, 우리는 다른 점보다 비슷한 점이 더 많단다."

실제로, 인간 DNA는 99.9%가 동일하다.[5] 따라서 우리는 극히 미미한 차이를 인식하고 소중히 하는 동시에 심오한 상호의존성을 제대로 이해해야 한다.

차이점을 어물쩍 넘기지 않으면서 보편적 인간성을 파악하도록 수행하면 할수록 우리는 편협하게 길들여진 마음가짐을 우회하도록 뇌를 훈련시킬 수 있다. 이러한 전환은 자연스럽게 자비와 더 큰 선善에 대한 헌신을 불러일으킨다. 이것은 단순히 타인을 돕는 게 '옳은 일'이기 때문에 행하는, 하향식 도덕주의가 아니다. 오히려 모든 게 서로 연결되어 있다는 진리를 속속들이 이해한 데서 비롯되는, 상향식 통찰이다.

간단한 예를 하나 상상해보자. 왼손에 가시가 박히면 오른손은 무엇을 할까? 당연히 그 가시를 제거한다. 우리는 왼손과 오른손이 같은 몸의 일부임을 잘 알고 있다. 이 점은 전체 인류에도 똑같이 적용된다. 마틴 루터 킹Martin Luther King Jr. 목사가 버밍엄 감옥에서 보낸 편지에도 썼듯이, '우리는 운명이라는 단일한 외피로 묶여 피할 수 없는 상호 관계의 네트워크에 걸려 있다. 어느 하나에 직접적으로 영향을 미치는 것은 다른 모든 것에도 간접적으로 영향을 미친다.'[6] 킹 목사는 그 편지에서 이런 말도 했다. "어디에서 발생하든 불의는 세상 모든 곳의 정의를 위협한다." 그의 말은 인간의 모든 경험이 서로 연결되어 있다는 사실을 강조한다.

더 연결되고 더 자비로운 세상

상호 연결성이라는 아이디어는 숭고한 영적 이상理想으로 그치지 않는다. 상호의존성은 자연의 기본 법칙이자, 현대 과학과 생태학, 인공두뇌학, 물리학, 문화, 시스템 이론의 지배적 세계관이기도 하다. 우리는 모든 것이 서로 영향을 미치고 복잡하게 연결된 시스템 속에 살고 있다. 어떤 것도 따로 떨어져 있지 않다. 저명한 환경 운동가인 존 뮤어John Muir가 역설했듯이, '우리가 어떤 것 하나를 뽑아내려 하면, 그것이 우주의 다른 모든 것들과 연결되어 있음을 알게 된다.'[7]

》 우리는 모든 것이 서로 영향을 미치고
복잡하게 연결된 시스템 속에 살고 있다.

그렇다면 어떻게 해야 더 연결되고 더 자비로운 세상을 이룰 수 있을까? 아인슈타인은 우리가 "일종의 감옥에 갇혀 살면서 … 개인적 욕망에만 몰두하고, 아주 가까운 사람들하고만 애정을 나눈다."라고 경고한다. 그러면서 우리에게 "자비의 테두리를 넓혀 이 감옥에서 벗어나야 한다."라고 권고한다.[8]

앞서 배운 것처럼, 자비의 테두리를 넓히는 일은 인식에서 시작된다. 우리를 갈라놓는 편견과 억측을 인식하고 우리를 억압하는 권력과 특권을 인식하며 타인을 향한 자비가 우리 자신을 향한 자비에서 나온다는 사실을 먼저 인식해야 한다. 재향 군인 병원에서 상담치료를 받던 퇴역 군인을 기억하는가? 그는 자신의 고통을 치유하고 타인도 그러도록 돕고자 손을 내밀기 전에 먼저 자신을 용서하도록 수행해야 했다. 유방암 투병으로 고생하던 사만다를 기억하는가? 그녀는 자기 자비로 유방암에 대처할 방법을 찾고 나서야 자신을 지지하는 핑크 리본 커뮤니티와 더 끈끈하게 연결되었다.

마음챙김과 자기 자비, 그 속에서 생겨난 여러 수행은 우리가 고립의 감옥과 분리의 망상에서 벗어나도록 한다. 이러한 수행은 우리의 마음을 열고, 정신을 일깨우며, 우리가 서로 연결되어 있다는 의식을 깊이 새겨준다. 우리는 결코 우리 자신만을 위해 수행하는 게 아니다. 우리 자신을 바꾸면 그 효과가 우주 전체로 퍼져나간다. 우리 자신을 치유하면 우리 주변을 치유하고 세상 만물까지 치유할 수 있다.

>> 우리는 결코 우리 자신만을 위해 수행하는 게 아니다.
우리 자신을 바꾸면 그 효과가 우주 전체로 퍼져나간다.
우리 자신을 치유하면 우리 주변을 치유하고 세상 만물까지 치유할 수 있다.

수행: 상호의존성

일단 몸과 마음을 안정시켜라. 입가에 잔잔한 미소를 지어라. 억지로 기분 좋은 척하려는 게 아니라 마음을 차분히 가라앉히려는 것이다.

이젠 당신의 호흡을 의식하라. 들이쉬고 내쉬는 단순한 감각에 집중하라. 호흡이 당신을 어떻게 지탱해주는지 생각하면서 들이쉴 때마다 몸에 산소를 공급하고 내쉴 때마다 스트레스와 독소를 배출한다는 사실을 인식하라.

쿵쿵 뛰는 심장을 의식하라. 심장이 피를 내보내서 몸 안에 있는 수조 개의 세포에 산소와 영양분을 운반한다는 사실을 인식하라.

당신의 호흡과 심장과 몸에게 고마움과 호의를 전하라.

바닥에 앉아 있는 몸을 느껴보라. 그 느낌을 확장해서 당신을 단단히 받치고 있는 지구를 의식하라. 드넓은 대지와 한 몸이 되어 편히 쉬도록 하라. 이 순간 당신은 아무것도 하지 않아도 된다.

지구는 세상 만물을 똑같이 받쳐주고, 중력은 세상 만물을 지구에 똑같이 묶어놓는다는 사실을 생각해보라. 실제로 17세기의 저명한 과학자 아이작 뉴턴 경Sir Isaac Newton은 중력이 하나님의 사랑과 같아서 모든 사람을 똑같이 대한다고 말했다.

이 지구가 태양계와 방대한 우주에 어떻게 연결되어 있는지 생각해보라. 그리고 인간과 동물, 지구와 태양과 별 등 세상 만물이 똑같은 물질로, 똑같은 기본 입자로 구성되어 있다는 사실도 생각해보라.

우리는 모두 미세한 입자로 이루어져 있다.

우리가 속해 있는 생명의 망을 느껴보라. 그 안에서 우리는 결코 분리될 수 없다. 이 망의 일부로 존재한다는 사실을 인식하라. 따로 떨어져 있는 것은 하나도 없다.

우주의 중심에서 편히 쉬고 있는 자신을 느껴보라.

그리고 세상 만물이 서로 행복하게 공존하도록 간절히 기원하라.

PART3. 우리 자신과 우리가 사는 세상에 좋은 면 강화하기

"세상 만물에 평화가 깃들기를! 세상 만물이 안전하게 보호되기를! 세상 만물이 행복하기를! 세상 만물에 사랑과 호의가 가득하기를!"

그런 다음, 당신도 세상 만물을 향한 기원에 포함된다는 사실을 인식하라. 그 자리에 앉아 있는 당신 자신에게 다시 한 번 주의를 기울여라. 그리고 당신 자신을 위해 간절한 마음으로 기원하라.

"내게 평화가 깃들기를! 내가 안전하게 보호되기를! 내가 행복하기를! 내게 사랑과 호의가 가득하기를!"

당신은 숨을 들이쉴 때 이 자애로움을 받아들이고, 내쉴 때 이 자애로움을 내보내는 것이다. 천지 사방에 존재하는 모든 것이 평화롭게 살아가기를! 지구가 평온하게 돌아가기를!

이제 마지막으로 이렇게 기원하라. 이 수행이 세상 만물에 유익하기를!

| 금언 |

잠시 멈추고 이 장의 핵심 사항을 곰곰 생각한 다음, 평생 마음에 새기고 싶은 금언을 한 가지 골라보라. 골랐으면 일지에 기록하라.

몇 가지 예를 살펴보면 다음과 같다.

· 마음챙김은 무의식적 편견과 억측, 권력과 특권을 인식하도록 돕는다.
· 세상 민물이 서로 연결되어 있음을 기억하면서 우리의 자아를 손숭하고 축하하는 것 사이에는 강력한 변증법이 있다.
· 우리는 서로 연결되어 있다.
· 분리는 의식의 시각적 망상이다.

마음챙김: 뇌를 재설계하는 자기연민 수행

· 우리 자신을 바꾸면 그 효과가 우주 전체로 퍼져 나간다.

당신은 바다에 떠도는 물방울 하나가 아니다.

당신은 물방울 하나에 깃든

온 바다, 대양이다.

- 루미

PART3. 우리 자신과 우리가 사는 세상에 좋은 면 강화하기

"안녕, 사랑해"

+ + +

그렇더라도 너는 이번 생에서
원하던 바를 얻었는가?
그렇다.
무엇을 원했는가?
이 지상에서, 나를 사랑받는 사람이라 부르고
사랑받는 존재로 느끼는 것.

- 레이먼드 카버Raymond Carver, 'Late Fragment(미완성 유고)'
(카버가 암으로 죽어가면서 자문자답 형식으로 자신의 생을 돌아보며 적은 미완성 시.)

11년 전, 남편과 헤어지면서 참으로 힘겨운 시간을 보냈다.

나는 쓰라린 상처와 외로움에 시달렸다. 도저히 회복할 수 없는
상태였기에 남편을 떠날 수밖에 없었다. 그래도 실패자가 된 기분
이었다. 일가친척 중에는 이혼한 사람이 하나도 없었다. 조부모님
은 70년을, 부모님은 40년을 해로했다. 이모들과 삼촌들도 모두 행
복한 결혼생활을 영위했다. 여동생은 대학 시절 사귀던 남자와 여
전히 행복하게 살고, 남동생도 꿈에 그리던 여자와 막 약혼한 상태
였다. 우리 집안에서 결혼은 신성불가침의 영역이었다.

앞으로 내 인생이 어떻게 꼬일지 두려웠다. 하지만 이제 겨우 세

살 난 잭슨에게 부모의 이혼이 미칠 파장을 생각하면 내 두려움은 아무것도 아니었다.

두렵고 참담한 심정이었지만, 기어이 짐을 꾸렸다. 내 소형차에 들어갈 만한 물건만 대충 챙겨서 차에 싣고 잭슨을 카시트에 앉힌 후, 캘리포니아 마린 카운티로 출발했다. 조부모님이 사는 곳이었다. 할아버지, 할머니는 내 안식처였기에 어떻게든 그 근처에 정착하고 싶었다.

골든게이트 브리지를 지나 소살리토를 막 벗어나자 '임대' 팻말이 붙은 아담한 빌라가 눈에 들어왔다. 언뜻 보기에도 내 예산으론 감당할 수 없을 것 같았다. 그런데 그날이 마침 오픈 하우스 날이라 잠깐 둘러보는 정도는 괜찮을 듯싶었다. 문을 두드리자 건장한 체구에 새까만 피부를 한 남자가 나왔다.

집주인은 우리를 따뜻하게 맞이하며 자신을 소개했다.

"안녕하세요, 이스마엘이라고 합니다. 음-." 그는 말을 하다 말고 나를 유심히 쳐다보더니 눈을 돌려 짐이 가득 실린 차를 힐끔 쳐다 봤다. "아무래도 힘든 하루를 보내는 것 같군요."

나는 그에게 방금 남편과 헤어지고 새로 거처할 곳을 찾는 중이라고 말했다. 그런데 나도 모르게 눈물이 쏟아졌다.

처음 보는 남자 앞에서 왈칵 눈물을 쏟는 내게 그가 보인 반응은 평생 잊지 못할 것이다.

"젊은 엄마가 휴식이 필요해 보이는군요. 내가 집세를 좀 깎아주면 되겠소?"

정말 뜬금없는 제안이었다. 그는 나를 도와줄 이유가 하나도 없었지만, 선뜻 손을 내밀었다. 세부 사항을 논의하고 관리인으로 일하는 자신의 조카를 소개해준 뒤, 그는 집을 나서려는 내게 다정한 목소리로 말했다.

"힘든 처지에 있는 사람을 보면 오늘 일을 꼭 기억해요."

그 뒤로 이스마엘을 다시 보진 못했지만, 그가 베푼 호의는 평생 잊지 않을 것이다.

일주일 뒤, 한 줄기 햇살이 부드럽게 나를 깨웠다. 실눈을 뜨고 주변을 둘러보니 휑한 벽이 보였다. 나는 새로 이사한 집 바닥에 누워 있었고, 내 품에선 잭슨이 새근새근 자고 있었다. 가구가 하나도 없어서 지난밤에 우리는 침낭 두 개를 바닥에 깔고 누웠다. 따사로운 햇살이 방 안을 가득 채우듯 잭슨을 향한 사랑이 내 가슴을 가득 채웠다. 그 사랑에 힘입어 이젠 미약하나마 한 번에 한 걸음씩 나아갈 힘이 솟았다.

하지만 마음과 달리 나는 한 걸음 내디딜 때마다 두 걸음씩 뒤로 물러서는 것 같았다. 혼자 아이를 키우면서 출퇴근에 왕복 세 시간씩 걸리는 대학 강사 일을 병행하느라 몇 주 만에 몸도 마음도 지쳐갔다. 내가 이렇게 될 줄은 상상도 못 했다. 희망이 보이지 않았다

아무리 기를 쓰고 노력해도 아침에 눈을 뜰 때면 두려움과 수치심이 밀려왔다. 내 머릿속에 도사리고 있는 몽키 마인드가 과거를 곱씹거나('아, 그때 _____ 했더라면.') 미래를 두려워하며('나중에 _____ 하게 되면 어떡하지?') 계속 고통의 나락으로 빠져들었다.

마음챙김: 뇌를 재설계하는 자기연민 수행

무엇보다도 실패했다는 느낌과 자기 판단을 떨쳐낼 수가 없었다. 자기 자비가 들어설 공간은 없었다. 호의를 위한 공간도, 기쁨을 위한 공간도 전혀 없었다.

친구들과 가족, 동료들까지 내 안에 가득 들어찬 고통을 감지했고, 상당수가 도움이 될 만한 아이디어를 내놓았다.

그중 명상 강사 중 한 분이 내게 아침마다 "사랑해, 샤우나."라고 말해보라고 제안했다. '웩!' 나는 그 말이 너무 억지스럽게 들려 전혀 내키지 않았다. 강사는 내가 주저하는 걸 눈치채고 다시 제안했다.

"그럼 그냥 '안녕, 샤우나.'라고 말해봐요." 그러더니 눈을 찡긋하면서 말했다. "그렇게 말할 때 가슴에 한 손을 올리세요. 그럼 옥시토신이 분비될 거예요. 옥시토신이 좋은 건 잘 알죠?"

강사는 과학을 들이밀면 내가 설득당할 걸 알고 있었다. 다음 날 아침 눈을 떴을 때, 나는 가슴에 한 손을 올리고 숨을 들이쉰 다음 비장하게 말했다.

"안녕, 샤우나."

놀랍게도, 기분이 살짝 좋아지는 것 같았다. 아침마다 휘몰아치던 수치심과 불안감 대신, 호의의 빛이 퍼뜩 스치고 지나갔다.

그 뒤로 아침마다 "안녕, 샤우나."라고 말하는 수행을 계속했다. 몇 주가 지나자 변화의 조짐이 보였다. 나를 조금은 덜 가혹하게, 조금은 더 자상하게 바라볼 수 있었다. 하지만 이 사소한 수행이 엄청난 변화로 이어질 줄은 미처 몰랐다.

어느 일요일 아침, 동네를 산책하러 나갔다가 허름한 농구장을 지나게 되었다. 농구장 안에선 뜻밖에도 시끄러운 음악소리와 웃음 소리가 흘러나왔다. 일요일 아침 여덟 시에 무슨 일로 저렇게 떠들 썩한 소리가 난단 말인가?

호기심이 발동해 입구에 서서 실내를 들여다봤다. 나이와 체구 와 인종이 다른 사람들이 함께 신나게 춤을 추고 있었다. 그 수가 얼추 200명은 넘는 것 같았다. 일부는 전문 댄서로 보였지만 나머 지는 아니었다. 그런데도 한 가지 공통점이 있었는데, 다들 기쁨이 넘치는 표정이었다.

나도 어렸을 땐 퍼시픽 발레 학원Pacific Ballet Conservatory에 다닐 정 도로 춤추는 걸 좋아했다. 춤을 출 때면 근심이 싹 사라지고 정신이 맑아졌다. 춤은 내 영혼을 표출하는 수단이었다.

하지만 허리 수술을 받은 뒤로는 춤을 추지 않았다. 내 몸은 더 이상 안전한 장소가 아니었고, 늘 통증에 시달렸다. 어느 한 구석도 내가 원하는 대로 움직이지 않았다. 어깨 너머로 힐끗 보는 것 같은 간단한 동작조차 어색하고 힘들었으니, 춤은 어림없는 일이었다.

수술받은 지 16년이 흘렀고 이혼한 지 수개월이 지난 어느 날, 나는 사람들이 흥겹게 춤추는 모습을 훔쳐보고 있었다. 수줍은 소 녀처럼 엿보는 내게 백발의 노부인이 함께 추자며 손짓했다. 나는 몸을 휙 돌리고 그 자리를 얼른 벗어났다.

다음 일요일, 걷다 보니 나도 모르게 그 농구장을 또 지나게 되 었다. 독일 동화의 피리 부는 사나이를 쫓아가듯 음악소리에 홀려 다시 안쪽을 들여다봤다. 당장 뛰어 들어가 함께 추고 싶었지만, 엄두가 나지 않았다. 아침마다 "안녕, 샤우나."라는 수행을 하듯이, 그 뒤로 두어 주 더 일요일 산책길엔 어김없이 그 농구장으로 향했다. 하지만 안으로 들어가진 않았다.

동참하고 싶은 마음은 굴뚝같았다. 온몸으로 기억하고 좋아하던 춤을 맘껏 추고 싶었다. 하지만 다시 춤을 출 엄두가 나지 않았다. 몸이 제대로 움직이지 않을 텐데, 낯선 사람들 앞에서 어색한 몸놀림을 보여주는 게 두려웠다.

그러던 어느 일요일, 나는 무슨 일이 있어도 농구장에 들어가 춤을 추겠다는 의도를 설정했다. 누가 뭐라 하든, 내 기분이 어떠하든, 호의와 호기심의 태도로 밀어붙이겠다고 굳게 다짐했다. 그리고 기어이 농구장 문을 밀고 들어갔다.

나는 한쪽 구석에 서서 눈을 감았다. 음악과 사람들의 움직임이 나를 휘감았다. 그 느낌에 맞춰 몸을 살살 움직였다.

사람들과 어울려 춤을 추진 않았다. 그저 음악에 맞춰 살짝 리듬만 탔다.

그 뒤로 일요일 아침마다 농구장에 가서 춤추는 무리에 동참했다. 한 번에 1밀리미터씩 내 몸을 깨웠다. 감각이 전혀 없던 부분이 조금씩 느껴지기 시작했다. 몸이 깨어나면서 상실감과 슬픔, 취약성과 분노 같은 억눌려 있던 감정도 서서히 고개를 들었다.

춤추는 동안 이러한 감정도 덩달아 움직이기 시작했다. 움직이는 과정에서 느낌이 조금씩 바뀌었다. 그리고 생각지도 못한 감정이 새로 일어났다. 바로 자비였다. 나는 내 안에 움츠려 있던 젊은 여성에게 자비를 느꼈다. 오랫동안 고통 속에서 홀로 버티느라 힘들었을 그녀가 참으로 안쓰러웠다.

어느 날엔 눈물이 쏟아졌다.

감긴 두 눈에서 눈물이 살짝 고이는가 싶더니 뺨을 타고 주르르 흘러내렸다. 춤을 계속 추자 눈물도 쉬지 않고 흐르면서 내 안의 응어리를 쏟아냈다. 몸이 빙글빙글 돌기 시작했다. 꼭 감긴 두 눈에선 눈물이 쏟아지고, 몸에선 땀이 쏟아졌다.

아무 생각도 나지 않았다. 판단도 들지 않았다.

몸이 점점 가벼워졌다. 막혔던 속이 뻥 뚫리면서 그 자리에 자유와 기쁨이 들어차기 시작했다.

음악소리가 점점 잦아들자 내 움직임도 느려졌다. 나는 살며시 바닥에 누웠다. 마음이 편안해지면서 희망의 빛이 보이기 시작했다.

14세기 페르시아의 시인 하피즈는 이렇게 말했다. "하나님은 당신을 위해 지도에서 이곳을 동그라미로 표시해두셨다."[1]

어쩌면 그 시인의 말이 맞을지도 몰랐다. 나는 애초에 여기로 와야 했는지도 몰랐다. 인생은 내가 예상했던 대로 흘러가지 않았고, 완벽함과는 확실히 거리가 멀었다. 그래도 괜찮았다. 다시 시작할 수 있으니까.

어느 일요일, 나는 한 남자가 춤추는 모습을 홀린 듯 바라봤다. 마치 그의 영혼이 모든 동작을 안무하는 것 같았다. 그런 춤을 어디서 배웠냐고 물었더니, 그는 별다른 설명도 없이 "에살렌Esalen."이라고 대답했다. 집에 돌아오자마자 나는 구글에서 에살렌을 검색했

마음챙김: 뇌를 재설계하는 자기연민 수행

다. 캘리포니아주 빅서$^{Big\ Sur}$에 있는 수련 센터인데, 우연인지 필연인지, 다음 달 그곳에서 댄스 워크숍이 열릴 예정이었다. 내 생일도 그때였다.

생일날 아들과 함께 보내지 않은 건 그때가 처음일 터였다. 잭슨은 진작부터 약속되어 있던 가족 모임에 참석하러 뉴욕에 갈 예정이었다.

나는 댄스 워크숍에 가기로 결정했다!

운전하면서 에살렌 연구소의 문을 통과하는데, 2미터도 넘는 해바라기 정원이 눈길을 끌었다. 줄줄이 심어진 상추와 케일, 바나나 나무의 우거진 잎사귀도 보였다. 저마다 화려한 자태를 뽐내는 통에 만화경을 보는 것 같았다. 그중에서도 바위 절벽에 자리 잡은 온천이 단연 압권이었다. 온천 너머로 드넓은 태평양이 훤히 내려다보였다.

다음 날 아침은 내 생일이었다. 나는 동이 트기도 전에 일어나 곧장 온천으로 향했다. 바다에서 올라오는 서늘한 연무와 온천에서 올라오는 수증기가 어우러져 주변 세상을 에워쌌다. 나는 김이 모락모락 올라오는 물속으로 천천히 들어갔다. 하늘이 점점 밝아오면서 새벽이 가까웠음을 알렸다.

나는 '안녕, 샤우나' 수행을 하려고 가슴에 손을 올렸다. 특별한 장소와 뜨거운 온천수와 물안개가 합심해서 마법을 부렸는지, 별안간 할머니가 떠올랐다. 다음 순간 나도 모르게 이렇게 속삭였다.

"안녕, 샤우나. 사랑해. 그리고 생일 축하해."

내 심장을 둘러싸고 있던 벽이 무너져 내리면서 사랑의 감정이 봇물 터지듯 쏟아졌다. 나는 할머니의 사랑을 느꼈다. 엄마의 사랑도 느꼈다. 내 자신의 사랑도 느꼈다. 오래전 태국의 폭포 사원에서 경험했던 것 같은 평온함이 내 안으로 밀려들었다.

그 뒤로 내 인생이 자기 자비로 가득 차서 수치심이나 자기비판을 다시는 하지 않았다고 말할 수 있다면, 얼마나 좋겠는가마는 현실이 어디 그런가!

그 뒤로도 나는 수행을 계속하고 있다. 아침마다 가슴에 손을 올리고, "안녕, 샤우나. 사랑해."라고 말한다. 어떤 날은 어색하고 어떤 날은 외롭고 서글프다. 또 어떤 날은 사랑의 감정이 밀려온다. 기분이 어떠하든, 나는 아침마다 수행을 계속하면서 이 경로를 점점 더 강화하고 있다.

'안녕, 사랑해' 수행은 해가 갈수록 진화와 확장을 거듭했다. 나는 떠오르는 태양을 향해 반갑게 인사하고, 뒤뜰에서 지저귀는 새들과 침실 창가에 피어난 재스민 꽃한테도 인사했다. 어느 날 아침엔 나를 깨운 청소 트럭을 향해서도 "안녕, 사랑해."라고 인사했다!

나는 잭슨이 곁에 없을 때도 "안녕, 잭슨. 사랑해."라고 말했다. 그러면 잭슨이 아빠 집에 가고 없을 때 느끼는 허전함이 조금이나마 가셨다. 소중한 친구들과 가족, 함께 일하는 사람들, 나한테 배우는 학생들한테도 똑같이 말했다. 결국 이 말은 세상을 향한 내 인사가 되었다. 전남편만 빠뜨리기 미안해서 그에게도 '안녕, 사랑해'라는 메시지를 마음속으로 전했다.

나중엔 이 수행을 학생들과 고객들에게 가르쳤고, 급기야 테드 강연에서 자세히 설명하기도 했다. 이젠 백만 명 넘는 사람들이 '안녕, 사랑해' 수행을 배웠다.

그에 따른 파급 효과는 실로 놀라웠다. 이 수행 덕분에 인생이 바뀌었다면서 수많은 사람이 각자의 '안녕, 사랑해'에 얽힌 이야기를 내게 전해왔다.

다섯 살 난 한 소년은 자신의 수행 모습을 찍은 영상을 내게 보냈다. 그는 앉아서 두 눈을 꼭 감고 고사리 같은 손을 가슴에 얹었다. 그리고 숨을 깊이 들이마신 후 우렁찬 소리로 외쳤다.

"안녕, 네이선. 사랑해!"

그런 다음 눈을 살짝 뜨고서 수줍게 속삭였다.

"안녕, 여러분도 다 사랑해요."

크리스틴이라는 이름의 젊은 엄마는 인스타그램 메시지로 자신의 '안녕, 사랑해' 스토리를 전했다. 세 살 난 아들이 뇌수술을 받고 회복 중에 내 테드 강연을 본 뒤로 아들과 함께 매일 '안녕, 사랑해'를 수행한다고 했다. 나는 그 메시지에 응답했고, 그녀가 마침 피닉스 인근에 산다는 사실을 알게 되었다. 조만간 그곳에서 '골치 아픈 모성애^{Messy Motherhood}'라는 워크숍이 열릴 예정이었다. 나는 그녀에게 참석하라고 권했다.

크리스틴을 비롯한 400명의 엄마들과 내가 가슴에 손을 올리고 '안녕, 사랑해' 수행을 시도했을 때, 끈끈한 유대감과 자비가 손에 잡히는 듯했다. 우리는 '안녕, 사랑해'의 대상을 아픈 아이들과 그

부모들에게로 확대했다. 나중에는 자비의 테두리를 세상 만물에까지 확대했다. 수행이 끝날 무렵 상당수는 눈물을 흘렸다. 사랑의 눈물이자 희망의 눈물이었다. 이 책을 쓰는 와중에 크리스틴에게서 편지가 왔다. 이제 네 살 먹은 아들이 아주 건강하게 잘 크고 있으며, 뇌 스캔도 아주 깨끗하다고 했다. 그리고 자신의 이야기도 덧붙였다.

"(이 수행 덕분에) 내 인생에서 가장 어려운 시기를 잘 이겨냈고, 그 어느 때보다 더 강하고 긴밀하게 나 자신과 연결될 수 있었어요."

아자르라는 70세 노부인은 내게 또 다른 이야기를 전했다. 이란 출신의 아자르는 얼마 전에 남편과 사별했으며, 타국에서 혼자 살아가려니 앞이 캄캄하다고 했다. 나는 그녀가 상실감에서 헤어나도록 돕고 싶었다. 실제로 '안녕, 사랑해' 수행을 하면서 그녀는 조금씩 변하기 시작했다.

아자르는 용기를 내서 댄스 수업과 시 쓰기 모임에 나갔다. 1년 뒤엔 내가 주최하는 마음챙김 수련회에 참석하려고 난생처음 혼자 먼 길을 나섰다. 수련회에서 아자르는 이 수행이 자신의 삶을 어떻게 바꿔놨는지 들려주었다. 아침마다 자기 자신과 작고한 남편에게 "안녕, 사랑해."라고 말한 덕분에, 아자르는 두렵기만 하던 세상에서 홀로 설 수 있었고, 다시 사랑과 즐거움을 누릴 수 있게 되었다.

3년 뒤, 아자르는 유방암 진단을 받았다. 하지만 불굴의 의지로 기어이 이겨냈다. 이젠 암에 걸린 여성들을 지원하고자 마음챙김을

마음챙김: 뇌를 재설계하는 자기연민 수행

가르치는 자원 봉사자로 활동하고 있다.

이 간단한 수행이 수많은 사람의 인생에서 변화의 촉매로 작용하는 모습을 지켜보면서, 문득 지금까지 이 책에서 탐색했던 다른 여러 수행의 축소판이라는 생각이 들었다. '안녕, 사랑해' 수행은 우리 자신과 타인에게 사랑을 더 많이 베풀라는 의도를 담고 있다. 아울러 현재 순간에 주의를 집중하게 하고, 우리가 경험하는 모든 일에 호의와 호기심의 태도를 불러일으킨다.

'안녕, 사랑해'는 세상 밖으로 나가는 동시에 우리 자신에게로 되돌아오는 친근한 수행이다. 간단하지만 인생을 바꿔줄 만큼 강력한 수행이다. 나는 이 수행이 당신의 인생도 바꿔줄 거라 확신한다.

이제 우리는 여정의 끝자락에 이르렀다. 우리가 그동안 심은 씨앗은 계속해서 뿌리를 내리고 꽃을 피울 것이다. 우리가 함께 공들인 노력은 서로 지지하고 격려하면서 계속 뻗어나갈 것이다. 아침마다 내가 "안녕, 사랑해."라고 말할 때, 그 사랑은 나 자신뿐만 아니라 당신에게도 똑같이 향한다는 사실을 기억하기 바란다.

충만한 수행: 안녕, 사랑해

　나는 아침에 눈을 뜨자마자 항상 '안녕, 사랑해' 수행을 한다. 침대에 누운 채로 가슴에 한 손을 올린 후, 다정한 손길에서 나 자신을 아낀다는 느낌이 들도록 잠시 기다린다.

　자, 나와 함께 해보자.

- 가슴에 한 손을 올려라. 손바닥에 집중하라. 심장이 두근두근 뛰는 걸 느껴라.

- 심장이 당신 몸에 있는 수조 개의 세포에 산소와 영양분을 보내면서 당신을 돌본다는 사실을 기억하라. 심장은 당신을 어떻게 돌봐야 하는지 정확히 알고 있다. 당신이 통제하거나 애써 의식하지 않아도 알아서 척척 해낸다. 당신은 그저 받기만 하면 된다.

- 준비가 되면 숨을 한 번 들이마신 후 말하라. "안녕, [당신 이름]" 또는 "안녕, [당신 이름]. 사랑해."라고 말하라.

- 어떤 느낌이 드는지 주목하라. 어떻게 느끼든 호의와 호기심으로 대할 수 있는지 보라. 옳고 그름을 따질 필요는 없다.

- 당신의 현재 모습에 자비의 씨앗을 심었으며, 그 씨앗이 점점 자라서 자기애라는 신경 기판^{neural substrates}을 튼튼하게 해줄 거라고 굳게 믿어라.

- 마음속에 떠오르는 사람들에게 "안녕, 사랑해"라고 말하면서 이 축복의 씨앗을 세상에 널리 퍼뜨려라.

마음챙김: 뇌를 재설계하는 자기연민 수행

· 우리가 우리 자신만을 위해 수행하는 게 아님을 기억하라. 우리가 하는 모든 일은 우주 전체에 영향을 미친다.

아침마다 사랑의 마음으로 하루를 여는 습관을 들이면, 그 첫 순간이 하루의 나머지 시간을 바꾸고 우리 인생과 타인의 인생까지 바꿀 수 있다.

| 금언 |

잠시 멈추고 이 장의 핵심 사항을 곰곰 생각한 다음, 평생 마음에 새기고 싶은 금언을 한 가지 골라보라. 골랐으면 일지에 기록하라. 이젠 지금까지 이 여정을 함께하면서 모은 금언을 모두 살펴보라. 이 작은 보석들은 늘 당신을 지원하고, 당신 안에 이미 존재하던 지혜를 상기해줄 것이다. 당신은 내가 들려준 내용을 이미 알고 있다. 그 내용을 일일이 상기하는 데 이 책이 부디 도움이 되길 바란다.

춤춰라, 부서져 열렸을 때.
춤춰라, 붕대를 다 찢어버렸다면.
춤춰라, 싸우는 와중에.
춤춰라, 뜨거운 피가 돌도록.
춤춰라, 한없이 자유로울 때.
- 루미

감사의 글

    이 책 어딘가에서 자신의 목소리를 들려준 수많은 이에게 머리 숙여 감사드린다.

    내가 이 길을 가는 데 힘을 보태준 명사들과 스승들에게 감사의 마음을 전한다. 대니얼 시겔, 잭 콘필드, 트루디 굿맨 콘필드, 타라 브랙, 릭 핸슨, 존 카밧진, 실비아 부어스타인, 샤론 샐즈버그, 신젠 영, 로시 조안 할리팩스, 게리 슈워츠, 앤드루 웨일, 제임스 바라즈, 알프레드 카즈니아크, 로저 월시, 프랜시스 보건, 딘 오니시, 진델 시걸, 마크 윌리엄스, 아리아나 허핑턴, 가보 마테, 아일린 피셔, 시바 리아, 로린 로슈, 카미유 모린 등, 동서양을 잇는 다리를 건설하고자 애썼던 그들의 용기와 노력 덕분에 마음챙김과 자비가 주류 문화로 자리 잡을 수 있었다.

    나와 함께했던 수많은 학생과 환자와 고객에게도 깊은 감사의 마음을 전한다. 그들의 인생에 동참하도록 초대받은 것은 엄청난 특권이었다. 그들을 가르치면서 오히려 내가 더 많이 배우고 영감을 얻었다.

지금까지 살아오는 동안 나를 늘 지지해주고 이 책을 집필하는 동안에도 힘껏 응원해준 친구들과 동료들에게도 한없는 고마움을 느낀다. 특히 사회 정의, 문화적 다양성, 권력과 특권 문제에 헌신적으로 노력한 산타클라라 대학의 동료들에게서 많은 영감을 받았다. 크리스틴 네프, 앤 커티스, 주나 머스태드, 루시 칼드웰, 잉그리드 샌더스, 앤과 딘 오니시, 로빈 토마스, 데이비드 엠마누엘, 마야 캐서린, 사라 트로스트, 사라 이든 데이비스, 로빈 비트너, 제시카 그래함, 캐시 비에튼, 엘리사 이펠, 다이앤 존트페이스, 다이앤 드레허, 리처드 조아니데스, 한스 킬링, 아리 파비앙, 마틴 삭스, 다리아 거쉬만, 키스 세드윅, 트리스탄과 제니퍼 사이먼, 미란다 맥퍼슨, 다나 클라인, 피터와 엘리슨 바우만, 마이클 헵, 아미쉬 지하, 대커 켈트너, 빅토리아 마이제스, 테자 벨, 앤 쿠쉬먼, 크리스틴 카터, 제시 마르티네즈, 마테오, 소피 반 가르니에, 로렌 비트너, 미리암 버크, 빅토리아 마이제스, 리사 류프, 팀 챙, 마이크 아미치, 코리 마스, 웬디 스나이더, 코클리코 길랜드, 마크 콜먼, 로리 슈반벡, 아자르와 글로리아, 피트와 앨리 양구, 로렌 슈스터, 도나 캐럴, 도나 시몬스, 수잔 바우어 우, J. 웰리스 니콜라스, 시엔 린 선, 니콜 패트리스, 리자 류프, 코넬리아 홀든, 마크와 리사 레빈, 엘렌 커틀러, 테레사 블랙, 헤더와 제이크 로젠스타인, 스콧 로저스, 재클린 챈, 사이와 수전 브리토, 세르기오 리아린, 제임스 스콧, 에이미 리카프렌트, 브렛 바루키얀, 레베카 테이트, 매튜 샤프, 보쿠라 키미코, 존 애스틴, 마이클 솔로몬, 안드레아스 큐퍼, 브렌트와 알렉스 볼트하우스, 코난 가족, 위트 가족, 칼라와 리델 토예, 루크와 캐롤라인과 로손 티치 등 그들의 이름을 일일이 거론하자면 끝이 없다.

아울러 내 요정 대모인 에밀리 머피를 비롯해 니목스-머피 일가에게도 깊이 감사드린다. 그리고 나를 늘 가족처럼 대해주는 캐시, 데이비드, 애론, 로렌 크린스키에게 깊이 감사드린다.

토니 포인터의 예리하고 열정적인 편집 기술, 섀넌 사빈의 영감과 유머, 셀마 뮐러의 세심한 노력, 조셉 롬의 탁월함과 관대함이 없었다면 이 책은 세상에 나오지 못했을 것이다. 사운즈 트루Sounds True 출판사의 설립자인 태미 사이먼, 세상을 더 멋진 곳으로 만들어줄 아이디어를 끄집어내도록 애써준 수석 편집자 캐롤라인 핀커스에게 감사드린다. 처음부터 이 책을 믿고 지지해준 내 저작권 대리인인 셀레스트 파인, 믿음과 사랑으로 길을 안내해준 크리스틴 칼슨에게 고마움을 전한다.

마흔 번 넘도록 명상 수련회에 참여하면서 치유와 사랑을 맛봤던 스피릿 록 명상 센터Spirit Rock Meditation Center에 고개 숙여 감사드린다. 아울러 에살렌 연구소Esalen Institute에, 그리고 그곳에서 10년 넘게 내 가르침에 지원과 격려와 믿음을 보내준 셰릴 프란첼에게 감사드린다. 이 원고의 일부는 에살렌의 성스러운 땅에서 쓰여, 그 기운이 이 책 구석구석에 배어 있다.

내 가족에게 말로 다할 수 없는 고마움을 전한다. 부모님인 딘과 조안나는 나한테 마음챙김을 처음 소개해주었고, 이 방대한 퍼즐

조각을 맞춰 나가도록 늘 지원해주었다. 조부모님인 벤과 넨시 프리드먼은 내 안에서 지혜롭고 자비로운 영혼으로 살아 숨 쉬고 있다. 사랑하는 아들 잭슨은 내게 조건 없는 사랑의 의미를 가르쳐주었다. 내 형제자매인 제나와 데시, 조시와 브렛, 그리고 비범한 여러 이모와 고모, 사촌과 조카에게도 고마움을 전한다. 그리고 내 마음을 열어주고 늘 내 손을 잡아준 윌리엄 티치에게 고마움을 전한다.

마지막으로 독자 여러분에게 감사드린다. 이 여정에 흔쾌히 동참한 여러분의 용기에 박수를 보낸다. 여러분은 내가 들려준 내용의 본질을 이미 어느 정도 알고 있었다. 이 책은 그 점을 상기해주는 리마인더일 뿐이다. 부디 도움이 되길 바란다.

노트

part1. 한 승려의 속삭임

1. Jon Kabat-Zinn, Wherever You Go, There You Are: Mindfulness Meditation in Everyday Life (New York: Hyperion, 1994). 《왜 마음챙김 명상인가?》(엄성수 옮김, 불광출판사, 2019년 3월)

2. Shauna L. Shapiro and Gary E. Schwartz, "The Role of Intention in Self-Regulation: Toward Intentional Systemic Mindfulness," in Handbook of Self-Regulation, ed. Monique Boekaerts, Paul R. Pintrich, and Moshe Zeidner (New York: Academic Press, 1999), 253-3, doi.org/10.1016/B978-012109890-2/50037-8.

3. Philip Brickman, Dan Coates, and Ronnie Janoff-Bulman, "Lottery

마음챙김: 뇌를 재설계하는 자기연민 수행

Winners and Accident Victims: Is Happiness Relative?" Journal of Personality and Social Psychology 36, no. 8 (August 1978), 917-7, dx.doi.org/10.1037/0022-3514.36.8.917.

4. Daniel Goleman and Richard J. Davidson, Altered Traits: Science Reveals How Meditation Changes Your Mind, Brain, and Body (New York: Avery, 2018).

part2. 신경가소성의 기적

1. Tara Brach, Radical Acceptance: Embracing Your Life with the Heart of a Buddha (New York: Bantam Books, 2004). (《받아들임》, 김선주, 김정호 옮김, 불광출판사, 2012년 4월)

2. Eleanor A. Maguire et al., "Navigation-Related Structural Change in the Hippocampi of Taxi Drivers," Proceedings of the National Academy of Sciences 97, no. 8 (April 11, 2000): 4398-03, doi.org/10.1073/pnas.070039597.

3. Sara W. Lazar et al., "Meditation Experience Is Associated with Increased Cortical Thickness," Neuroreport 16, no. 17 (November 28, 2005): 1893-7, doi.org/10.1097/01.wnr.0000186598.66243.19.

4. Alvaro Pascual-Leone et al., "Modulation of Muscle Responses Evoked by Transcranial Magnetic Stimulation during the Acquisition of New Fine Motor Skills," Journal of Neurophysiology 74, no. 3 (September 1995): 1037-5, doi.org/10.1152 /jn.1995.74.3.1037.

5. Angela Duckworth, Grit: Why Passion and Resilience Are the Secrets to Success (London: Vermilion, 2017). 《그릿》(원제: Grit, 김미정 옮김, 비즈니스북스, 2016년 10월)

6. Daniel J. Siegel, The Developing Mind, Second Edition: How Relationships and the Brain Interact to Shape Who We Are (New York: Guilford Press, 2012), 19.

7. Peter M. Gollwitzer and Paschal Sheeran, "Implementation Intentions and Goal Achievement: A Meta-nalysis of Effects and Processes," Advances in Experimental Social Psychology 38 (2006): 69-19, doi.org/10.1016/S0065-2601(06)38002-1.

8. Jack Kornfield, "What Really Heals and Awakens: Highlights from Symposium 2018," Psychotherapy Networker, May/June 2018, psychotherapynetworker.org/magazine/article/1163/what-really-heals-and-awakens.

9. Rick Hanson and Forrest Hanson, Resilient: How to Grow an Unshakable Core of Calm, Strength, and Happiness (New York: Harmony Books, 2018).

part3. 마음챙김: 명확하게 보기

1. Shauna L. Shapiro et al., "Contemplation in the Classroom: A New Direction for Improving Childhood Education," Educational Psychology Review 27, no. 1 (March 2015): 1-0, doi.org/10.1007/s10648-014-9265-3.

2. Jon Kabat-Zinn et al., "Influence of a Mindfulness Meditation -Based Stress Reduction Intervention on Rates of Skin Clearing in Patients with Moderate to Severe Psoriasis Undergoing Phototherapy (UVB) and Photochemotherapy (PUVA)," Psychosomatic Medicine 60, no. 5 (September 1998): 625-2, doi.org/10.1097/00006842-199809000-00020.

3. Shauna L. Shapiro, Gary E. Schwartz, and Ginny Bonner, "Effects of Mindfulness-Based Stress Reduction on Medical and Premedical Students,"

Journal of Behavioral Medicine 21, no. 6 (December 1998): 581-9, doi. org/10.1023/A:1018700829825.

4.   Matthieu Ricard, Antoine Lutz, and Richard J. Davidson, "Neuroscience Reveals the Secrets of Meditation's Benefits," Scientific American, November 2014, 38-5, scientificamerican.com/article/neuroscience-reveals-the-secrets-of-meditation-s-benefits/; Yuna L. Ferguson and Kennon M. Sheldon, "Trying to Be Happier Really Can Work: Two Experimental Studies," The Journal of Positive Psychology 8, no. 1 (January 2013): 23-3, doi.org/10.1080/17439760.2012.747000.

5.   Aubrey M. Toole and Linda W. Craighead, "Brief Self-Compassion Meditation Training for Body Image Distress in Young Adult Women," Body Image 19 (December 2016): 104-2, doi.org/10.1016/j.bodyim.2016.09.001; Antoine Lutz et al., "Regulation of the Neural Circuitry of Emotion by Compassion Meditation: Effects of Meditative Expertise," PLOS ONE 3, no. 3 (March 2008): E1897, doi.org/10.1371/journal.pone.0001897.

6.   Daniel A. Monti et al., "A Randomized, Controlled Trial of Mindfulness -ased Art Therapy (MBAT) for Women with Cancer," Psycho-Oncology 15, no. 5 (May 2006): 363-3, doi.org/10.1002/pon.988; Virginia P. Henderson et al., "A Randomized Controlled Trial of Mindfulness-Based Stress Reduction for Women With Early-Stage Breast Cancer Receiving Radiotherapy," Integrative Cancer Therapies 12, no. 5 (January 2013): 404-3, doi.org/10.1177/1534735412473640; Maja Johannsen et al., "Efficacy of Mindfulness-Based Cognitive Therapy on Late Post-Treatment Pain in Women Treated for Primary Breast Cancer: A Randomized Controlled Trial," Journal of Clinical Oncology 34, no. 28 (October 2016): 3390-9, doi.org/10.1200/JCO.2015.65.0770.

7. Anna Kozlowski, "Mindful Mating: Exploring the Connection Between Mindfulness and Relationship Satisfaction," Sexual and Relationship Therapy 28, no. 1- (2013): 92-04, doi.org/10.1080/14681994.2012.748889.

8. Robert W. Roeser et al., "Mindfulness Training and Reductions in Teacher Stress and Burnout: Results from Two Randomized, Waitlist-Control Field Trials," Journal of Educational Psychology 105, no. 3 (August 2013): 787-04, doi.org/10.1037/a0032093.

9. Eric L. Garland et al., "Testing the Mindfulness-to-Meaning Theory: Evidence for Mindful Positive Emotion Regulation from a Reanalysis of Longitudinal Data," PLOS ONE 12, no. 12 (December 2017): E0187727, doi.org/10.1371/journal.pone.0187727.

10. Roeser et al., "Mindfulness Training," 787-04; Shauna L. Shapiro, David E. Shapiro, and Gary E. R. Schwartz, "Stress Management in Medical Education: A Review of the Literature," Academic Medicine 75, no. 7 (July 2000): 748-9.

11. Lone O. Fjorback et al., "Mindfulness-Based Stress Reduction and Mindfulness-Based Cognitive Therapy: A Systematic Review of Randomized Controlled Trials," Acta Psychiatrica Scandinavica 124, no. 2 (August 2011): 102-9, doi.org/10.1111/j.1600-0447.2011.01704.x; Monti et al., "A Randomized, Controlled Trial of Mindfulness-ased Art Therapy," 363-3.

12. John J. Miller, Ken Fletcher, and Jon Kabat-Zinn, "Three-Year Follow-Up and Clinical Implications of a Mindfulness Meditation-Based Stress Reduction Intervention in the Treatment of Anxiety Disorders," General Hospital Psychiatry 17, no. 3 (May 1995): 192-00, doi.org/10.1016/0163-8343(95)00025-M.

13. Yi-Yuan Tang et al., "Short-Term Meditation Training Improves Attention

and Self-Regulation," Proceedings of the National Academy of Sciences 104, no. 43 (November 2007), 17152-6, doi.org/10.1073/pnas.0707678104.

14. Britta K. Holzel et al., "Mindfulness Practice Leads to Increases in Regional Brain Gray Matter Density," Psychiatry Research-Neuroimaging 191, no. 1 (January 2011): 36-3, doi.org/10.1016/j.pscychresns.2010.08.006.

15. Izabela Lebuda, Darya L. Zabelina, and Maciej Karwowski. "Mind Full of Ideas: A Meta-Analysis of the Mindfulness-Creativity Link," Personality And Individual Differences 93 (April 2016): 22-6, doi.org/10.1016/j.paid.2015.09.040.

16. Lebuda, Zabelina, and Karwowski, "Mind Full of Ideas," 22-6.

17. Michael D. Mrazek et al., "Mindfulness Training Improves Working Memory Capacity and GRE Performance While Reducing Mind Wandering," Psychological Science 24, no. 5 (May 2013): 776-1, doi.org/10.1177/0956797612459659; Yu-Qin Deng, Song Li, and Yi-Yuan Tang, "The Relationship Between Wandering Mind, Depression and Mindfulness," Mindfulness 5, no. 2 (April 2014): 124-8, doi.org/10.1007/s12671-012-0157-7; Matthew A. Killingsworth and Daniel T. Gilbert, "A Wandering Mind Is an Unhappy Mind," Science, November 12, 2010, science.sciencemag.org/content/330/6006/932/tab-figures-data.

18. Brian D. Ostafin and Kyle T. Kassman, "Stepping Out of History: Mindfulness Improves Insight Problem Solving," Consciousness and Cognition 21, no. 2 (June 2012): 1031-6, doi.org/10.1016/j.concog.2012.02.014.

19. Stephanie L. Bowlin and Ruth A. Baer, "Relationships Between Mindfulness, Self-Control, and Psychological Functioning," Personality and Individual Differences 52, no. 3 (February 2012): 411-5, doi.org/10.1016/j.paid.2011.10.050.

20. Richard J. Davidson et al., "Alterations in Brain and Immune Function Produced by Mindfulness Meditation," Psychosomatic Medicine 65, no. 4 (July-ugust 2003): 564-0, doi.org/10.1097/01.PSY.0000077505.67574.E3.

21. Asfandyar Khan Niazi and Shaharyar Khan Niazi, "Mindfulness-Based Stress Reduction: A Non-Pharmacological Approach for Chronic Illnesses," North American Journal of Medical Sciences 3, no. 1 (January 2011): 20-3, doi.org/10.4297/najms.2011.320.

22. Jon Kabat-Zinn, "An Outpatient Program in Behavioral Medicine for Chronic Pain Patients Based on the Practice of Mindfulness Meditation: Theoretical Considerations and Preliminary Results," General Hospital Psychiatry 4, no. 1 (April 1982): 33-7, doi.org/10.1016/0163-8343(82)90026-3.

23. Perla Kaliman et al., "Rapid Changes in Histone Deacetylases and Inflammatory Gene Expression in Expert Meditators," Psychoneuroendocrinology 40 (February 2014): 96-07, doi.org/10.1016/j.psyneuen.2013.11.004.

24. Niazi and Niazi, "Mindfulness-Based Stress Reduction," 20-3. 25. Rose H. Matousek, Patricia L Dobkin, and Jens Pruessner. "Cortisol as a Marker for Improvement in Mindfulness-Based Stress Reduction," Complementary Therapies in Clinical Practice 16, no. 1 (February 2010): 13-9, doi.org/10.1016/j.ctcp.2009.06.004.

26. Shauna L. Shapiro et al., "The Efficacy of Mindfulness-Based Stress Reduction in the Treatment of Sleep Disturbance in Women with Breast Cancer: An Exploratory Study," Journal of Psychosomatic Research 54, no. 1 (January 2003): 85-1, doi.org/10.1016/S0022-3999(02)00546-9; Jason C. Ong, Shauna L. Shapiro, and Rachel Manber, "Combining Mindfulness Meditation with Cognitive-Behavior Therapy for Insomnia: A Treatment-

Development Study." Behavior Therapy 39, no. 2 (June 2008): 171-2, doi. org/10.1016/j.beth.2007.07.002; Jason C. Ong et al., "A Randomized Controlled Trial of Mindfulness Meditation for Chronic Insomnia," Sleep 37, no. 9 (September 2014): 1553-3, doi.org/10.5665/sleep.4010.

27. Holzel et al., "Mindfulness Practice," 36-3; Lazar et al., "Meditation Experience," 1893-7.

28. Tonya L. Jacobs et al., "Intensive Meditation Training, Immune Cell Telomerase Activity, and Psychological Mediators," Psychoneuroendocrinology 36, no. 5 (June 2011): 664-1, doi.org/10.1016/j.psyneuen.2010.09.010.

29. Daniel J. Siegel, "Mindful Awareness, Mindsight, and Neural Integration," The Humanistic Psychologist 37, no. 2 (April-June 2009): 137-8, doi. org/10.1080/08873260902892220; Daniel J. Siegel, "Mindfulness Training and Neural Integration: Differentiation of Distinct Streams of Awareness and the Cultivation of Well-Being," Social Cognitive and Affective Neuroscience 2, no. 4 (December 2007): 259-3, doi.org/10.1093/scan/nsm034.

30. Amishi Jha, associate professor of psychology, University of Miami, in discussion with the author, March 2019.

part4. 마음챙김의 세 기둥: 의도, 주의, 태도

1. Yuna L. Ferguson and Kennon M. Sheldon, "Trying to Be Happier Really Can Work: Two Experimental Studies," The Journal of Positive Psychology 8, no. 1 (January 2013): 23-3, doi.org/10.1080/17439760.2012.747000.

2. Roger Bohn and James Short, "Measuring Consumer Information,"

International Journal of Communication 6 (2012): 980-000, ijoc.org/index. php/ijoc/article/viewFile/1566/743.

3. Herbert A. Simon, "Designing Organizations for an Information-Rich World," in Computers, Communication, and the Public Interest, ed. Martin Greenberger (Baltimore, MD: Johns Hopkins Press, 1971), 40-1.

4. American Psychological Association, "Multitasking: Switching Costs," March 20, 2006, apa.org/research/action/multitask.

5. Robert D. Rogers and Stephen Monsell, "The Costs of a Predictable Switch Between Simple Cognitive Tasks," Journal of Experimental Psychology: General 124, no. 2 (June 1995): 207-1, doi.org/10.1037/0096-3445.124.2.207; Melina R. Uncapher and Anthony D. Wagner, "Minds and Brains of Media Multitaskers: Current Findings and Future Directions," Proceedings of the National Academy of Sciences 115, no. 40 (October 2018): 9889-6, doi.org/10.1073/pnas.1611612115.

6. Gloria Mark, Daniela Gudith, and Ulrich Klocke, "The Cost of Interrupted Work: More Speed and Stress," Proceedings of the SIGCHI Conference on Human Factors in Computing Systems 2008, 107-0, ics.uci.edu/~gmark/chi08-mark.pdf.

7. Christopher K. Germer, Ronald D. Siegel, and Paul R. Fulton, eds., Mindfulness and Psychotherapy (New York: Guilford Press, 2005).

8. Matthew A. Killingsworth and Daniel T. Gilbert, "A Wandering Mind Is an Unhappy Mind," Science, November 12, 2010, science.sciencemag.org/content/330/6006/932/tab-figures-data.

9. Paul Tillich, Love, Power, and Justice: Ontological Analyses and Ethical Applications (New York: Oxford University Press, 1960).

10. Davide Rigoni, Jelle Demanet, and Giuseppe Sartoni, "Happiness in Action: The Impact of Positive Effect on the Time of the Conscious Intent

to Act," Frontiers in Psychology (2015), doi.org/10.3389/fpsyg.2015.01307.

11.   Matthias J. Gruber, Bernard D. Gelman, and Charan Ranganath, "States of Curiosity Modulate Hippocampus-Dependent Learning via the Dopaminergic Circuit," Neuron 84, no. 2 (October 2014): 486-6, doi.org/10.1016/j.neuron.2014.08.060; Min Jeong Kang et al., "The Wick in the Candle of Learning: Epistemic Curiosity Activates Reward Circuitry and Enhances Memory," Psychological Science 20, no. 8 (August 2009), 963-3, doi.org/10.1111/j.1467-9280.2009.02402.x; Judson Brewer, "Mindfulness Training for Addictions: Has Neuroscience Revealed a Brain Hack by which Awareness Subverts the Addictive Process?" Current Opinion in Psychology 28 (August 2019): 198-03, doi.org/10.1016/j.copsyc.2019.01.014.

12.   Beth Rieken et al., "Exploring the Relationship between Mindfulness and Innovation in Engineering Students" (paper presented at the American Society for Engineering Education Annual Conference, Columbus, OH, June 25-8, 2017).

13.   Todd B. Kashdan et al., "The Five-Dimensional Curiosity Scale: Capturing the Bandwidth of Curiosity and Identifying Four Unique Subgroups of Curious People," Journal of Research in Personality 73 (April 2018): 130-9, doi.org/10.1016/j.jrp.2017.11.011.

part5. 자기 자비: 내부의 협력자

1.   Christopher K. Germer and Kristin D. Neff, "Self-ompassion in Clinical Practice," Journal of Clinical Psychology 69, no. 8 (August 2013): 856-7, doi.org/10.1002/jclp.22021.

2.   Jules Feiffer, "I Grew Up to Have My Father's Looks," 1976, pen and ink

on paper, 7.5 x 13.7" (19 x 34.8 cm), via Artnet, accessed December 02, 2018, artnet.com/artists/jules-feiffer/i-grew-up-to-have-my-fathers-looks-osXdy07J8D04CdF44Fzx_A2.

3. Claire E. Adams and Mark R. Leary, "Promoting Self-Compassionate Attitudes Toward Eating Among Restrictive and Guilty Eaters," Journal of Social and Clinical Psychology 26, no. 10 (October 2007): 1120-4, doi. org/10.1521/jscp.2007.26.10.1120.

4. Sidney J. Blatt, Joseph P. D'Affitti, and Donald M. Quinlan, "Experiences of Depression in Normal Young Adults," Journal of Abnormal Psychology 85, no. 4 (August 1976): 383-9, doi.org/10.1037/0021-843X.85.4.383; Golan Shahar et al., "Self-Criticism and Depressive Symptomatology Interact to Predict Middle School Academic Achievement," Journal of Clinical Psychology 62, no. 1 (January 2006): 147-5, doi.org/10.1002/jclp.20210; Rui C. Campos, Avi Besser, and Sidney J. Blatt, "Recollections of Parental Rejection, Self-Criticism and Depression in Suicidality," Archives of Suicide Research 17, no. 1 (February 2013): 58-4, doi.org/10.1080/1381111 8.2013.748416.

5. Brene Brown, I Thought It Was Just Me (But It Isn't): Women Reclaiming Power and Courage in a Culture of Shame (New York: Gotham, 2007).

6. Paul Gilbert and Chris Irons, "Focused Therapies and Compassionate Mind Training for Shame and Self-Attacking," in Compassion: Conceptualisations, Research and Use in Psychotherapy, ed. Paul Gilbert (London: Routledge, 2005), 263-25.

7. Juliana G. Breines and Serena Chen, "Self-Compassion Increases Self-Improvement Motivation," Personality and Social Psychology Bulletin 38, no. 9 (2012): 1133-3, doi.org/10.1177/0146167212445599.

8. Kristin Neff, associate professor, University of Texas at Austin, in

discussion with the author, 2017.

9. Kristin Neff and Christopher Germer, The Mindful Self-Compassion Workbook: A Proven Way to Accept Yourself, Build Inner Strength, and Thrive (New York: Guilford Press, 2018).

part6. 자기 자비를 방해하는 다섯 가지 장애물: 장애물을 뛰어넘는 방법

1. Kristin Neff and Christopher Germer, The Mindful Self-Compassion Workbook: A Proven Way to Accept Yourself, Build Inner Strength, and Thrive (New York: Guilford Press, 2018).

2. Helen Rockliff et al., "A Pilot Exploration of Heart Rate Variability and Salivary Cortisol Responses to Compassion-Focused Imagery," Clinical Neuropsychiatry: Journal of Treatment Evaluation 5, no. 3 (2008): 132-9.

3. Kristin D. Neff and S. Natasha Beretvas. "The Role of Self-Compassion in Romantic Relationships," Self and Identity 12, no. 1 (2013): 78-8, doi.org/1 0.1080/15298868.2011.639548.

4. Jia Wei Zhang and Serena Chen, "Self-Compassion Promotes Personal Improvement From Regret Experiences via Acceptance," Personality and Social Psychology Bulletin 42, no. 2 (2016): 244-8, doi.org/10.1177/0146167215623271; Juliana G. Breines and Serena Chen, "Self-Compassion Increases Self-Improvement Motivation," Personality and Social Psychology Bulletin 38, no. 9 (2012): 1133-3, doi. org/10.1177/0146167212445599.

5. Regina Hiraoka et al., "Self-compassion as a Prospective Predictor of PTSD Symptom Severity Among Trauma-exposed U.S. Iraq and Afghanistan War Veterans," Journal of Traumatic Stress 28, no.

2 (April 2015): 127-3, doi.org/10.1002/jts.21995; Katherine A. Dahm et al., "Mindfulness, Self-compassion, Posttraumatic Stress Disorder Symptoms, and Functional Disability in U.S. Iraq and Afghanistan War Veterans," Journal of Traumatic Stress 28, no.5 (October 2015): 460-4, doi.org/10.1002/jts.22045.

6.   David A. Sbarra, Hillary L. Smith, and Matthias R. Mehl, "When Leaving Your Ex, Love Yourself: Observational Ratings of Self-Compassion Predict the Course of Emotional Recovery Following Marital Separation," Psychological Science 23, no. 3 (March 2012): 261-9, doi.org/10.1177/0956797611429466.

7.   Neff and Germer, The Mindful Self-Compassion Workbook.

part7. 힘든 시기를 이겨낼 여섯 가지 수행

1.   Cited in Jack Kornfield, A Lamp in the Darkness (Boulder, CO: Sounds True, 2014), 56.

2.   Shinzen Young, Natural Pain Relief: How to Soothe and Dissolve Physical Pain with Mindfulness (Boulder, CO: Sounds True, 2011).

3.   Frank Ostaseski, The Five Invitations: Discovering What Death Can Teach Us about Living Fully (New York: Flatiron Books, 2019).

4.   Daniel Goleman, Emotional Intelligence: Why It Can Matter More than IQ (London: Bloomsbury, 1996). (《EQ 감성지능》, 한창호 옮김, 웅진지식하우스, 2008년 10월)

5.   James J. Gross, "Emotion Regulation: Affective, Cognitive, and Social Consequences," Psychophysiology 39, no. 3 (May 2002): 281-1, doi.org/10.1017/S0048577201393198.

마음챙김: 뇌를 재설계하는 자기연민 수행

6.   Kevin N. Ochsner et al., "Rethinking Feelings: An fMRI Study of the Cognitive Regulation of Emotion," Journal of Cognitive Neuroscience 14, no. 8 (November 2002): 1215-9, doi.org/10.1162/089892902760807212.

7.   J. David Creswell et al., "Neural Correlates of Dispositional Mindfulness During Affect Labeling," Psychosomatic Medicine 69, no. 6 (July-ugust 2007): 560-5, doi.org/10.1097/PSY.0b013e3180f6171f.

8.   Arthur J. Deikman, The Observing Self: Mysticism and Psychotherapy (Boston: Beacon Press, 1982).

9.   Jon Kabat-Zinn, Full Catastrophe Living: Using the Wisdom of Your Body and Mind to Face Stress, Pain, and Illness (New York: Delacorte Press, 1990), 297.

10.   Shauna L. Shapiro et al., "Mechanisms of Mindfulness," Journal of Clinical Psychology 62, no. 3 (March 2006): 373-6, doi.org/10.1002/jclp.20237.

11.   Giacomo Rizzolatti et al., "Premotor Cortex and the Recognition of Motor Actions," Cognitive Brain Research 3, no. 2 (April 1996): 131-1, doi.org/10.1016/0926-6410(95)00038-0.

12.   Boris C. Bernhardt and Tania Singer, "The Neural Basis of Empathy," Annual Review of Neuroscience 35, no. 1 (July 2012): 1-3, doi.org/10.1146/annurev-neuro-062111-150536

13.   Daniel Goleman and Richard J. Davidson, Altered Traits: Science Reveals How Meditation Changes Your Mind, Brain, and Body (New York: Avery, 2018).

14.   Elisha Goldstein, "Our Barriers to Love: Monday's Mindful Quote from Rumi," PsychCentral.com, last updated February 15, 2010, blogs.psychcentral.com/mindfulness/2010/02/our-barriers-to-love-mondays-mindful-quote-with-rumi/.

15.   Charlotte V. Witvliet, "Forgiveness and Health: Review and

Reflections on a Matter of Faith, Feelings, and Physiology," Journal of Psychology and Theology 29, no. 3 (September 2001): 212-4, doi. org/10.1177/009164710102900303; Kathleen A. Lawler et al., "A Change of Heart: Cardiovascular Correlates of Forgiveness in Response to Interpersonal Conflict," Journal of Behavioral Medicine 26, no. 5 (October 2003): 373-3; James W. Carson et al., "Forgiveness and Chronic Low Back Pain: A Preliminary Study Examining the Relationship of Forgiveness to Pain, Anger, and Psychological Distress," Journal of Pain 6, no. 2 (March 2005): 84-1, doi.org/10.1016/j.jpain.2004.10.012.

16.   Jack Kornfield, The Art of Forgiveness, Lovinkindness and Peace (New York: Bantam Books, 2002), 48-51.

part8. 기쁨을 누리도록 마음 가다듬기: 일곱 가지 수행

1.   Gene Weingarten, "Pearls Before Breakfast: Can One of the Nation's Great Musicians Cut Through the Fog of a D.C. Rush Hour? Let's Find Out," Washington Post, April 8, 2007, washingtonpost.com/lifestyle/magazine/ pearls-before-breakfast-can-one-of-the-nations-great-musicians-cut-through-the-fog-of-a-dc-rush-hour-lets-find-out/2014/09/23/8a6d46da-4331-11e4-b47c-f5889e061e5f_story.html.

2.   Gene Weingarten, "Gene Weingarten: Setting the Record Straight on the Joshua Bell Experiment." Washington Post, October 14, 2014, washingtonpost.com/news/style/wp/2014/10/14/gene-weingarten-setting-the-record-straight-on-the-joshua-bell-experiment/?noredirect=on&utm_term=.61842d229ab9; Gene Weingarten, "Chatological Humor: Monthly with Moron (September)," Washington Post,

마음챙김: 뇌를 재설계하는 자기연민 수행

October 7, 2014, live. washingtonpost.com/chatological-humor-20140930. html.

3. Harris Poll, "Annual Happiness Index Again Finds One-Third of Americans Very Happy," April 20, 2018, theharrispoll.com/although-one-of-the-simplest-emotions-happiness-can-be-hard-to-explain-the-harris-polls-annual-happiness-index-is-therefore-useful-as-it-uses-standard-and-timeless-questions-to-calculate-americans/.

4. Julia K. Boehm and Sonja Lyubomirsky, "Does Happiness Promote Career Success?" Journal of Career Assessment 16, no. 1 (2008): 101-6, doi.org/10.1177/1069072707308140.

5. Barbara De Angelis, Soul Shifts: Transformative Wisdom for Creating a Life of Authentic Awakening, Emotional Freedom, and Practical Spirituality (Carlsbad, CA: Hay House, 2016), 65.

6. Rick Hanson, Hardwiring Happiness: The New Brain Science of Contentment, Calm, and Confidence (New York: Harmony, 2013).

7. R. Hanson, E. Hutton-Thamm, M. Hagerty, and S. L. Shapiro, "Learning to Learn from Positive Experiences," Journal of Positive Psychology, in press.

8. Thich Nhat Hanh, Peace Is Every Step: The Path of Mindfulness in Everyday Life (New York: Bantam, 1992).

9. Ernest L. Abel and Michael L. Kruger, "Smile Intensity in Photographs Predicts Longevity," Psychological Science 21, no. 4 (April 2010): 542-4, doi.org/10.1177/0956797610363775.

10. Nicola Petrocchi and Alessandro Couyoumdjian, "The Impact of Gratitude on Depression and Anxiety: The Mediating Role of Criticizing, Attacking, and Reassuring the Self," Self and Identity 15, no. 2 (2015): 191-05, doi.org/10.1080/15298868.2015.1095794; Michael E. McCullough, Robert

A. Emmons, and Jo-Ann Tsang, "The Grateful Disposition: A Conceptual and Empirical Topography," Journal of Personality and Social Psychology 82, no. 1 (January 2002): 112-7, doi. org/10.1037/0022-3514.82.1.112.

11. Barbara L. Fredrickson et al., "What Good Are Positive Emotions in Crises? A Prospective Study of Resilience and Emotions Following the Terrorist Attacks on the United States on September 11, 2001," Journal of Personality and Social Psychology 84, no. 2 (March 2003): 365-6, doi. org/10.1037//0022-3514.84.2.365; Philip C. Watkins, Dean L. Grimm, and Russell Kolts, "Counting Your Blessings: Positive Memories among Grateful Persons," Current Psychology 23, no. 1 (March 2004): 52-7, doi. org/10.1007/s12144-004-1008-z.

12. Paul J. Mills et al., "The Role of Gratitude in Spiritual Well-Being in Asymptomatic Heart Failure Patients," Spirituality in Clinical Practice 2, no. 1 (2015): 5-7, doi.org/10.1037/scp0000050; Mei-Yee Ng and Wing-Sze Wong. "The Differential Effects of Gratitude and Sleep on Psychological Distress in Patients with Chronic Pain," Journal of Health Psychology 18, no. 2 (February 2013): 263-1, doi.org/10.1177/1359105312439733; Alex M. Wood et al., "Gratitude Influences Sleep through the Mechanism of Pre-Sleep Cognitions," Journal of Psychosomatic Research 66, no. 1 (February 2009): 43-8, doi.org/10.1016/j.jpsychores.2008.09.002.

13. Rollin McCraty et al., "The Effects of Emotions on Short-Term Power Spectrum Analysis of Heart Rate Variability," American Journal of Cardiology 76, no. 14 (December 1995): 1089-3, doi.org/10.1016/S0002-9149(99)80309-9.

14. Nathaniel M. Lambert and Frank D. Fincham, "Expressing Gratitude to a Partner Leads to More Relationship Maintenance Behavior," Emotion 11, no. 1 (February 2011): 52-0, doi.org/10.1037/a0021557; Amie M. Gordon et

마음챙김: 뇌를 재설계하는 자기연민 수행

al., "To Have and to Hold: Gratitude Promotes Relationship Maintenance in Intimate Bonds," Journal of Personality and Social Psychology 103, no. 2 (August 2012): 257-4, doi.org/10.1037/a0028723; Alex M. Wood et al., "The Role of Gratitude in the Development of Social Support, Stress, and Depression: Two Longitudinal Studies," Journal Of Research in Personality 42, no. 4 (August 2008): 854-1, doi.org/10.1016/j.jrp.2007.11.003.

15. Barbara L. Fredrickson, "Gratitude, Like Other Positive Emotions, Broadens and Builds," in The Psychology of Gratitude, ed. Robert A. Evans and Michael E. McCollough (New York: Oxford University Press, 2004), chapter 8.

16. Ariana Huffington, Thrive: The Third Metric to Redefining Success and Creating a Life of Well-Being, Wisdom, and Wonder (New York: Harmony, 2015).

17. Martin E. P. Seligman et al., "Positive Psychology Progress: Empirical Validation of Interventions," American Psychologist 60, no. 5 (July-ugust 2005): 410-1, doi.org/10.1037/0003-066X.60.5.410; Philip C. Watkins, Jens Uhder, and Stan Pichinevskiy, "Grateful Recounting Enhances Subjective Well-Being: The Importance of Grateful Processing," Journal of Positive Psychology 10, no. 2 (June 2014): 91-8, doi.org/10.1080/17439760.2014. 927909; Alison Killen and Ann Macaskill, "Using a Gratitude Intervention to Enhance Well-Being in Older Adults," Journal of Happiness Studies 16, no. 4 (August 2015): 947-4, doi.org/10.1007/s10902-014-9542-3.

18. University of Notre Dame Science of Generosity initiative, "What Is Generosity?" accessed February 8, 2019, generosityresearch.nd.edu / more-about-the-initiative/what-is-generosity/.

19. Soyoung Q. Park et al., "A Neural Link between Generosity and Happiness," Nature Communications 8 (2017): 15964, doi.org/10.1038/

ncomms15964.

20. Christian Smith and Hilary Davidson, The Paradox of Generosity: Giving We Receive, Grasping We Lose (New York: Oxford University Press, 2014).

21. Andy Kiersz, "Volunteering in America Is at Its Lowest Level in over a Decade," Business Insider, February 25, 2016, businessinsider.com/bls-volunteering-chart-2016-2; Office for National Statistics, "Billion Pound Loss in Volunteering Effort," March 16, 2017, visual.ons.gov.uk/billion-pound-loss-in-volunteering-effort-in-the-last-3-years/#footnote_3.

22. Robert Rosenthal and Lenore Jacobson, "Pygmalion in the Classroom," Urban Review 3, no. 1 (September 1968): 16-0; Annie Murphy Paul, "How to Use the 'Pygmalion' Effect," Time, April 1, 2013, ideas.time.com/2013/04/01/how-to-use-the-pygmalion-effect/.

23. Tara Brach (founder of Insight Meditation Community in Washington, DC), in discussion with the author, Spirit Rock Meditation Center, 2014.

24. Jennifer E. Stellar et al., "Positive Affect and Markers of Inflammation: Discrete Positive Emotions Predict Lower Levels of Inflammatory Cytokines," Emotion 15, no. 2 (April 2015): 129-3, doi.org/10.1037/emo0000033.

25. Dacher Keltner, "Why Do We Feel Awe?" Greater Good magazine, May 10, 2016, greatergood.berkeley.edu/article/item/why_do_we_feel_awe; Sara Gottlieb, Dacher Keltner, and Tania Lombrozo, "Awe as a Scientific Emotion," Cognitive Science 42, no. 6 (August 2018): 2081-4, doi.org/10.1111/cogs.12648.

26. Paul K. Piff et al., "Awe, the Small Self, and Prosocial Behavior," Journal of Personality and Social Psychology 108, no. 6 (June 2015): 883-9, doi.org/10.1037/pspi0000018.

27. David R Hamilton, The Five Side Effects of Kindness: This Book Will

마음챙김: 뇌를 재설계하는 자기연민 수행

Make You Feel Better, Be Happier & Live Longer (London: Hay House UK, 2017).

28. Barbara L. Fredrickson et al., "Open Hearts Build Lives: Positive Emotions, Induced Through Loving-Kindness Meditation, Build Consequential Personal Resources," Journal of Personality and Social Psychology 95, no. 5 (November 2008): 1045-2, doi.org/10.1037/a0013262.

29. Cendri A. Hutcherson, Emma M. Seppala, and James J. Gross, "Loving-Kindness Meditation Increases Social Connectedness," Emotion 8, no. 5 (October 2008): 720-4 doi.org/10.1037/a0013237; Dominique P. Lippelt, Bernhard Hommel, and Lorenza S. Colzato, "Focused Attention, Open Monitoring and Loving Kindness Meditation: Effects on Attention, Conflict Monitoring, and Creativity —A Review," Frontiers in Psychology 5 (2014): 1083, doi.org/10.3389/fpsyg.2014.01083.

30. Julieta Galante et al., "Loving-Kindness Meditation Effects on Well-Being and Altruism: A Mixed-Methods Online RCT," Applied Psychology: Health And Well-Being 8, no. 3 (June 2016): 322-0, doi.org/10.1111/aphw.12074.

31. Sharon Salzberg, Lovingkindness: The Revolutionary Art of Happiness (Boston: Shambhala, 1995). 《행복을 위한 혁명적 기술, 자애》(김재성 옮김, 조계 종출판사, 2017년 1월)

part9. 마법 같은 일상: 마인드풀 섹스에서 마인드풀 식사까지

1. Lori, A. Brotto et al., "Mindfulness-Based Sex Therapy Improves Genital-Subjective Arousal Concordance in Women With Sexual Desire/Arousal Difficulties," Archives of Sexual Behavior 45, no. 8 (November 2016): 1907-1, doi.org/10.1007/s10508-015-0689-8; Alexander Khaddouma, Kristina

Coop Gordon, and Jennifer Bolden, "Zen and the Art of Sex: Examining Associations among Mindfulness, Sexual Satisfaction, and Relationship Satisfaction in Dating Relationships," Sexual and Relationship Therapy 30, no. 2 (April 2015), 268-5, doi. org/10. 1080/14681994. 2014. 992408.

2.   Lisa Dawn Hamilton, Alessandra H. Rellini, and Cindy M. Meston, "Cortisol, Sexual Arousal, and Affect in Response to Sexual Stimuli." Journal of Sexual Medicine 5, no. 9 (September 2008): 2111-8, doi. org/10. 1111/j. 1743-6109. 2008. 00922. x.

3.   Tomas Cabeza de Baca et al., "Sexual Intimacy in Couples Is Associated with Longer Telomere Length," Psychoneuroendocrinology 81 (July 2017): 46-1, doi. org/10. 1016/j. psyneuen. 2017. 03. 022.

4.   Marsha Lucas, "Stay-at-Om Sex: Bigger Is Better, but not Where You Think," Psychology Today, April 14, 2010, psychologytoday. com/us/blog/ rewire-your-brain-love/201004/stay-om-sex-bigger-is-better-not-where-you-think.

5.   Jessica Graham, Good Sex: Getting Off without Checking Out (Berkeley: North Atlantic Books, 2017).

6.   Barry Schwartz, The Paradox of Choice: Why More Is Less (New York: Harper Collins, 2004).

7.   Schwartz, The Paradox of Choice.

8.   Barry Schwartz et al., "Maximizing Versus Satisficing: Happiness Is a Matter of Choice." Journal of Personality and Social Psychology 83, no. 5 (November 2002): 1178-7, dx. doi. org/10. 1037/0022-3514. 83. 5. 1178.

9.   Esther Perel. Conference: Women Teach Men. Ojai, CA. July, 2018. Presentation Title: "Women Teach Men."

10.   Damasio, Antonio R. Descartes Error: Emotion, Reason and the Human Brain. London: Vintage, 2005.

마음챙김: 뇌를 재설계하는 자기연민 수행

11. Shauna L. Shapiro, Hooria Jazaieri, and Philippe R. Goldin, "Mindfulness-Based Stress Reduction Effects on Moral Reasoning and Decision Making," Journal of Positive Psychology 7, no. 6 (November 2012): 504-5.

12. Thomas Merton, The Way of Chuang Tzu, 2nd ed. (New York: New Directions Books, 2010), 54.

13. Coquelicot Gilland, personal coach and originator of the Compassion Matrix System, in discussion with the author, April 2014.

14. Ruth Q Wolever et al., "Effective and Viable Mind-Body Stress Reduction in the Workplace: A Randomized Controlled Trial," Journal of Occupational Health Psychology 17, no. 2 (April 2012): 246-8, doi. org/10.1037/a0027278.

15. Beth Rieken et al., "How Mindfulness Can Help Engineers Solve Problems," Harvard Business Review, January 4, 2019, hbr.org/2019/01/how-mindfulness-can-help-engineers-solve-problems.

16. Jill Suttie, "Mindful Parenting May Keep Kids Out of Trouble," Greater Good magazine, June 7, 2016, greatergood.berkeley.edu/article/item/mindful_parenting_may_keep_kids_out_of_trouble.

17. John M. Darley and C. Daniel Batson, "'From Jerusalem to Jericho': A Study of Situational and Dispositional Variables in Helping Behavior," Journal of Personality and Social Psychology 27, no.1 (July 1973): 100-08, dx.doi.org/10.1037/h0034449.

part10. 더 연결되고 더 자비로운 세상

1. Adam Lueke and Bryan Gibson, "Mindfulness Meditation Reduces Implicit Age and Race Bias: The Role of Reduced Automaticity of Responding,"

Social Psychological and Personality Science 6, no. 3 (April 2015): 284-1, doi.org/10.1177/1948550614559651.

2.   Ruth King, Mindful of Race: Transforming Racism from the Inside Out (Boulder, CO: Sounds True, 2018), 73.

3.   Derald Wing Sue and David Sue, Counseling the Culturally Diverse: Theory and Practice, 7th ed. (New Jersey: Wiley, 2015).

4.   Maya Angelou, "Human Family," I Shall Not Be Moved (New York: Random House, 1990), 4-.

5.   "Genetics vs. Genomics Fact Sheet," National Human Genome Research Institute (NHGRI), last modified September 7, 2018, genome.gov/19016904/faq-about-genetic-and-genomic-science/.

6.   Martin Luther King Jr., "Letter from Birmingham Jail," April 16, 1963, via University of Pennsylvania African Studies Center, accessed February 15, 2019, africa.upenn.edu/Articles_Gen/Letter_Birmingham.html.

7.   John Muir, My First Summer in the Sierra (Boston: Houghton Mifflin, 1911), 110.

8.   Albert Einstein to Norman Salit, March 4, 1950: Condolence Letter. Copyright@ Hebrew University of Jerusalem.

part11. "안녕, 사랑해"

1.   Hafiz, The Subject Tonight is Love: 60 Wild and Sweet Poems of Hafiz, trans. Daniel Ladinsky (New York, NY: Penguin Compass, 2003), 12.

Abel, Ernest L., and Michael L. Kruger. "Smile Intensity in Photographs Predicts Longevity." Psychological Science 21, no. 4 (April 2010): 542-4. doi. org/10.1177/0956797610363775.

Adams, Claire E., and Mark R. Leary. "Promoting Self-Compassionate Attitudes Toward Eating Among Restrictive and Guilty Eaters." Journal of Social and Clinical Psychology 26, no. 10 (October 2007): 1120-4. doi.org/10.1521/jscp.2007.26.10.1120.

American Psychological Association. "Multitasking: Switching Costs." March 20, 2006. apa.org/research/action/multitask.

Angelou, Maya. I Shall Not Be Moved. New York: Random House, 1990.

Bernhardt, Boris C., and Tania Singer. "The Neural Basis of Empathy." Annual

Review of Neuroscience 35, no. 1 (July 2012): 1-3. doi.org/10.1146/annurev-neuro-062111-150536.

Blackburn, Elizabeth H., and Elissa Epel. The Telomere Effect: a Revolutionary Approach to Living Younger, Healthier, Longer. New York: Grand Central Publishing, 2018.

Blatt, Sidney J., Joseph P. D'Affitti, and Donald M. Quinlan. "Experiences of Depression in Normal Young Adults." Journal of Abnormal Psychology 85, no. 4 (August 1976): 383-9. doi.org/10.1037/0021-843X.85.4.383.

Boehm, Julia K., and Sonja Lyubomirsky. "Does Happiness Promote Career Success?" Journal of Career Assessment 16, no. 1 (2008): 101-6. doi.org/10.1177/1069072707308140.

Bohn, Roger, and James Short. "Measuring Consumer Information." International Journal Of Communication 6 (2012): 980-000. ijoc.org/index.php/ijoc/article/viewFile/1566/743.

Bowlin, Stephanie L., and Ruth A. Baer. "Relationships Between Mindfulness, Self-Control, and Psychological Functioning." Personality And Individual Differences 52, no. 3 (February 2012): 411-5. doi.org/10.1016/j.paid.2011.10.050.

Brach, Tara. Radical Acceptance: Embracing Your Life with the Heart of a Buddha. New York: Bantam, 2004. (《받아들임》, 김선주, 김정호 옮김, 불광출판사, 2012년 4월)

Breathnach, Sarah Ban. Simple Abundance: A Daybook of Comfort and Joy. New York: Grand Central Publishing, 2009.

Breines, Juliana G., and Serena Chen. "Self-Compassion Increases Self-Improvement Motivation." Personality and Social Psychology Bulletin 38, no.9 (2012): 1133-3. doi.org/10.1177/0146167212445599.

Brewer, Judson. "Mindfulness Training for Addictions: Has Neuroscience

Revealed a Brain Hack by Which Awareness Subverts the Addictive Process?" Current Opinion in Psychology 28 (August 2019): 198-03. doi. org/10.1016/j.copsyc.2019.01.014.

Brewer, Judson A., Jake H. Davis, and Joseph Goldstein. "Why Is It So Hard to Pay Attention, or Is It? Mindfulness, the Factors of Awakening and Reward-Based Learning." Mindfulness 4, no. 1 (March 2013): 75-0. doi. org/10.1007/s12671-012-0164-8.

Brickman, Philip, Dan Coates, and Ronnie Janoff-Bulman. "Lottery winners and accident victims: Is happiness relative?" Journal of Personality and Social Psychology 36, no. 8 (August 1978): 917-7. doi.org/10.1037/0022-3514.36.8.917.

Brotto, Lori A., Meredith L. Chivers, Roanne D. Millman, and Arianne Albert. "Mindfulness-Based Sex Therapy Improves Genital-Subjective Arousal Concordance in Women With Sexual Desire/Arousal Difficulties." Archives of Sexual Behavior 45, no. 8 (November 2016): 1907-1. doi. org/10.1007/s10508-015-0689-8.

Brown, Brene. I Thought It Was Just Me (But It Isn't): Women Reclaiming Power and Courage in a Culture of Shame. New York: Gotham, 2007.

Brown, Brene. The Gifts of Imperfection: Let Go of Who You Think You're Supposed to Be and Embrace Who You Are.

Cabeza de Baca, Tomas, Elissa S. Epel, Theodore F. Robles, Michael Coccia, Amanda Gilbert, Eli Puterman, and Aric A. Prather. "Sexual Intimacy in Couples Is Associated with Longer Telomere Length." Psychoneuroendocrinology 81 (July 2017): 46-1. doi.org/10.1016/j.psyneuen.2017.03.022.

Campos, Rui C., Avi Besser, and Sidney J. Blatt. "Recollections of Parental Rejection, Self-Criticism and Depression in Suicidality." Archives of

273

Suicide Research 17, no. 1 (February 2013): 58-4. doi.org/10.1080/1381111
8.2013.748416.

Carlson, Kristine. From Heartbreak to Wholeness: the Hero's Journey to Joy.
New York: St. Martin's Press, 2018.

Carson, James W., Francis J. Keefe, Veeraindar Goli, Anne Marie Fras, Thomas
R. Lynch, Steven R. Thorp, and Jennifer L. Buechler. "Forgiveness and
Chronic Low Back Pain: A Preliminary Study Examining the Relationship
of Forgiveness to Pain, Anger, and Psychological Distress." Journal of Pain
6, no. 2 (March 2005): 84-1. doi.org/10.1016/j.jpain.2004.10.012.

Conley, Chip. Wisdom at Work: The Making of a Modern Elder. New York:
Currency, 2018. (《일터의 현자》박선령 옮김, 쌤앤파커스, 2019년 4월)

Creswell, J. David, Baldwin M. Way, Naomi I. Eisenberger, and Matthew D.
Lieberman. "Neural Correlates of Dispositional Mindfulness During Affect
Labeling." Psychosomatic Medicine 69, no. 6 (July-ugust 2007): 560-5. doi.
org/10.1097/PSY.0b013e3180f6171f.

Dahm, Katherine A., Eric C. Meyer, Kristin D. Neff, Nathan A. Kimbrel, Suzy
Bird Gulliver, and Sandra B. Morissette. "Mindfulness, Self-compassion,
Posttraumatic Stress Disorder Symptoms, and Functional Disability in U.S.
Iraq and Afghanistan War Veterans." Journal of Traumatic Stress 28, no. 5
(October 2015): 460-4. doi.org/10.1002/jts.22045.

Darley, John M., and C. Daniel Batson. "'From Jerusalem to Jericho': A Study
of Situational and Dispositional Variables in Helping Behavior." Journal
of BIBLIOGRAPHY 209 Personality and Social Psychology 27, no. 1 (July
1973): 100-8. doi.org/10.1037/h0034449.

Davidson, Richard J., Jon Kabat-Zinn, Jessica Schumacher, Melissa A.
Rosenkranz, Daniel Muller, Saki F. Santorelli, Ferris B. Urbanowski,
Anne White Harrington, Katherine A. Bonus, and John F. Sheridan.

"Alterations in Brain and Immune Function Produced by Mindfulness Meditation." Psychosomatic Medicine 65, no. 4 (July-ugust 2003): 564-0. doi.org/10.1097/01.PSY.0000077505.67574.E3.

De Angelis, Barbara. Soul Shifts: Transformative Wisdom for Creating a Life of Authentic Awakening, Emotional Freedom, and Practical Spirituality. Carlsbad, CA: Hay House, 2016.

Deikman, Arthur J. The Observing Self: Mysticism and Psychotherapy. Boston: Beacon Press, 1982.

Deitch, Joseph. Elevate: An Essential Guide to Life. Austin, TX: Greenleaf Book Group Press, 2018.

Deng, Yu-Qin, Song Li, and Yi-Yuan Tang. "The Relationship Between Wandering Mind, Depression and Mindfulness." Mindfulness 5, no. 2 (April 2014): 124-8. doi.org/10.1007/s12671-012-0157-7.

Doty, James R. Into the Magic Shop: a Neurosurgeon's Quest to Discover the Mysteries of the Brain and the Secrets of the Heart. New York: Avery, 2017. (《닥터 도티의 삶을 바꾸는 마술 가게》 주민아 옮김, 판미동, 2016년 7월)

Duckworth, Angela. Grit: Why Passion and Resilience Are the Secrets to Success. London: Vermilion, 2017. 《그릿》(원제: Grit, 김미정 옮김, 비즈니스북스, 2016년 10월)의 저자인 앤젤라 더크워스

Eagleman, David. Incognito: the Secret Lives of the Brain. Edinburgh: Canongate, 2016.

Feiffer, Jules. "I Grew Up to Have My Father's Looks." 1976. Pen and ink on paper, 7.5 x 13.7" (19 x 34.8 cm). Via Artnet, accessed December 02, 2018. artnet.com/artists/jules-feiffer/i-grew-up-to-have-my-fathers-looks-osXdy07J8D04CdF44Fzx_A2.

Ferguson, Yuna L., and Kennon M. Sheldon. "Trying to Be Happier Really Can Work: Two Experimental Studies." Journal of Positive Psychology 8, no. 1

(January 2013): 23-3. doi.org/10.1080/17439760.2012.747000.

Fjorback, Lone O., Mikkel Arendt, E. Ornbøl, Per Fink, and Harald Walach. "Mindfulness-Based Stress Reduction and Mindfulness-Based Cognitive Therapy: A Systematic Review of Randomized Controlled Trials." Acta Psychiatrica Scandinavica 124, no. 2 (August 2011): 102-9. doi.org/10.1111/j.1600-0447.2011.01704.x.

Fredrickson, Barbara L. "Gratitude, Like Other Positive Emotions, Broadens and Builds." In The Psychology of Gratitude, edited by Robert A. Evans and Michael E. McCollough, chapter 8. New York: Oxford University Press, 2004.

Fredrickson, Barbara L., Michael A. Cohn, Kimberly A. Coffey, Jolynn Pek, and Sandra M. Finkel. "Open Hearts Build Lives: Positive Emotions, Induced Through Loving-Kindness Meditation, Build Consequential Personal Resources." Journal of Personality and Social Psychology 95, no. 5 (November 2008): 1045-2. doi.org/10.1037/a0013262.

Fredrickson, Barbara L., Michele M. Tugade, Christian E. Waugh, and Gregory R. Larkin. "What Good are Positive Emotions in Crisis? A Prospective Study 210 BIBLIOGRAPHY of Resilience and Emotions Following the Terrorist Attacks on the United States on September 11, 2001." Journal of Personality and Social Psychology 84, no. 2 (March 2003): 365-6. doi.org/10.1037//0022-3514.84.2.365.

Galante, Julieta, Marie-Jet Bekkers, Clive Mitchell, and John Gallacher. "Loving-Kindness Meditation Effects on Well-Being and Altruism: A Mixed-Methods Online RCT." Applied Psychology: Health And Well Being 8, no. 3 (June 2016): 322-0. doi.org/10.1111/aphw.12074.

Garland, Eric L., Adam W. Hanley, Phillipe R. Goldin, and James J. Gross. "Testing the Mindfulness-to-Meaning Theory: Evidence for Mindful

Positive Emotion Regulation from a Reanalysis of Longitudinal Data."
PLOS ONE 12, no. 12 (December 2017): E0187727. doi.org/10.1371/journal
.pone.0187727.

Gazzaley, Adam, and Larry D. Rosen. 2017. The Distracted Mind: Ancient
Brains in a High-Tech World. Cambridge, MA: MIT Press, 2017.

Germer, Christopher K., and Kristin D. Neff. "Self-ompassion in Clinical
Practice." Journal of Clinical Psychology 69, no. 8 (August 2013): 856-7.
doi.org/10.1002/jclp.22021.

Germer, Christopher K., Ronald D. Siegel, and Paul R. Fulton, eds. Mindfulness
and Psychotherapy. New York: Guilford Press, 2005.

Gilbert, Paul, and Chris Irons. "Focused Therapies and Compassionate
Mind Training for Shame and Self-Attacking." In Compassion:
Conceptualisations, Research and Use in Psychotherapy, edited by Paul
Gilbert, 263-25. London: Routledge, 2005.

Goldstein, Elisha. "Our Barriers to Love: Monday's Mindful Quote from Rumi."
PsychCentral.com. Last updated February 15, 2010. blogs.psychcentral.
com/mindfulness/2010/02/our-barriers-to-love-mondays-mindful-quote-
with-rumi/.

Goleman, Daniel. Emotional Intelligence: Why It Can Matter More than IQ.
London: Bloomsbury, 1996. 《EQ 감성지능》(한창호 옮김, 웅진지식하우스,
2008년 10월)

Goleman, Daniel. Social Intelligence: The New Science of Human Relationships.
London: Arrow Books, 2007.

Goleman, Daniel, and Richard J. Davidson. Altered Traits: Science Reveals How
Meditation Changes Your Mind, Brain, and Body. New York: Avery, 2018.

Gollwitzer, Peter M., and Paschal Sheeran. "Implementation Intentions and Goal
Achievement: A Meta-nalysis of Effects and Processes." Advances in

Experimental Social Psychology 38 (2006): 69-19. doi.org/10.1016/S0065-2601(06)38002-1.

Gordon, Amie M., Emily A. Impett, Aleksandr Kogan, Christopher Oveis, and Dacher Keltner. "To Have and to Hold: Gratitude Promotes Relationship Maintenance in Intimate Bonds." Journal of Personality and Social Psychology 103, no. 2 (August 2012): 257-4. doi.org/10.1037/a0028723.

Gottlieb, Sara, Dacher Keltner, and Tania Lombrozo. "Awe as a Scientific Emotion." Cognitive Science 42, no. 6 (August 2018): 2081-4. doi.org/10.1111/cogs.12648.

Graham, Jessica. Good Sex: Getting Off without Checking Out. Berkeley: North Atlantic Books, 2017.

Gross, James J. "Emotion Regulation: Affective, Cognitive, and Social Consequences." Psychophysiology 39, no. 3 (May 2002): 281-1. doi.org/10.1017/S0048577201393198.

Gruber, Matthias J., Bernard D. Gelman, and Charan Ranganath. "States of Curiosity Modulate Hippocampus-Dependent Learning via the Dopaminergic Circuit." Neuron 84, no. 2 (October 2014): 486-6. doi.org/10.1016/j.neuron.2014.08.060.

Hafiz. The Subject Tonight is Love: 60 Wild and Sweet Poems of Hafiz, trans. Daniel Ladinsky. New York, NY: Penguin Compass, 2003. Harris Poll. "Annual Happiness Index Again Finds One-Third of Americans Very Happy." April 20, 2018. theharrispoll.com/although-one-of-the-simplest-emotions-happiness-can-be-hard-to-explainthe-harris-polls-annual-happiness-index-is-therefore-useful-as-it-uses-standard-and-timeless-questions-to-calculate-americans/.

Hamilton, David R. The Five Side Effects of Kindness: This Book Will Make You Feel Better, Be Happier & Live Longer. London: Hay House UK, 2017.

Hamilton, Lisa Dawn, Alessandra H. Rellini, and Cindy M. Meston. "Cortisol, Sexual Arousal, and Affect in Response to Sexual Stimuli." Journal of Sexual Medicine 5, no. 9 (September 2008): 2111-8. doi.org/10.1111/j.1743-6109.2008.00922.x.

Hanh, Thich Nhat. Peace Is Every Step: The Path of Mindfulness in Everyday Life. New York: Bantam, 1992.

Hanson, Rick. Buddha's Brain: The Practical Neuroscience of Happiness, Love, and Wisdom. Oakland: New Harbinger Publications, 2009. (《붓다 브레인》 장현갑, 장주영 옮김, 불광출판사, 2018년 7월)

Hanson, Rick. Hardwiring Happiness: The New Brain Science of Contentment, Calm, and Confidence. New York: Harmony, 2013.

Hanson, Rick, and Forrest Hanson. Resilient: How to Grow an Unshakable Core of Calm, Strength, and Happiness. New York: Harmony Books, 2018.

Hanson, R. Hutton-Thamm, E., Hagerty, M. and Shapiro, S. L. "Learning to Learn from Positive Experiences." Journal of Positive Psychology, in press.

Henderson, Virginia P., Ann O. Massion, Lynn Clemow, Thomas G. Hurley, Susan Druker, and James R. Hebert. "A Randomized Controlled Trial of Mindfulness-Based Stress Reduction for Women with Early-Stage Breast Cancer Receiving Radiotherapy." Integrative Cancer Therapies 12, no. 5 (January 2013): 404-3. doi.org/10.1177/1534735412473640.

Hiraoka, Regina, Eric C. Meyer, Nathan A. Kimbrel, Bryann B. DeBeer, Suzy Bird Gulliver, and Sandra B. Morissette. "Self-compassion as a Prospective Predictor of PTSD Symptom Severity Among Trauma-exposed U.S. Iraq and Afghanistan War Veterans." Journal of Traumatic Stress 28, no. 2 (April 2015): 127-3. doi.org/10.1002/jts.21995.

Holzel, Britta K., James Carmody, Mark Vangel, Christina Congleton, Sita

M. Yerramsetti, Tim Gard, and Sara W. Lazar. "Mindfulness Practice Leads to Increases in Regional Brain Gray Matter Density." Psychiatry Research-Neuroimaging 191, no. 1 (January 2011): 36-3. doi.org/10.1016/j.pscychresns.2010.08.006.

Huffington, Arianna. Thrive: The Third Metric to Redefining Success and Creating a Life of Well-Being, Wisdom, and Wonder. New York: Harmony, 2015.

Hutcherson, Cendri A., Emma M Seppala, and James J. Gross. "Loving-Kindness Meditation Increases Social Connectedness." Emotion 8, no. 5 (October 2008): 720-4. doi.org/10.1037/a0013237.

Jacobs, Tonya L., Elissa S. Epel, Jue Lin, Elizabeth H. Blackburn, Owen M. Wolkowitz, David A. Bridwell, Anthony P. Zanesco, et al. "Intensive Meditation Training, Immune Cell Telomerase Activity, and Psychological Mediators." Psychoneuroendocrinology 36, no. 5 (June 2011): 664-1. doi.org/10.1016/j.psyneuen.2010.09.010.

Johannsen, Maja, Maja O'Connor, Mia Skytte O'Toole, Anders Bonde Jensen, Inger Højris, and Robert Zachariae. "Efficacy of Mindfulness-Based Cognitive Therapy on Late Post-Treatment Pain in Women Treated for Primary Breast Cancer: A Randomized Controlled Trial." Journal of Clinical Oncology 34, no. 28 (October 2016): 3390-9. doi.org/10.1200/JCO.2015.65.0770.

Kabat-Zinn, Jon. "An Outpatient Program in Behavioral Medicine for Chronic Pain Patients Based on the Practice of Mindfulness Meditation: Theoretical Considerations and Preliminary Results." General Hospital Psychiatry 4, no. 1 (April 1982): 33-7. doi.org/10.1016/0163-8343(82)90026-3.

Kabat-Zinn, Jon. Full Catastrophe Living: Using the Wisdom of Your Body and Mind to Face Stress, Pain, and Illness. New York: Delacorte Press, 1990.

Kabat-Zinn, Jon. Wherever You Go, There You Are: Mindfulness Meditation in Everyday Life. New York: Hyperion, 1994. 《왜 마음챙김 명상인가?》(엄성수 옮김, 불광출판사, 2019년 3월)

Kabat-Zinn, Jon, Elizabeth Wheeler, Timothy Light, Anne Skillings, Mark J. Scharf, Thomas G. Cropley, David Hosmer, and Jeffrey D. Bernhard. "Influence of a Mindfulness Meditation-Based Stress Reduction Intervention on Rates of Skin Clearing in Patients With Moderate to Severe Psoriasis Undergoing Photo Therapy (UVB) and Photochemotherapy (PUVA)." Psychosomatic Medicine 60, no. 5 (September 1998): 625-2. doi. org/10.1097/00006842-199809000-00020.

Kaliman, Perla, Maria Jesus Alvarez-Lopez, Marta Cosin-Tomas, Melissa A Rosenkranz, Antoine Lutz, and Richard J. Davidson. "Rapid Changes in Histone Deacetylases and Inflammatory Gene Expression in Expert Meditators." Psychoneuroendocrinology 40 (February 2014): 96-07. doi. org/10.1016/j.psyneuen.2013.11.004.

Kang, Min Jeong, Ming Hsu, Ian M. Krajbich, George Loewenstein, Samuel M. McClure, Joseph Tao-yi Wang, and Colin F. Camerer. "The Wick in the Candle of Learning: Epistemic Curiosity Activates Reward Circuitry and Enhances Memory." Psychological Science 20, no. 8 (August 2009), 963-3. doi.org/10.1111/j.1467-9280.2009.02402.x.

Kashdan, Todd B., Melissa C. Stiksma, David J. Disabato, Patrick E. McKnight, John Bekier, Joel Kaji, and Rachel Lazarus. "The Five-Dimensional Curiosity Scale: Capturing the Bandwidth of Curiosity and Identifying Four Unique Subgroups of Curious People." Journal of Research in Personality 73 (April 2018): 130-9. doi.org/10.1016/j.jrp.2017.11.011.

Keltner, Dacher. Born to Be Good: The Science of a Meaningful Life. New York: W.W. Norton, 2009. (《선의 탄생》 하윤숙 옮김, 옥당, 2011년 4월)

Keltner, Dacher. "Why Do We Feel Awe?" Greater Good magazine, May 10, 2016. greatergood.berkeley.edu/article/item/why_do_we_feel_awe.

Khaddouma, Alexander, Kristina Coop Gordon, and Jennifer Bolden. "Zen and the Art of Sex: Examining Associations among Mindfulness, Sexual Satisfaction, and Relationship Satisfaction in Dating Relationships." Sexual and Relationship Therapy 30, no. 2 (April 2015), 268-5. doi.org/10.1080/14681994.2014.992408.

Kiersz, Andy. "Volunteering in America Is at Its Lowest Level in over a Decade." Business Insider, February 25, 2016. businessinsider.com/bls-volunteering-chart-2016-2.

Killen, Alison, and Ann Macaskill. "Using a Gratitude Intervention to Enhance Well-Being in Older Adults." Journal of Happiness Studies 16, no. 4 (August 2015): 947-4. doi.org/10.1007/s10902-014-9542-3.

Killingsworth, Matthew A., and Daniel T. Gilbert. "A Wandering Mind Is an Unhappy Mind." Science, November 12, 2010. science.sciencemag.org/content/330/6006/932/tab-figures-data.

King, Martin Luther, Jr. "Letter from Birmingham Jail." April 16, 1963. Via University of Pennsylvania African Studies Center. Accessed February 15, 2019. africa.upenn.edu/Articles_Gen/Letter_Birmingham.html.

King, Ruth. Mindful of Race: Transforming Racism from the Inside Out. Boulder CO: Sounds True, 2018.

Kornfield, Jack. A Lamp in the Darkness. Boulder, CO: Sounds True, 2014.

Kornfield, Jack. A Path with Heart. New York: Bantam Books, 1993. 《마음의 숲을 거닐다》(한언, 이현철 옮김, 2006년 11월)

Kornfield, Jack. The Art of Forgiveness, Lovingkindness and Peace. New York: Bantam Books, 2002.

Kornfield, Jack. "What Really Heals and Awakens: Highlights from

Symposium 2018." Psychotherapy Networker, May/June 2018. psychotherapynetworker .org/magazine/article/1163/what-really-heals-and-awakens.

Kozlowski, Anna. "Mindful Mating: Exploring the Connection between Mindfulness and Relationship Satisfaction." Sexual and Relationship Therapy 28, no. 1- (2013): 92-04. doi.org/10.1080/14681994.2012.748889.

Lambert, Nathaniel M., and Frank D. Fincham. "Expressing Gratitude to a Partner Leads to More Relationship Maintenance Behavior." Emotion 11, no. 1 (February 2011): 52-0. doi.org/10.1037/a0021557.

Lawler, Kathleen A., Jarred W. Younger, Rachel L. Piferi, Eric Billington, Rebecca Jobe, Kim Edmondson, and Warren H. Jones. "A Change of Heart: Cardiovascular Correlates of Forgiveness in Response to Interpersonal Conflict." Journal of Behavioral Medicine 26, no. 5 (October 2003): 373-3.

Lazar, Sara W., Catherine Kerr, Rachel H. Wasserman, Jeremy R. Gray, Douglas N. Greve, Michael T. Treadway, Metta Mcgarvey, et al. "Meditation Experience Is Associated with Increased Cortical Thickness." Neuroreport 16, no. 17 (November 28, 2005): 1893-7. doi.org/10.1097/01. wnr.0000186598.66243.19.

Lebuda, Izabela, Darya L. Zabelina, and Maciej Karwowski. "Mind Full of Ideas: A Meta-Analysis of the Mindfulness-Creativity Link." Personality And Individual Differences 93 (April 2016): 22-6. doi.org/10.1016/ j.paid.2015.09.040.

Lippelt, Dominique P., Bernhard Hommel, and Lorenza S. Colzato. "Focused Attention, Open Monitoring and Loving Kindness Meditation: Effects on Attention, Conflict Monitoring, and Creativity —A Review." Frontiers in Psychology 5 (2014): 1083. doi.org/10.3389/fpsyg.2014.01083.

Lucas, Marsha. "Stay-at-Om Sex: Bigger Is Better, but Not Where You Think."

Psychology Today, April 14, 2010. psychologytoday.com/us/blog/rewire-yourbrain-love/201004/stay-om-sex-bigger-is-better-not-where-you-think.

Lueke, Adam, and Bryan Gibson. "Mindfulness Meditation Reduces Implicit Age and Race Bias: The Role of Reduced Automaticity of Responding." Social Psychological and Personality Science 6, no. 3 (April 2015): 284-1. doi.org/10.1177/1948550614559651.

Lutz, Antoine, Julie Brefczynski-Lewis, Tom Johnstone, and Richard J. Davidson. "Regulation of the Neural Circuitry of Emotion by Compassion Meditation: Effects of Meditative Expertise (Neural Effects of Compassion)." PLOS ONE 3, no. 3 (March 2008): E1897. doi.org/10.1371/journal.pone.0001897.

Lyubomirsky, Sonja. The How of Happiness: A Practical Guide to Getting the Life You Want. London: Piatkus, 2010. 《행복도 연습이 필요하다》(원제: The How of Happiness, 오혜경 옮김, 지식노마드, 2007년 12월)

Magee, Rhonda V. The Inner Work of Racial Justice: Healing Ourselves and Transforming Our Communities through Mindfulness. New York: TarcherPerigee, 2019.

Maguire, Eleanor A., David G. Gadian, Ingrid S. Johnsrude, Catriona D. Good, John Ashburner, Richard S. J. Frackowiak, and Christopher D. Frith. "Navigation-Related Structural Change in the Hippocampi of Taxi Drivers." Proceedings of the National Academy of Sciences 97, no. 8 (April 11, 2000): 4398-03. doi.org/10.1073/pnas.070039597.

Mark, Gloria, Daniela Gudith, and Ulrich Klocke. "The Cost of Interrupted Work: More Speed and Stress." Proceedings of the SIGCHI Conference on Human Factors in Computing Systems 2008, 107-0. ics.uci.edu/~gmark/chi08-mark.pdf.

Mate, Gabor. In the Realm of Hungry Ghosts: Close Encounters with Addiction. Toronto: Vintage Canada, 2012.

Matousek, Rose H., Patricia L. Dobkin, and Jens Pruessner. "Cortisol as a Marker for Improvement in Mindfulness-Based Stress Reduction." Complementary Therapies in Clinical Practice 16, no. 1 (February 2010): 13-9. doi.org/10.1016/j.ctcp.2009.06.004.

McCraty, Rollin, Mike Atkinson, William A. Tiller, Glen Rein, and Alan D. Watkins. "The Effects of Emotions on Short-Term Power Spectrum Analysis of Heart Rate Variability." American Journal of Cardiology 76, no. 14 (December 1995): 1089-3. doi.org/10.1016/S0002-9149(99)80309-9.

McCullough, Michael E., Robert A. Emmons, and Jo-Ann Tsang. "The Grateful Disposition: A Conceptual and Empirical Topography." Journal of Personality and Social Psychology 82, no. 1 (January 2002): 112-7, doi. org/10.1037/0022-3514.82.1.112.

Merton, Thomas. The Way of Chuang Tzu. 2nd ed. New York: New Directions Books, 2010.

Miller, John J., Ken Fletcher, and Jon Kabat-Zinn. "Three-Year Follow-Up and Clinical Implications of a Mindfulness Meditation-Based Stress Reduction Intervention in the Treatment of Anxiety Disorders." General Hospital Psychiatry 17, no. 3 (May 1995): 192-00, doi.org/10.1016/0163-8343(95)00025-M.

Mills, Paul J., Laura Redwine, Kathleen Wilson, Meredith A. Pung, Kelly Chinh, Barry H. Greenberg, Ottar Lunde, Alan Maisel, Ajit Raisinghani, Alex Wood, et al. "The Role of Gratitude in Spiritual Well-Being in Asymptomatic Heart Failure Patients." Spirituality in Clinical Practice 2, no. 1 (2015): 5-7. doi.org/10.1037/scp0000050.

Monti, Daniel A., Caroline Peterson, Elisabeth J. Shakin Kunkel, Walter W.

Hauck, Edward Pequignot, Lora Rhodes, and George C. Brainard. "A Randomized, Controlled Trial of Mindfulness-ased Art Therapy (MBAT) for Women with Cancer." Psycho-Oncology 15, no. 5 (May 2006): 363-3. doi.org/10.1002/pon.988.

Mrazek, Michael D., Michael S. Franklin, Dawa Tarchin Phillips, Benjamin Baird, and Jonathan W. Schooler. "Mindfulness Training Improves Working Memory Capacity and GRE Performance While Reducing Mind Wandering." Psychological Science 24, no. 5 (May 2013): 776-1. doi.org/10.1177/0956797612459659.

Muir, John. My First Summer in the Sierra. Boston: Houghton Mifflin, 1911. National Human Genome Research Institute (NHGRI). "Genetics vs. Genomics Fact Sheet." Last modified September 7, 2018. genome.gov/19016904/faq-about-genetic-and-genomic-science/.

Neff, Kristin. Self-Compassion: The Proven Power of Being Kind to Yourself. New York: William Morrow, 2011.

Neff, Kristin, and Christopher Germer. The Mindful Self-Compassion Workbook: A Proven Way to Accept Yourself, Build Inner Strength, and Thrive. New York: Guildford Press, 2018.

Neff, Kristin D., and S. Natasha Beretvas. Self and Identity 12, no. 1 (2013): 78-8. doi.org/10.1080/15298868.2011.639548.

Ng, Mei-Yee, and Wing-Sze Wong. "The Differential Effects of Gratitude and Sleep on Psychological Distress in Patients with Chronic Pain." Journal of Health Psychology 18, no. 2 (February 2013): 263-1. doi.org/10.1177/1359105312439733.

Niazi, Asfandyar Khan, and Shaharyar Khan Niazi. "Mindfulness-Based Stress Reduction: A Non-Pharmacological Approach for Chronic Illnesses." North American Journal of Medical Sciences 3, no. 1 (January 2011): 20-3.

doi.org/10.4297/najms.2011.320.

Ochsner, Kevin N., Silvia A. Bunge, James J. Gross, and John D. E. Gabrieli. "Rethinking Feelings: An fMRI Study of the Cognitive Regulation of Emotion." Journal of Cognitive Neuroscience 14, no. 8 (November 2002): 1215-9. doi.org/10.1162/089892902760807212. Office for National Statistics. "Billion Pound Loss in Volunteering Effort." March 16, 2017. visual.ons.gov.uk/billion-pound-loss-in-volunteering-effort-in-the-last-3-years/#footnote_3.

Ong, Jason C., Rachel Manber, Zindel Segal, Yinglin Xia, Shauna Shapiro, and James K. Wyatt. "A Randomized Controlled Trial of Mindfulness Meditation for Chronic Insomnia." Sleep 37, no. 9 (September 2014): 1553-3. doi.org/10.5665/sleep.4010.

Ong, Jason C., Shauna L. Shapiro, and Rachel Manber. "Combining Mindfulness Meditation with Cognitive-Behavior Therapy for Insomnia: A Treatment-Development Study." Behavior Therapy 39, no. 2 (June 2008): 171-2. doi.org/10.1016/j.beth.2007.07.002.

Ornish, Dean, and Anne Ornish. Undo It! How Simple Lifestyle Changes Can Reverse Most Chronic Diseases. New York: Ballantine Books, 2019.

Ortigue, Stephanie, Scott T. Grafton, and Francesco Bianchi-Demicheli. "Correlation between Insula Activation and Self-reported Quality of Orgasm in Women." NeuroImage 37, no. 2 (August 2007): 551-0. doi.org/10.1016/j.neuroimage.2007.05.026.

Ostafin, Brian D., and Kyle T. Kassman. "Stepping out of History: Mindfulness Improves Insight Problem Solving." Consciousness and Cognition 21, no. 2 (June 2012): 1031-6. doi.org/10.1016/j.concog.2012.02.014.

Ostaseski, Frank. The Five Invitations: Discovering What Death Can Teach Us about Living Fully. New York: Flatiron Books, 2019.

Park, Soyoung Q., Thorsten Kahnt, Azade Dogan, Sabrina Strang, Ernst Fehr, and Philippe N. Tobler. "A Neural Link between Generosity and Happiness." Nature Communications 8 (2017): 15964. doi.org/10.1038/ncomms15964.

Pascual-Leone, Alvaro, Dang Nguyet, Leonardo G. Cohen, Joaquim P. Brasil-Neto, Angel Cammarota, and Mark Hallett. "Modulation of Muscle Responses Evoked by Transcranial Magnetic Stimulation during the Acquisition of New Fine Motor Skills." Journal of Neurophysiology 74, no. 3 (September 1995): 1037-5. doi.org/10.1152/jn.1995.74.3.1037.

Paul, Annie Murphy. "How to Use the 'Pygmalion' Effect." Time, April 1, 2013. ideas.time.com/2013/04/01/how-to-use-the-pygmalion-effect.

Perel, Esther. Mating in Captivity: Unlocking Erotic Intelligence. New York: HarperCollins, 2017.

Petrocchi, Nicola, and Alessandro Couyoumdjian. "The Impact of Gratitude on Depression and Anxiety: The Mediating Role of Criticizing, Attacking, and Reassuring the Self." Self and Identity 15, no. 2 (2015): 191-05. doi.org/10.1080/15298868.2015.1095794.

Picard, Martin, Aric A. Prather, Eli Puterman, Alexanne Cuillerier, Michaeil Coccia, Kristin Aschbacher, Yan Burelle, and Elissa S. Epeil "A Mitochondrial Health Index Sensitive to Mood and Caregiving Stress." Biological Psychiatry 84, no. 1 (July 2018): 9-7. doi.org/10.1016/j.biopsych.2018.01.012.

Piff, Paul K., Pia Dietze, Matthew Feinberg, Daniel M. Stancato, and Dacher Keltner. "Awe, the Small Self, and Prosocial Behavior." Journal of Personality and Social Psychology 108, no. 6 (June 2015): 883-9. doi.org/10.1037/pspi0000018.

Ricard, Matthieu, Antoine Lutz, and Richard J. Davidson. "Neuroscience Reveals the Secrets of Meditation's Benefits." Scientific American, November 2014, 38-5. scientificamerican.com/article/neuroscience-reveals-the-secrets-of-meditation-s-benefits/.

Rieken, Beth, Mark Schar, Shauna Shapiro, Shannon Katherine Gilmartin, and Sheri Sheppard. "Exploring the Relationship between Mindfulness and Innovation in Engineering Students." Paper presented at the American Society for Engineering Education Annual Conference, Columbus, OH, June 2017.

Rieken, Beth, Shauna Shapiro, Shannon Gilmartin, and Sheri D. Sheppard. "How Mindfulness Can Help Engineers Solve Problems." Harvard Business Review, January 04, 2019. hbr.org/2019/01/how-mindfulness-can-help-engineers-solve-problems.

Rigoni, Davide, Jelle Demanet, and Giuseppe Sartoni. "Happiness in Action: The Impact of Positive Effect on the Time of the Conscious Intent to Act." Frontiers in Psychology (2015). doi.org/10.3389/fpsyg.2015.01307.

Rizzolatti, Giacomo, Luciano Fadiga, Vittorio Gallese, and Leonardo Fogassi. "Premotor Cortex and the Recognition of Motor Actions." Cognitive Brain Research 3, no. 2 (April 1996): 131-1. doi.org/10.1016/0926-6410(95)00038-0.

Rockliff, Helen, Paul Gilbert, Kirsten McEwan, Stafford Lightman, and David Glover. "A Pilot Exploration of Heart Rate Variability and Salivary Cortisol Responses to Compassion-Focused Imagery." Clinical Neuropsychiatry: Journal of Treatment Evaluation 5, no. 3, (June 2008): 132-9.

Roeser, Robert W., Kimberly A. Schonert-Reichl, Amishi Jha, Margaret Cullen, Linda Wallace, Rona Wilensky, Eva Oberle, Kimberly Thomson, Cynthia Taylor, and Jessica Harrison. "Mindfulness Training and Reductions in Teacher Stress and Burnout: Results from Two Randomized, Waitlist-

Control Field Trials." Journal of Educational Psychology 105, no. 3 (August 2013): 787-804. doi.org/10.1037/a0032093.

Rogers, Robert D., and Stephen Monsell. "The Costs of a Predictable Switch Between Simple Cognitive Tasks." Journal of Experimental Psychology: General 124, no. 2 (June 1995): 207-31. doi.org/10.1037/0096-3445.124.2.207.

Romm, Joseph. How to Go Viral and Reach Millions: Top Persuasion Secrets from Social Media Superstars, Jesus, Shakespeare, Oprah, and Even Donald Trump. Eugene, OR: Luminare Press, 2018.

Rosenthal, Robert, and Lenore Jacobson. "Pygmalion in the Classroom." Urban Review 3, no. 1 (September 1968): 16-0.

Salzberg, Sharon. Lovingkindness: The Revolutionary Art of Happiness. Boston: Shambhala, 1995. 《행복을 위한 혁명적 기술, 자애》(김재성 옮김, 조계종출판사, 2017년 1월)

Sbarra, David A., Hillary L. Smith, and Matthias R. Mehl. "When Leaving Your Ex, Love Yourself: Observational Ratings of Self-Compassion Predict the Course of Emotional Recovery Following Marital Separation." Psychological Science 23, no. 3 (March 2012): 261-9. doi.org/10.1177/0956797611429466.

Schwartz, Barry. The Paradox of Choice: Why More Is Less. New York: Harper Collins, 2004.

Schwartz, Barry, Andrew Ward, John Monterosso, Sonja Lyubomirsky, Katherine White, and Darrin R. Lehman. "Maximizing Versus Satisficing: Happiness Is a Matter of Choice." Journal of Personality and Social Psychology 83, no. 5 (November 2002): 1178-197. dx.doi.org/10.1037/0022-3514.83.5.1178.

Segal, Zindel V., J. Mark G. Williams, and John D. Teasdale. Mindfulness-Based

Cognitive Therapy for Depression. 2nd ed. New York: The Guilford Press, 2018.

Seligman, Martin E. P., Tracy A. Steen, Nansook Park, and Christopher Peterson. (2005). "Positive Psychology Progress: Empirical Validation of Interventions." American Psychologist 60, no. 5 (July-gust 2005): 410-21. doi.org/10.1037/0003-066X.60.5.410.

Shahar, Golan, Christopher C. Henrich, Annick Winokur, Sidney J. Blatt, Gabriel P. Kuperminc, and Bonnie J. Leadbeater. "Self-riticism and Depressive Symptomatology Interact to Predict Middle School Academic Achievement." Journal of Clinical Psychology 62, no. 1 (January 2006): 147-5. doi.org/10.1002/jclp.20210.

Shapiro, Shauna L., Richard R. Bootzin, Aurelio J. Figueredo, Ana Maria Lopez, and Gary E. Schwartz. "The Efficacy of Mindfulness-Based Stress Reduction in the Treatment of Sleep Disturbance in Women with Breast Cancer: An Exploratory Study." Journal of Psychosomatic Research 54, no. 1 (January 2003): 85-1. doi.org/10.1016/S0022-3999(02)00546-9.

Shapiro, Shauna L., Linda E. Carlson, John A. Astin, and Benedict Freedman. "Mechanisms of Mindfulness." Journal of Clinical Psychology 62, no. 3 (March 2006): 373-6. doi.org/10.1002/jclp.20237.

Shapiro, Shauna L., Hooria Jazaieri, and Philippe R Goldin. "Mindfulness-Based Stress Reduction effects on Moral Reasoning and Decision Making." Journal of Positive Psychology 7, no. 6 (November 2012): 504-5.

Shapiro, Shauna L., Kristen E. Lyons, Richard C. Miller, Britta Butler, Cassandra Vieten, and Philip David Zelazo. "Contemplation in the Classroom: A New Direction for Improving Childhood Education." Educational Psychology Review 27, no. 1 (March 2015): 1-0. doi.org/10.1007/s10648-014-9265-3.

Shapiro, Shauna L., and Gary E. Schwartz. "The Role of Intention in Self-

Regulation: Toward Intentional Systemic Mindfulness." In Handbook of Self-Regulation, edited by Monique Boekaerts, Paul R. Pintrich, and Moshe Zeidner, 253-3. New York: Academic Press, 1999. doi. org/10.1016/B978-012109890-2/50037-8.

Shapiro, Shauna L., Gary E. Schwartz, and Ginny Bonner. "Effects of Mindfulness-Based Stress Reduction on Medical and Premedical Students." Journal of Behavioral Medicine 21, no. 6 (December 1998): 581-9. doi. org/10.1023/A:1018700829825.

Shapiro, Shauna L., David E. Shapiro, and Gary E. R. Schwartz. "Stress Management in Medical Education: A Review of the Literature." Academic Medicine 75, no. 7 (July 2000): 748-9.

Shelton, Alan. Life Beyond Burnout: Recovering Joy in Your Work. Carlsbad, CA: Balboa Press, 2018.

Siegel, Daniel J. Aware: The Science and Practice of Presence—The Groundbreaking Meditation Practice. New York: TarcherPerigee, 2018. (《알아차림: 현존의 과학과 현존의 수행》 윤승서, 이지안 옮김, 불광출판사, 2020년 3월)

Siegel, Daniel J. "Mindful Awareness, Mindsight, and Neural Integration." The Humanistic Psychologist 37, no. 2 (April-une 2009): 137-8. doi. org/10.1080/08873260902892220.

Siegel, Daniel J. "Mindfulness Training and Neural Integration: Differentiation of Distinct Streams of Awareness and the Cultivation of Well-Being." Social Cognitive and Affective Neuroscience 2, no. 4 (December 2007): 259-3. doi.org/10.1093/scan/nsm034.

Siegel, Daniel J. Mindsight: The New Science of Personal Transformation. Carlton North, Vic.: Scribe Publications, 2009.

Siegel, Daniel J. The Developing Mind, Second Edition: How Relationships and

마음챙김: 뇌를 재설계하는 자기연민 수행

the Brain Interact to Shape Who We Are. New York: Guilford Press, 2012.

Simon, Herbert A. "Designing Organizations for an Information-Rich World." In Computers, Communication, and the Public Interest, edited by Martin Greenberger, 40-1. Baltimore, MD: Johns Hopkins Press, 1971.

Smith, Christian, and Hilary Davidson. The Paradox of Generosity: Giving We Receive, Grasping We Lose. New York: Oxford University Press, 2014.

Stellar, Jennifer E., Neha John-Henderson, Craig L. Anderson, Amie M. Gordon, Galen D. McNeil, Dacher Keltner. "Positive Affect and Markers of Inflammation: Discrete Positive Emotions Predict Lower Levels of Inflammatory Cytokines." Emotion 15, no. 2 (April 2015): 129-3. doi. org/10.1037/emo0000033.

Sue, Derald Wing, and David Sue. Counseling the Culturally Diverse: Theory and Practice. 7th ed. New Jersey: Wiley, 2015.

Suttie, Jill. "Mindful Parenting May Keep Kids Out of Trouble." Greater Good magazine, June 7, 2016. greatergood.berkeley.edu/article/item/mindful_parenting_may_keep_kids_out_of_trouble.

Tang, Yi-Yuan., Yinghua Ma, Junhong Wang, Yaxin Fan, Shigang Feng, Qilin Lu, Qingbao Yu, Danni Sui, Mary K. Rothbart, Ming Fan, et al. "Short-Term Meditation Training Improves Attention and Self-Regulation." Proceedings of the National Academy of Sciences 104, no. 43 (November 2007), 17152-6. doi.org/10.1073/pnas.0707678104.

Tillich, Paul. Love, Power, and Justice: Ontological Analyses and Ethical Applications. New York: Oxford University Press, 1960.

Toole, Aubrey M., and Linda W. Craighead. "Brief Self-Compassion Meditation Training for Body Image Distress in Young Adult Women." Body Image 19 (December 2016): 104-2. doi.org/10.1016/j.bodyim.2016.09.001.

Uncapher, Melina R., and Anthony D. Wagner. "Minds and Brains of Media

Multitaskers: Current Findings and Future Directions." Proceedings of the National Academy of Sciences 115, no. 40 (October 2018): 9889-6. doi. org/10.1073/pnas.1611612115.

University of Notre Dame Science of Generosity Initiative. "What is Generosity?" Accessed February 8, 2019. generosityresearch.nd.edu/more-about-the-initiative/what-is-generosity/.

Watkins, Philip, C. Dean L. Grimm, and Russell Kolts. "Counting Your Blessings: Positive Memories among Grateful Persons." Current Psychology 23, no. 1 (March 2004): 52-7. doi.org/10.1007/s12144-004-1008-z.

Watkins, Philip C., Jens Uhder, and Stan Pichinevskiy. "Grateful Recounting Enhances Subjective Well-Being: The Importance of Grateful Processing." Journal of Positive Psychology 10, no. 2 (June 2014): 91-8. doi.org/10.108 0/17439760.2014.927909.

Weil, Andrew. Spontaneous Happiness: A New Path to Emotional Well-Being. New York: Little, Brown, 2013.

Weingarten, Gene. "Chatological Humor: Monthly with Moron (September)." Washington Post, October 7, 2014. live.washingtonpost.com/chatological -humor-20140930.html.

Weingarten, Gene. "Gene Weingarten: Setting the Record Straight on the Joshua Bell Experiment." Washington Post, October 14, 2014. washingtonpost. com/news/style/wp/2014/10/14/gene-weingarten-setting-the-record-straight-on-the-joshua-bell-experiment/?noredirect=on&utm_ term=.61842d229ab9.

Weingarten, Gene. "Pearls Before Breakfast: Can One of the Nation's Great Musicians Cut Through the Fog of a D.C. Rush Hour? Let's Find Out." Washington Post, April 8, 2007. washingtonpost.com/lifestyle/magazine/ pearls-before-breakfast-can-one-of-the-nations-great-musicians-cut-

마음챙김: 뇌를 재설계하는 자기연민 수행

through-the-fog-of-a-dc-rush-hour-lets-find-out/2014/09/23/8a6d46da-4331-11e4-b47c-f5889e061e5f_story.html.

Wilber, Ken. A Brief History of Everything. Anniversary edition. Boulder, CO: Shambhala, 2017.

Witvliet, Charlotte V. "Forgiveness and Health: Review and Reflections on a Matter of Faith, Feelings, and Physiology." Journal of Psychology and Theology 29, no. 3 (September 2001): 212-4. doi. org/10.1177/009164710102900303.

Wolever, Ruth Q., Kyra J. Bobinet, Kelley McCabe, Elizabeth R. Mackenzie, Erin M. Fekete, Catherine A. Kusnick, and Michael J. Baime. "Effective and Viable Mind-Body Stress Reduction in the Workplace: A Randomized Controlled Trial." Journal of Occupational Health Psychology 17, no. 2 (April 2012): 246-58. doi.org/10.1037/a0027278.

Wood, Alex M., Stephen Joseph, Joanna Lloyd, and Samuel Atkins. "Gratitude Influences Sleep through the Mechanism of Pre-Sleep Cognitions." Journal of Psychosomatic Research 66, no. 1 (February 2009): 43-8. doi. org/10.1016/j.jpsychores.2008.09.002.

Wood, Alex M., John Maltby, Raphael Gillett, P. Alex Linley, and Stephen Joseph. "The Role of Gratitude in the Development of Social Support, Stress, and Depression: Two Longitudinal Studies." Journal Of Research in Personality 42, no. 4 (August 2008): 854-1. doi.org/10.1016/j.jrp.2007.11.003.

Young, Shinzen. Natural Pain Relief: How to Soothe and Dissolve Physical Pain with

Mindfulness. Boulder, CO: Sounds True, 2011.

Zhang, Jia Wei, and Serena Chen. "Self-Compassion Promotes Personal Improvement from Regret Experiences via Acceptance." Personality

295

and Social Psychology Bulletin 42, no. 2 (2016): 244-8. doi.
org/10.1177/0146167215623271.

마음챙김: 뇌를 재설계하는 자기연민 수행